W0360073

LES PROCESSUS CG

BTS CG 1re et 2e années

Édition 2025-2026

PROCESSUS 4

Gestion des relations sociales

Sous la direction de Christine Darlay

Olivier Brunet
Sandrine Canler
Olivier Couret-Delègue
Michel Fiore
Christine Tronquoy

+ liens avec le P7

Nathan TECHNIQUE

Édition : Alexia Bastel
Conception de la couverture : Vincent Rioult, Lucas Cholewa
Conception de la maquette : Anne-Danielle Naname
Mise en pages : Florence Parigot / DOMINO
Infographies : Vincent Landrin, Didier Pujos, Lo Yenne
Fabrication : Emmanuelle Perrier

contact@nathan.fr
ISBN : 978-2-09-505138-9
Code éditeur : 117913

Avec ce livre, une licence i-MANUEL 2.0

Le i-Manuel 2.0, un outil simple d'utilisation qui reprend l'ensemble des contenus de ce livre sous forme numérique et interactive.

Il permet d'accéder au contenu de cet ouvrage à tout moment et en tout lieu sur un ordinateur ou une tablette. L'utilisateur peut donc passer du papier au numérique et choisir le support qui lui convient le mieux selon le travail à faire et le lieu où il se trouve.

Une véritable interactivité entre l'enseignant et sa classe

- **Vidéoprojeter** en classe les activités, les documents et les corrections pour animer les cours et travailler collectivement.
- **Feuilleter le livre papier enrichi et le télécharger** pour un usage sans connexion.
- Bénéficier d'**une banque de ressources**.
- **Piloter la classe** en assurant le suivi du travail des élèves à distance et en cours (recevoir et envoyer du travail, faire des commentaires, intervenir en temps réel).
- **Intégrer et envoyer à la classe,** à un ou plusieurs élèves, **des documents personnels**.
- **Afficher les corrigés** ou la correction individuelle du travail de l'élève.
- **Imprimer** les documents nécessaires pour mettre les élèves en **situation d'examen**.

Des fonctionnalités innovantes pour favoriser l'intérêt, la motivation et l'implication des élèves

- **Saisir les réponses** en travaillant sur ordinateur ou tablette.
- **Faire les activités et les exercices**, préparer ou réviser le cours **en classe ou à la maison**.
- **Accéder** aux **ressources numériques**, vidéos, fichiers élèves (Word, Excel, GeoGebra...).
- **Sauvegarder** au **format Word** le travail effectué dans un dossier (classeur).
- **Envoyer le travail** au professeur.
- **S'enregistrer** pour les activités orales.
- **S'auto-évaluer**.

Toutes les infos et les tutos sur www.nathan.fr/i-manuel2

Avec ce livre, des ressources numériques en accès direct

Flashez les QR Codes avec votre smartphone ou saisissez les mini-liens associés pour accéder à des vidéos, animations, QCM...

BTS CG

L'ARTICULATION D'UN CHAPITRE

DÉCOUVERTE MISE EN COMPÉTENCE

REMÉDIATION APPROFONDISSEMENTS

MÉMORISATION

CONTEXTE

1

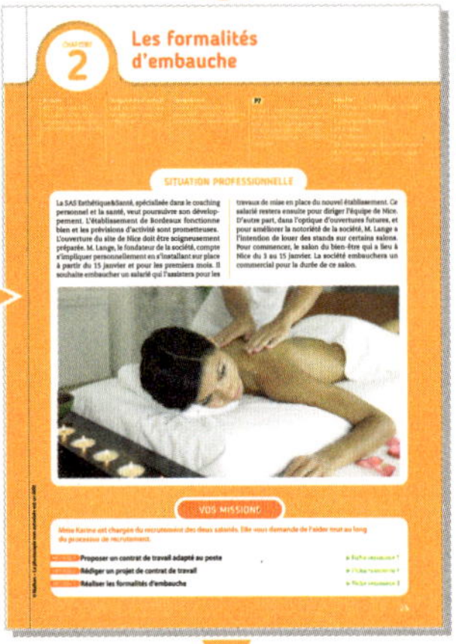

- Un rappel des compétences du référentiel
- Des liens P7 et PIX
- Une présentation du contexte professionnel et des missions

OBJECTIFS / TRAVAIL À FAIRE

2

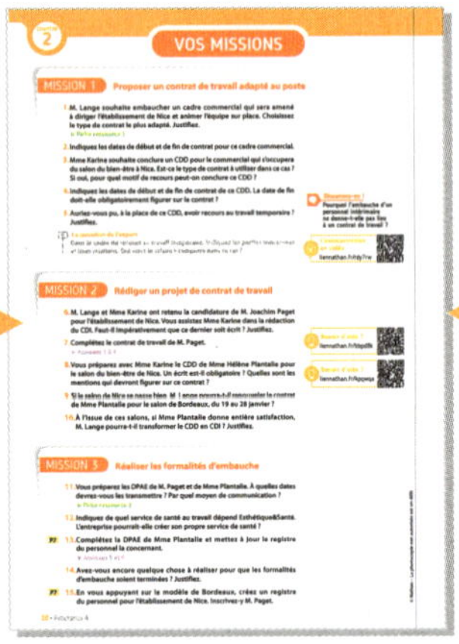

- Une présentation des missions à traiter (voir détail page 5)

DOSSIER PROFESSIONNEL

3

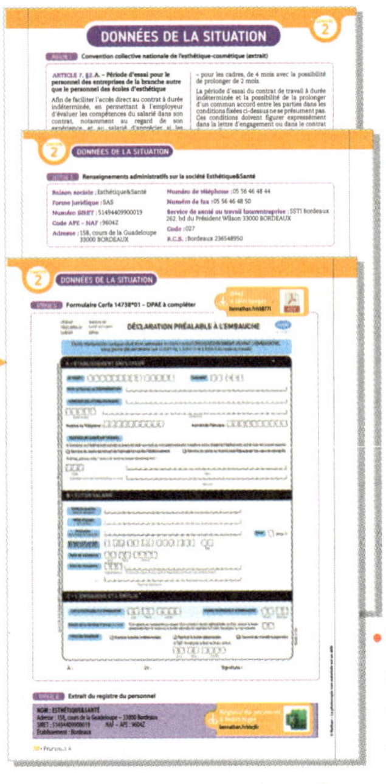

- Des annexes de formes variées : tableaux, dialogues, vidéos…

FICHES RESSOURCE NOTIONNELLES

4

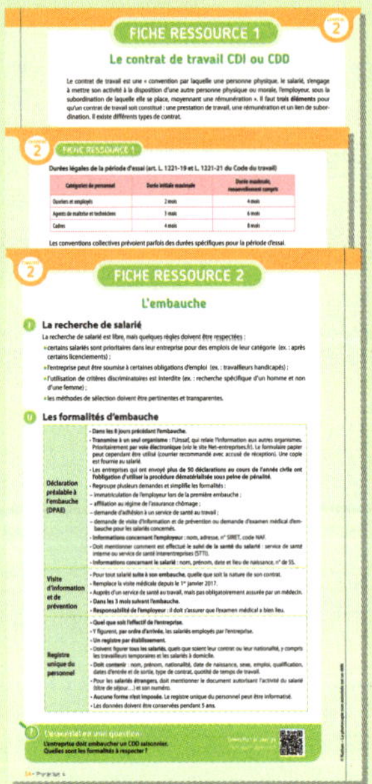

- Des fiches ressource détachables de 1 à 3 pages
- Une approche pratique, avec des exemples, des schémas, des tableaux…
- Pour vérifier ses acquis : « L'essentiel en une question » et sa réponse téléchargeable

APPLICATIONS

5

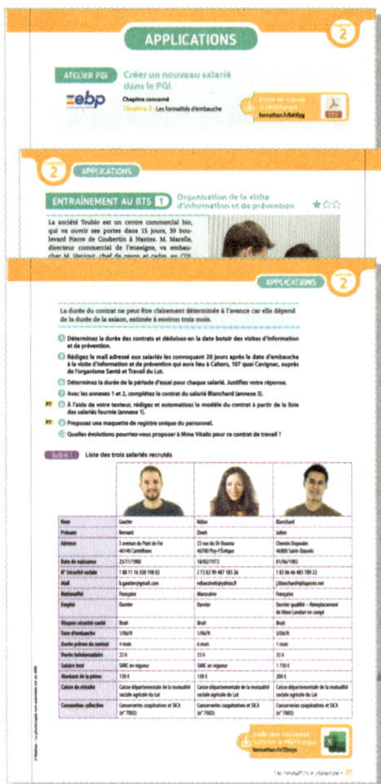

- Des applications variées (voir détail page 5)

Synthèse audio
liennathan.fr/s8lg41

SYNTHÈSE

6

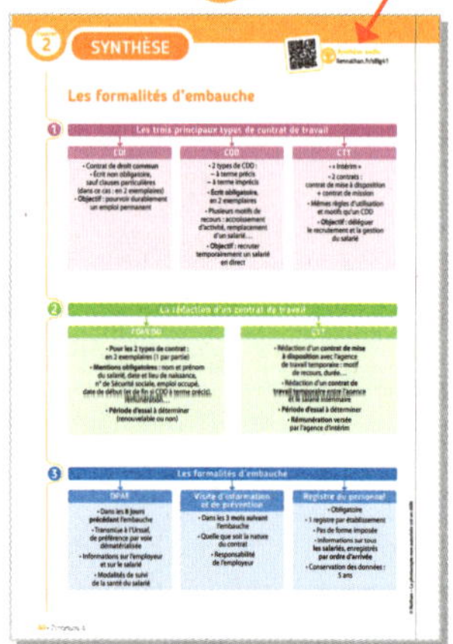

- Une synthèse en schéma, qui suit la progression des missions
- Une bande audio associée à disposition des étudiants

VOS MISSIONS

- Un questionnement guidant pour la découverte des notions
- Une utilisation progressive des annexes et ressources notionnelles

CHAPITRE 2

VOS MISSIONS

MISSION 1 Proposer un contrat de travail adapté au poste

1. M. Lange souhaite embaucher un cadre commercial qui sera amené à diriger l'établissement de Nice et animer l'équipe sur place. Choisissez le type de contrat le plus adapté. Justifiez.
   ▶ Fiche ressource 1
2. Indiquez les dates de début et de fin de contrat pour ce cadre commercial.
3. Mme Karine souhaite conclure un CDD pour le commercial qui s'occupera du salon du bien-être à Nice. Est-ce le type de contrat à utiliser dans ce cas ? Si oui, pour quel motif de recours peut-on conclure ce CDD ?
4. Indiquez les dates de début et de fin de contrat de ce CDD. La date de fin doit-elle obligatoirement figurer sur le contrat ?
5. Auriez-vous pu, à la place de ce CDD, avoir recours au travail temporaire ? Justifiez.

La question de l'expert
Dans le cadre du recours au travail temporaire, indiquez les parties concernées et leurs relations. Qui verse le salaire à l'employé dans ce cas ?

Discutons-en !
Pourquoi l'embauche d'un personnel intérimaire ne donne-t-elle pas lieu à un contrat de travail ?

L'autocorrection en vidéo
liennathan.fr/rdy7rw

MISSION 2 Rédiger un projet de contrat de travail

6. M. Lange et Mme Karine ont retenu la candidature de M. Joachim Paget pour l'établissement de Nice. Vous assistez Mme Karine dans la rédaction du CDI. Faut-il impérativement que ce dernier soit écrit ? Justifiez.
7. Complétez le contrat de travail de M. Paget.
   ▶ Annexes 1 à 4
8. Vous préparez avec Mme Karine le CDD de Mme Hélène Plantalie pour le salon du bien-être de Nice. Un écrit est-il obligatoire ? Quelles sont les mentions qui devront figurer sur ce contrat ?
9. Si le salon de Nice se passe bien, M. Lange pourra-t-il renouveler le contrat de Mme Plantalie pour le salon de Bordeaux, du 19 au 28 janvier ?
10. À l'issue de ces salons, si Mme Plantalie donne entière satisfaction, M. Lange pourra-t-il transformer le CDD en CDI ? Justifiez.

Besoin d'aide ?
liennathan.fr/bbpd8k

Besoin d'aide ?
liennathan.fr/4pqwqa

Gestion des séquences :

- Un découpage du travail en 2 ou 3 missions au rythme des séances
- Verbes d'action, mise en compétence

Gestion du temps :

- Un questionnement court, limité, réparti entre plusieurs missions

Pédagogie différenciée :

- Il reste un peu de temps avant la fin de la séance ? **Discutons-en !** Un sujet pratique ou d'actualité, en lien avec la mission, est proposé. Un corrigé est disponible pour l'enseignant.
- Envie d'aller plus loin ?
  La question de l'expert est accessible en toute autonomie : un corrigé en vidéo accessible *via* QR Code permet l'autocorrection.
- **Besoin d'aide ?**
  Des supports téléchargeables pour faciliter le travail sur une question donnée.

APPLICATIONS

Des ateliers PGI

- Répartis dans l'ouvrage, portant sur des thèmes communs à plusieurs chapitres (voir sommaire page 10)
- Travaux proposés en lien avec la base Jupiter Média de EBP, mobilisable dans les processus 1, 2, 3 et 4
- Fiche de travail à télécharger

ATELIER PGI Créer un nouveau salarié dans le PGI

ebp

Chapitre concerné
Chapitre 2 : Les formalités d'embauche

Fiche de travail à télécharger
liennathan.fr/6eh6pg

Une série d'Exos flash

- Un quiz interactif de 10 questions dans chaque chapitre
- Plusieurs exercices courts, portant généralement sur des aspects techniques, pour acquérir des réflexes

EXOS FLASH

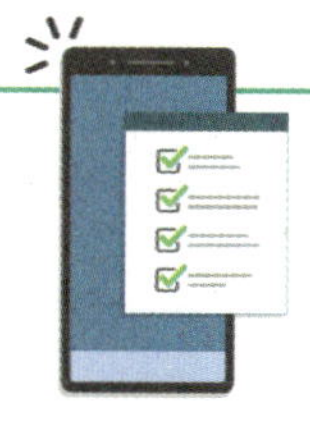

EXO 1 Quiz interactif

Testez vos connaissances sur ce chapitre avec le quiz en ligne.
liennathan.fr/x2xg6i

Votre score

EXO 2 Calculer une période d'essai

Mme Hiraï a décidé de recruter un CDD de deux mois pour accroissement temporaire d'activité. Elle souhaite que le salarié effectue une période d'essai.

- **Calculez la durée maximale de cette période.**

EXO 3 Proposer un contrat de travail adapté

M. Zedkins aimerait développer son activité de commerce de meubles en matériaux recyclés. Il souhaite ouvrir un deuxième point de vente et y affecter un commercial capable de développer l'activité, mais aussi de gérer le point de vente. Le candidat recruté exercera ainsi des responsabilités. M. Zedkins se donne un an pour estimer la viabilité de ce deuxième point de vente.

CHAPITRE 2 APPLICATIONS

ENTRAÎNEMENT AU BTS 1 Organisation de la visite d'information et de prévention ★☆☆

La société Toubio est un centre commercial bio, qui va ouvrir ses portes dans 15 jours, 39 boulevard Pierre de Coubertin à Nantes. M. Marelle, directeur commercial de l'enseigne, va embaucher M. Ventout, chef de rayon et cadre, en CDI. L'entreprise n'est pas affiliée à un organisme de santé au travail. Il vous confie cette mission.

1. Que doit faire M. Marelle en matière de sécurité et de santé lors de l'embauche ?
2. M. Marelle peut-il organiser dans ses locaux la visite d'information et de prévention ?
3. Recherchez sur Internet le service de santé susceptible de réaliser cette visite.
4. Rédigez le mail à envoyer pour adhérer à l'organisme choisi et demandez une visite d'information et de prévention pour M. Ventout.

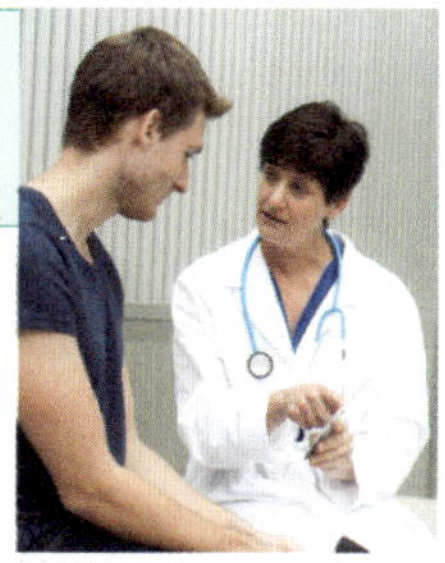

ANNEXE La visite d'information et de prévention

Depuis le 1er janvier 2017, la visite d'information et de prévention (Vip) remplace la visite médicale d'embauche. Elle est réalisée dans un délai maximum

• soit par un professionnel de santé (par exemple, par un interne en médecine ou un infirmier).
Pour le travailleur de nuit et le travailleur âgé de moins

Des entraînements au BTS

- Il s'agit d'exercices plus longs, contextualisés, classés par niveau de difficulté.
- Ils proposent une mise en compétence technique et des analyses diverses, comme demandé à l'examen.

SOMMAIRE

SOMMAIRE DES FICHES RESSOURCE

SOMMAIRE DES ATELIERS PGI

liens avec le P7

Ces ateliers PGI sont proposés en lien
avec la base **Jupiter Média mise à disposition** par EBP.

Cette base couvre les modules Comptabilité, Immobilisations, Paie et Gestion commerciale ; elle répond aux besoins du référentiel de BTS CG (les composantes d'activités sont mentionnées ci-dessous entre parenthèses).

CHAPITRE 1

La conduite de la veille sociale

Activité	Composantes d'activité	Compétences	P7	Vers Pix
4.1. Conduite de la veille sociale	**4.1.1.** Réalisation d'une veille juridique nécessaire au respect des obligations sociales **4.1.2.** Adaptation des procédures et des traitements internes **4.1.3.** Mise à jour de l'échéancier social	– Mettre à jour la documentation sociale interne après avoir identifié les évolutions juridiques ayant des conséquences pour l'organisation et ses salariés – Adapter les procédures et traitements internes aux résultats de la veille sociale – Repérer et mettre à jour les échéances en matière d'obligations sociales	– La conduite de veille régulière et documentée à l'aide des outils numériques – La fiabilité des sources d'information	**1.1.** Mener une recherche et une veille d'information **1.2.** Gérer des données **2.1.** Interagir **2.2.** Partager et publier **3.1.** Développer des documents textuels

SITUATION PROFESSIONNELLE

La société Esthétique&Santé (E&S) est une société par actions simplifiée qui s'est développée dans le secteur du soin corporel. Le fondateur, M. Lange, a créé un concept de soin global alliant soins esthétiques, fitness et développement personnel. La société commercialise également des produits de remise en forme, des cosmétiques et des vêtements de sport. Le siège social est situé à Bordeaux, E&S dispose actuellement de deux établissements, le premier à Bordeaux et le second, qui va bientôt ouvrir, à Nice. La société désire ouvrir dix autres centres l'année prochaine dans de grandes villes françaises puis, en cas de succès, développer le concept à l'étranger.

Son effectif est de neuf salariés (quatre hommes, cinq femmes), tous en CDI. La pyramide des âges est assez bien répartie : le salarié le plus jeune a 22 ans, le plus âgé 59 ans. Mme Jeanne Karine est la responsable administrative de la société. Elle anticipe d'ores et déjà l'organisation des futures embauches, mais aussi des futurs départs à la retraite.

VOS MISSIONS

Vous assistez Mme Karine au service administratif. Dans un contexte d'évolution de la société, de prévisions d'embauches et de départs en retraite, vous avez pour mission de collecter régulièrement des informations sur l'évolution de la législation sociale. L'actualité récente porte sur la réforme des retraites, vous devez anticiper l'impact pour l'entreprise.

MISSION 1 **Rechercher des informations ponctuelles** ▶ Fiche ressource 1

MISSION 2 **Organiser une veille sociale** ▶ Fiche ressource 2

MISSION 3 **Anticiper l'impact d'une nouveauté sociale sur les procédures et échéanciers de l'entreprise** ▶ Fiches ressource 3 et 4

CHAPITRE 1

VOS MISSIONS

MISSION 1 Rechercher des informations ponctuelles

1. Vous vous intéressez à l'actualité récente en matière de réforme des retraites. Sur quel support de ressources devez-vous collecter des informations ?
   ▶ Fiche ressource 1

2. Vous recherchez des informations à partir d'un moteur de recherche. Combien de réponses obtenez-vous en saisissant le mot « retraite » dans la barre de saisie des mots-clés ? En quoi cela représente-t-il un risque selon vous ?

3. Vous affinez votre recherche. Combien de résultats obtenez-vous en saisissant les mots « réforme retraite » ? puis « "réforme retraite" » ? puis « "réforme retraite" » et en cliquant sur Actualités ? enfin « "réforme retraite index" » ? Commentez.

La question de l'expert
Dans votre navigateur, recherchez en quoi la réforme des retraites impacte les entreprises : sélectionnez une ou deux sources et justifiez votre sélection. Listez trois ou quatre éléments nouveaux à prendre en compte par les entreprises liés à cette réforme.

Besoin d'aide ?
liennathan.fr/rydw0z

L'autocorrection en vidéo
liennathan.fr/xkwka3

MISSION 2 Organiser une veille sociale

4. Quelle différence faites-vous entre une recherche d'information et une veille ?
   ▶ Fiche ressource 2

5. Quel moyen avez-vous mis en place pour organiser votre recherche d'information ? Quel est l'intérêt de cette organisation ?
   ▶ Annexe 1

6. Parmi les sites mémorisés dans vos favoris, lequel faut-il privilégier pour retrouver un article du Code du travail ? pour connaître la dernière loi de finances ? pour trouver la Convention collective du secteur de l'esthétique et de la santé ?

7. Vous décidez de mettre en place des alertes Google. Quel est l'intérêt de cette méthode dans le cadre d'une veille ? À votre avis, quel est le risque ?
   ▶ Annexe 2

8. Comparez les deux alertes mises en place. Laquelle vous semble la plus pertinente ? Justifiez.
   ▶ Annexe 3

Discutons-en !
Qu'est-ce qu'un flux RSS ?

MISSION 3 Anticiper l'impact d'une nouveauté sociale sur les procédures et échéanciers de l'entreprise

9. Quelle distinction faites-vous entre départ et mise à la retraite ?

10. Observez la procédure mise en place dans l'entreprise et repérez les adaptations éventuelles à anticiper dans cette procédure et l'échéancier associé.
    ▶ Annexe 4 ▶ Fiches ressource 3 et 4

DONNÉES DE LA SITUATION

ANNEXE 1 L'organisation du poste informatique

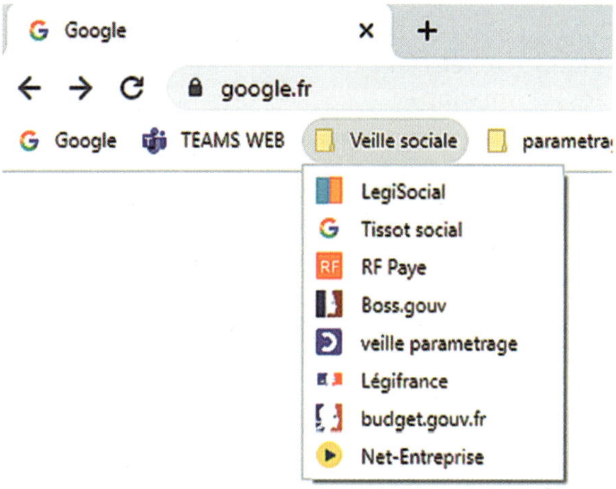

ANNEXE 2 Utilisation de Google Alertes

Ce n'est un secret pour personne, Google est le moteur de recherche le plus connu et le plus utilisé au monde. Mais ce qui est moins connu, c'est la longue liste de services plus ou moins spécialisés que Google offre le plus souvent gratuitement à ses utilisateurs. Parmi ces services, il en est un que tout entrepreneur devrait connaître et utiliser : ***Google Alertes***. Ce service offre aux professionnels un ***outil de veille par mot-clé*** dont les résultats sont envoyés par e-mail ou via un flux RSS. […]

Google Alertes : comment ça marche ?

Pour créer une alerte, il suffit de vous rendre sur la page www.google.com/alerts.

❶ Saisissez les **mots-clés de votre recherche**.

❷ Choisissez le **type de résultats** que vous recherchez (actualités, blogs, discussions, vidéos ou tout, ce que je recommande).

❸ Déterminez la **fréquence d'envoi** (une fois par jour, par semaine ou immédiatement, c'est-à-dire chaque fois qu'un événement se passe).

❹ Indiquez le **nombre de résultats** (les meilleurs ou tous les résultats).

❺ Enfin, sélectionnez le **mode d'envoi** (par e-mail en indiquant votre adresse ou *via* un lecteur de flux RSS […]).

❻ Validez votre alerte en cliquant sur le bouton « **Créer l'alerte** ».

Google affiche un **aperçu des résultats** que vous recevrez par e-mail […].

Trucs et astuces

Adoptez les bonnes pratiques de recherche : faites attention au choix des mots, à la syntaxe, à l'orthographe et à l'ordre des mots (les [premiers mots] à gauche ont plus de poids). Si tout cela ne vous est pas encore familier, voici une série de conseils pour chercher efficacement.

- **Éliminez les mots vides** (le, la, les, de, ce, etc.), sans valeur pour Google.
- **Servez-vous des opérateurs** AND, OR, du joker (*) et du signe moins (–) pour affiner vos alertes.
- **Utilisez des guillemets** pour rechercher des expressions exactes.
- **Optimisez vos résultats** avec les requêtes telles que « link: », « related: », « site: », etc.

« Google Alertes : un outil de veille indispensable », c-marketing.eu.

ANNEXE 3 Extrait des aperçus de deux alertes

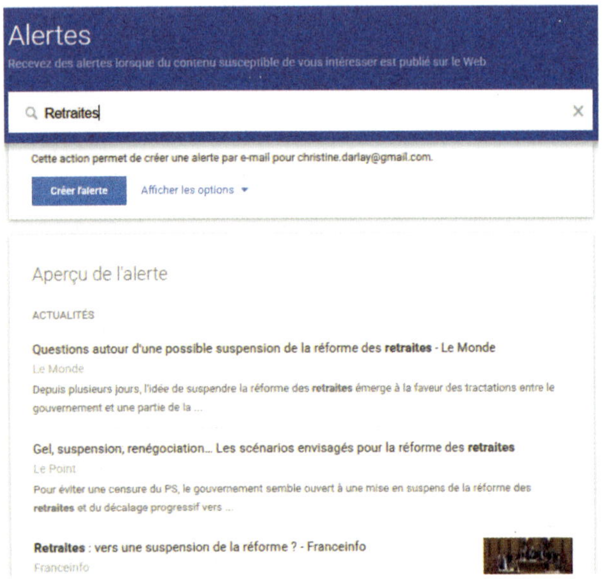

ANNEXE 4 Procédure interne chez E&S pour la mise à la retraite

■ Les enjeux

Les indemnités de fin de contrat dans le cas d'un départ à la retraite diffèrent selon que le départ est voulu par le salarié ou imposé par l'employeur.

Lorsqu'un salarié quitte **volontairement** l'entreprise pour bénéficier d'une pension de vieillesse, il a droit à une **indemnité de départ à la retraite** dont le **montant varie en fonction de son ancienneté dans l'entreprise** (par exemple, 0,5 mois de salaire après 10 ans d'ancienneté, 1 mois après 15 ans…). Cette indemnité est soumise à cotisations sociales et fiscales : elle est donc à intégrer **dans le salaire brut**.

La mise à la retraite d'un salarié **par l'employeur** lui ouvre droit à une indemnité de mise à la retraite **au moins égale à l'indemnité de licenciement** (¼ de mois de salaire par année d'ancienneté pour les 10 premières années, ⅓ de mois de salaire par année d'ancienneté à partir de la 11e année). Allant jusqu'à 82 272 €, cette indemnité n'est pas soumise à cotisation. Elle sera donc intégrée **dans le salaire net à payer**.

■ La procédure de mise à la retraite

Avant 70 ans	À partir de 70 ans
• Interroger le salarié par écrit sur son intention de quitter volontairement l'entreprise. Demande à adresser trois mois avant sont 67e anniversaire. • Le salarié a un mois pour répondre.	• Possibilité de mise d'office du salarié à la retraite. Pas de demande d'accord, pas de procédure imposée. • Si le salarié bénéficie du statut de salarié protégé, obtenir l'accord de l'inspection du travail.
• Si refus du salarié : on ne peut le mettre d'office à la retraite, sinon rupture du contrat de travail considérée comme un licenciement pour motif personnel. • Renouveler la procédure chaque année jusqu'au 69e anniversaire inclus.	• Organiser le départ en tenant compte d'un délai de préavis, comme pour un licenciement.
• Si le salarié accepte : il s'agit d'une mise à la retraite (et non d'un départ volontaire). • Organiser le départ en tenant compte des préavis, comme pour un licenciement.	

FICHE RESSOURCE 1

La recherche d'information sociale

Les règles sociales légales et conventionnelles évoluent en permanence. Il s'agit, pour le responsable des ressources humaines, de se tenir informé.

I Les objectifs d'une recherche d'information sociale nouvelle

La collecte d'informations nouvelles permet à l'entreprise de corriger les procédures mises en place en matière sociale et de limiter les risques d'erreurs. Celles-ci pourraient, en effet, entraîner des sanctions financières, administratives ou pénales, ou des actions en justice en cas de conflit avec un salarié.

II La recherche dans des ressources institutionnelles ou conventionnelles

Support	Rôle	Site de référence
Le Code du travail	Il s'agit d'un recueil de l'ensemble des textes de loi relatif au droit du travail qui s'appliquent à tous (contrat de travail, obligations, temps de travail, salaires, primes, licenciement…).	Code du travail liennathan.fr/cn8ked
Le Code de la Sécurité sociale	Il s'agit d'un recueil de textes de loi relatif au financement, à l'organisation du régime général de la Sécurité sociale (accidents du travail, maladies professionnelles…).	Code de la SS liennathan.fr/xh9g4d
Le Bulletin officiel de la Sécurité sociale	Le BOSS rassemble la réglementation en matière de cotisations et contributions sociales. Il s'agit d'une nouvelle source juridique mise à jour par la Sécurité sociale et l'URSSAF.	Boss.gouv.fr liennathan.fr/jbdxsd
La loi de finances	Chaque année, une loi de finances précise, pour l'année à venir, l'affectation des ressources de l'État en définissant des priorités. À cette occasion, elle apporte généralement des éléments qui peuvent faire évoluer, entre autres, les règles sociales.	Budget.gouv.fr / Repères / Les lois de finances liennathan.fr/bivah3
Les projets de loi	Il s'agit de prévoir et anticiper ce qui pourrait modifier la gestion des relations sociales pour l'année à venir.	Légifrance.gouv.fr / Dossiers législatifs liennathan.fr/evg7sd
Les conventions et accords collectifs	Ils contiennent les règles particulières du droit du travail, négociées entre syndicats et patronat, applicables à un secteur donné. Il est possible de les acheter ou de les consulter en ligne.	Légifrance / Droit national en vigueur liennathan.fr/kz74nr

III La recherche *via* un navigateur web

Le réflexe lors d'une recherche d'information est bien souvent d'utiliser un moteur de recherche de type Google, par exemple. Pour que cette recherche soit efficace, il s'agit d'**être très précis sur les mots-clés** afin de ne pas risquer d'être confronté à des résultats peu pertinents ou une surabondance d'informations que l'on n'arriverait plus à traiter (manque de temps). La **sous-information** comme la **surinformation** sont des risques quant à l'efficacité d'une recherche.

Par ailleurs, les résultats du moteur sont issus de sources d'information variées. Il appartient au gestionnaire de **vérifier systématiquement la fiabilité de la source** et l'actualité de l'information.

? L'essentiel en une question

Pourquoi le responsable des ressources humaines est-il régulièrement amené à rechercher des informations en matière sociale ?

Consultez le corrigé
liennathan.fr/y1zlyv

FICHE RESSOURCE 2

L'organisation d'une veille sociale

À la différence d'une recherche ponctuelle d'informations, une veille sociale consiste à se mettre **régulièrement** à jour de toutes les informations sociales nouvelles. Une veille nécessite de s'organiser.

I La fixation d'un périmètre de recherche

Pour être efficace, le responsable RH doit **mettre des limites à sa veille**. Pour cela, il doit délimiter précisément son périmètre de recherche : **cibler les informations importantes** et bien **connaître le rôle des différents organismes** et partenaires de l'entreprise. Il doit aussi se limiter à sa **propre convention collective** ou branche et s'assurer de tenir compte des accords d'entreprise conformes à la législation.

II L'organisation de la collecte d'informations

1. Une sélection a priori de sources d'information fiables

Le responsable RH dispose d'une grande quantité de ressources sociales. Il doit être rigoureux et s'assurer de la fiabilité des informations qu'il collecte. Il est donc prudent de privilégier des ressources officielles ou gérées par des professionnels reconnus en matière de législation sociale.

2. La variété des sources et les outils d'automatisation de la collecte

Organiser de manière précise et méthodique la collecte d'informations permet d'optimiser une veille sociale. Diverses solutions peuvent être mises en place pour multiplier les sources d'information ou automatiser cette collecte d'informations nouvelles.

Collecter les informations en interne	• Répertorier tous les documents et supports existants dans l'entreprise, format papier ou numérique. • Tenir compte des **projets de l'entreprise** en matière d'évolution sociale. • **Établir un dialogue au sein de l'entreprise** et avec les représentants du personnel pour connaître les besoins des salariés.
Utiliser les réseaux	Utiliser les réseaux sociaux professionnels et son propre réseau de connaissances.
Créer des favoris dans le navigateur web	Par exemple, vers des sites institutionnels tels que **Légifrance, Boss.gouv, Budget.gouv**, la fédération professionnelle dont dépend l'entreprise, les chambres de commerces et des métiers… Mais aussi vers des sites spécialisés en gestion RH et paie : **Tissot social, RFPaye, Légisocal, éditions Francis Lefèvre, Net-entreprises…**
S'abonner à des newsletters	De nombreux sites spécialisés RH proposent des **newsletters** régulières et des **dossiers à thème**, permettant de faire venir automatiquement l'information (méthode *push* de veille).
Mettre en place des alertes	Par exemple, utiliser **Google Alertes** sur les différents favoris afin d'être alerté dès qu'une modification ou un changement est apporté sur une page précise du site.
Utiliser des outils d'automatisation de la veille	Mettre en place des **flux RSS** exploités avec des **agrégateurs de flux** de type Inoreader ou Feedly.

? L'essentiel en une question

La veille sociale peut devenir chronophage. Citez quelques moyens d'organisation à privilégier.

Consultez le corrigé
liennathan.fr/6jdmro

FICHE RESSOURCE 3

Les procédures sociales internes

I L'utilité des procédures internes

Les procédures relèvent à la fois du bon fonctionnement de l'entreprise et de la conformité au droit. Elles permettent une meilleure organisation du travail et des gains de temps. Elles évitent des dysfonctionnements coûteux pour l'entreprise. Sur le plan pratique, elles servent aussi à la transmission du travail d'un salarié à l'autre en cas de remplacement. Il est donc indispensable qu'elles fassent l'objet d'un écrit (éventuellement électronique).

> Exemple
>
> La préparation des congés payés des salariés nécessite :
> – la connaissance des règles légales de calcul et de prise des congés ;
> – les vœux des salariés (qui doivent connaître le nombre de jours auxquels ils ont droit).
>
> Il est donc nécessaire de mettre en place une procédure pour le calcul et l'organisation des congés payés (demande de vœux, élaboration du planning, transmission des dates aux salariés).

II La validation des procédures internes

Les procédures relèvent de l'organisation interne, mais elles sont soumises au droit. Elles nécessitent donc une validation interne et une validation juridique.

1. L'efficacité interne

La procédure doit produire le résultat attendu avec la qualité maximale et dans les délais nécessaires.

> Exemple
>
> Une procédure de recrutement doit permettre d'embaucher le meilleur salarié pour le poste à pourvoir. La méthode et les outils de recrutement doivent être adaptés. La durée de la procédure doit aussi être satisfaisante : si le poste est vacant, l'embauche ne peut pas attendre trop longtemps. Il faut donc être attentif à bien définir les étapes (définition du besoin, rédaction d'une offre, réception des candidatures, sélection…) et la durée de chacune d'elles.

2. La légalité des procédures

Chaque étape de la procédure doit faire l'objet d'une vérification rigoureuse de sa légalité en prenant appui sur les résultats de la veille sociale. Cette vérification doit être régulièrement actualisée.

> Exemple
>
> Les étapes d'une procédure de recrutement méritent toutes une attention particulière pour s'assurer de leur légalité. La rédaction de l'offre ne doit pas comporter de mention discriminatoire, les méthodes de sélection doivent être conformes au niveau du poste à pourvoir…

? L'essentiel en une question

Pourquoi les procédures sociales mises en place dans l'entreprise doivent-elles être régulièrement contrôlées et mises à jour ?

Consultez le corrigé
liennathan.fr/qj0bep

FICHE RESSOURCE 4

L'échéancier social

Les très nombreuses obligations sociales de l'entreprise rendent nécessaire la mise en place d'une gestion rigoureuse des échéances.

I Le caractère périodique des obligations sociales

1. La variété des obligations

Qu'il s'agisse d'obligations internes (élections, négociation...) ou externes (déclarations, paiements...), la vie sociale de l'entreprise est rythmée par un calendrier des traitements très précis et très strict.
Les obligations n'étant pas les mêmes selon les entreprises, il n'existe pas d'échéancier modèle. Selon la taille (et, en particulier, le nombre de salariés) et selon l'activité, les dates à respecter ne sont pas toujours les mêmes.

2. Les risques en cas de non-respect de l'échéance

Les retards de paiement ou de déclaration entraînent des pénalités. Le non-respect des délais dans certaines procédures peut conduire à leur annulation.

> Exemple
> Lors d'une procédure de licenciement personnel, il faut un délai de cinq jours entre la présentation de la lettre de convocation à l'entretien préalable au licenciement et l'entretien lui-même. Le non-respect de ce délai entraîne l'irrégularité de la procédure et une indemnité à verser au salarié.

II Les différents échéanciers

1. Les déclarations ponctuelles

Certaines déclarations sociales obligatoires sont relatives à un évènement social de l'entreprise. Par exemple, une **DPAE** (déclaration préalable à l'embauche) est à faire par l'entreprise **dans les huit jours avant la date d'embauche** d'un nouveau salarié. Elle permet d'affilier le salarié aux différents organismes sociaux.
En cas d'accident du travail, une **DAT** (déclaration d'accident du travail) est à effectuer par l'employeur auprès de la Caisse nationale d'Assurance maladie **dans les 48 heures** après qu'il en a eu connaissance. Cela permet au salarié une prise en charge de ses frais médicaux.

2. Les déclarations mensuelles

La **DSN** (déclaration sociale nominative) est une déclaration unique qui regroupe la plupart des déclarations sociales à effectuer chaque mois envers les différents organismes sociaux (URSSAF, France Travail, caisses de retraite, etc.). Elle doit être effectuée au plus tard le 5 (pour les entreprises de plus de 50 salariés) ou le 15 du mois suivant (pour les autres entreprises).

3. Les déclarations annuelles

Par exemple, l'employeur doit déclarer à l'URSSAF au plus tard le 31 janvier de chaque année le nombre de **salariés mis à la retraite** au cours de l'année civile qui précède.

4. Les échéanciers pluriannuels

Par exemple, l'élection des membres du comité social et économique a lieu tous les quatre ans.

? L'essentiel en une question

Pourquoi l'échéancier social mis en place dans l'entreprise doit-il être régulièrement contrôlé et mis à jour ?

Consultez le corrigé
liennathan.fr/70h4c0

APPLICATIONS

EXOS FLASH

EXO 1 Quiz interactif

Testez vos connaissances sur ce chapitre avec le quiz en ligne.

liennathan.fr/kl6a5v

Votre score ....

EXO 2 Comprendre le vocabulaire

- **À l'aide d'une recherche, comparez les termes *syndication de contenu*, *flux de syndication* et *agrégateur de flux RSS* utilisés dans le cadre d'une veille informationnelle.**

EXO 3 Utiliser un outil de veille

Dans le cadre de son poste d'assistant au service paie, Richard a besoin d'être informé dès que le plafond mensuel de la Sécurité sociale (PMSS) évolue.

- **Quel outil Richard a-t-il décidé d'utiliser (annexe) ? Que pensez-vous du paramétrage qu'il a mis en place ? Proposez quelques améliorations.**

ANNEXE **Outil de veille utilisé par Richard**

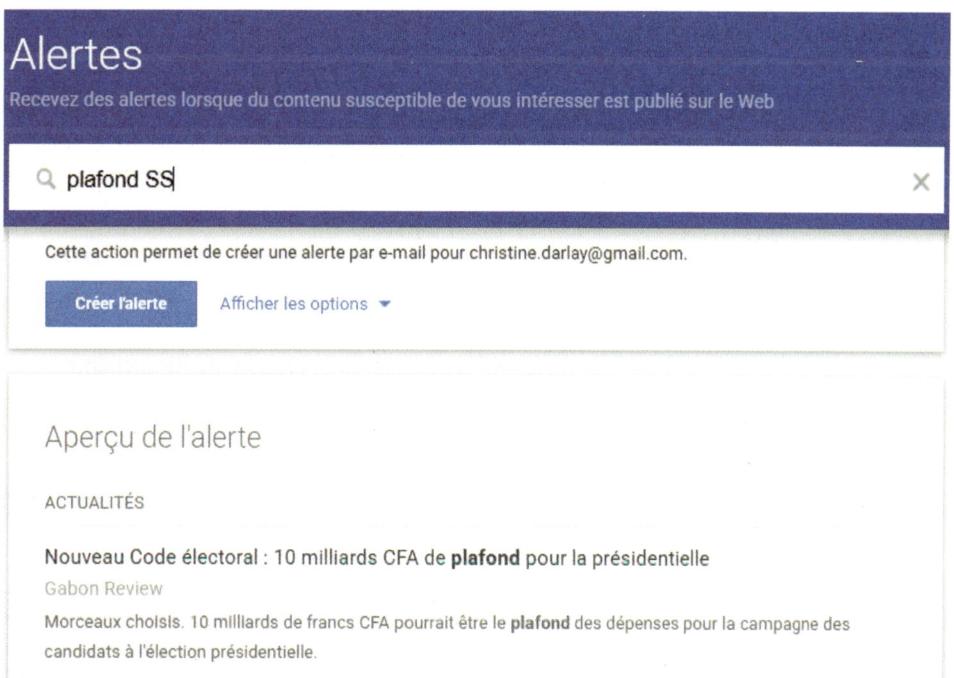

ENTRAÎNEMENT AU BTS 1 Veille sociale sur la période d'essai ★☆☆

La SA Sports Events organise des événements sportifs (meeting d'athlétisme, compétitions de judo...). Elle est située à Montpellier. Elle emploie 25 salariés permanents et de nombreux salariés en CDD lors des rencontres sportives. Son activité est en plein développement et elle prévoit de multiplier son chiffre d'affaires par deux d'ici un an. Elle est donc sur le point d'embaucher plusieurs salariés.

Lors d'un recrutement précédent, un conflit a eu lieu avec le salarié à propos de la durée de la période d'essai. Cette période a lieu au début du contrat : elle permet de tester le salarié durant une période où le contrat peut être rompu à tout moment, sans motif particulier.

M. Roger Daltrais, le dirigeant, souhaite que vous recherchiez les règles à ce sujet. Il souhaite aussi, que, à cette occasion, vous organisiez une procédure de veille sociale pour l'entreprise.

1 **Recherchez sur le Web toutes les sources possibles concernant la durée de la période d'essai dans le cas d'un CDI. Pour chaque source trouvée, conservez bien l'adresse du site Web.**

P7 **2** **Les sources utilisées vous paraissent-elles fiables (aidez-vous de l'annexe) ?**

3 **La société Sports Events utilise la Convention collective du sport (IDCC 2511). Que prévoit cette convention en matière de période d'essai ?**

4 **Classez les sources pour déterminer celle qu'il faudra utiliser.**

5 **Réalisez, à l'aide d'un logiciel de traitement de texte, une note à l'attention de M. Daltrais pour synthétiser le résultat de vos recherches et le guider dans le choix de la durée de la période d'essai pour les futures embauches.**

ANNEXE Évaluer la qualité des sources

Il est important de pouvoir se fier à l'information que l'on a repérée, qu'elle soit imprimée ou électronique. On doit faire preuve de jugement critique pour en évaluer la qualité et il faut garder en tête que toute information dont on ignore la provenance devrait a priori être écartée.

Pour évaluer la qualité des sources, on se posera les questions suivantes :

QUI ? Quelle est la provenance du document et qui en est l'auteur ?

C'est la crédibilité de la source qui est évaluée. Ce critère est souvent plus facile à établir lorsqu'il s'agit de documents imprimés que lorsqu'il s'agit d'informations trouvées sur le Net.

POURQUOI ? Quel est l'objectif poursuivi par l'auteur de l'information ?

On s'interroge ici sur la validité et plus particulièrement sur son objectivité.

COMMENT ? Les documents sont-ils basés sur des recherches ou s'agit-il de textes d'opinion ?

C'est à nouveau la validité de l'information qui est ici évaluée ou plus particulièrement son exactitude.

QUAND ? À quelle date, époque, les documents ont-ils été publiés, créés ?

C'est encore de la validité de l'information qu'il s'agit ou plus particulièrement de son actualité.

OÙ ? Dans quel pays ou quelle région les documents ont-ils été publiés ?

On évalue la validité de l'information d'un point de vue géographique.

ICHEC Brussels Management School,
« Évaluer la qualité et la pertinence des sources »,
http://bibliotheque.ichec.be

ENTRAÎNEMENT AU BTS 2 Hiérarchie des sources en droit social

★★☆

La SARL Fourcados est spécialisée dans la boucherie en gros : elle achète des carcasses qu'elle découpe avant de revendre aux détaillants. Elle emploie une soixantaine de salariés en CDI et CDD. Le 1er septembre N, M. Kogg est embauché en tant qu'employé d'entretien en CDI à temps plein (151,67 heures par mois). Il a été convenu sur son contrat qu'il serait payé au SMIC. M. Kogg, qui cherche à savoir combien il va réellement toucher, a trouvé la convention collective (annexe 1).

D'autre part, Mme Lanta arrive au terme de son CDD. Elle a bénéficié d'un bilan de compétence il y a un mois, et elle se pose des questions sur son indemnité de précarité (annexes 2 et 3).

P7
1. **Recherchez le montant du SMIC horaire en vigueur.**
2. **Calculez le salaire brut de M. Kogg.**
3. **Comparez ce résultat au salaire prévu dans la convention collective. Quelle source sera choisie dans ce cas ?**
4. **Quel sera le mode de calcul de l'indemnité de précarité de Mme Lanta si on applique la loi ?**
5. **Que prévoit l'accord d'entreprise à ce sujet ? Quelle source sera choisie dans ce cas ?**
6. **Que peut-on conclure sur la hiérarchie des normes en droit social ?**

ANNEXE 1 Extrait de la convention collective de la boucherie (IDCC 992)

Salaires conventionnels en vigueur au 1er février 2025

Niveau	Échelon	Classification	Salaire brut mensuel (151,67 heures)
I	A	Plongeur	1 877 €
		Employé d'entretien	1 877 €
	B	Chauffeur-livreur	1 897 €
		Employé administratif	1 897 €

ANNEXE 2 Extrait du Code du travail

Article L. 1243-8
Lorsque, à l'issue d'un contrat de travail à durée déterminée, les relations contractuelles de travail ne se poursuivent pas par un contrat à durée indéterminée, le salarié a droit, à titre de complément de salaire, à une indemnité de fin de contrat destinée à compenser la précarité de sa situation.
Cette indemnité est égale à 10 % de la rémunération totale brute versée au salarié.

Elle s'ajoute à la rémunération totale brute due au salarié. Elle est versée à l'issue du contrat en même temps que le dernier salaire et figure sur le bulletin de salaire correspondant.

ANNEXE 3 Extrait de l'accord d'entreprise en vigueur

ARTICLE 12 : L'indemnité de précarité est abaissée à 6 % des montants perçus lors du CDD si un bilan de compétence a été offert au salarié au cours de son contrat.

P7

ENTRAÎNEMENT AU BTS 3 Intérêt des flux RSS

★★☆

Le cabinet d'expertise comptable Jbirane & Associés, société indépendante d'experts-comptables et de commissaires aux comptes, existe depuis 1975. Elle est certifiée ISO 9001 depuis 2010 et démontre ainsi sa volonté de garantir la maîtrise de ses procédures internes et d'améliorer en continu ses outils de travail et de communication. Implantée à Brest, Jbirane & Associés regroupe une équipe dynamique, souple et compétente organisée en pôles de compétences comprenant cinq experts-comptables et commissaires aux comptes associés pour 33 collaborateurs.

Collaborateur chez Jbirane & Associés, dans le service de gestion sociale, vous êtes chargé(e) de gérer la veille sociale. Jusqu'à présent, la veille sociale était réalisée en consultant les textes réglementaires *via* le site legifrance.gouv.fr et les ouvrages spécialisés.

Mme Jbirane souhaite moderniser cette activité de veille.

1 **À l'aide des annexes 1 et 2 et de vos recherches sur le Web, expliquez ce que sont les flux RSS et les agrégateurs de flux.**

2 **À quelle condition peut-on s'abonner à des flux RSS ?**

3 **Sur quels critères faut-il se baser pour sélectionner les sites internet qui feront l'objet d'abonnement de flux RSS ?**

4 **D'après vous, quel est l'inconvénient de cet outil ?**

ANNEXE 1 Les flux RSS (*Really Simple Syndication*)

Qu'est-ce qu'un flux RSS ?

RSS est un format dit de « syndication de contenu internet ».

La syndication permet d'établir des échanges d'informations (textes, liens, images) entre sites internet, qui sont automatiquement mis à jour.

Ce dispositif permet notamment d'afficher sur un site des informations issues d'un autre site tout en conservant sa propre mise en page et sa propre charte graphique (on parle de publication en marque blanche). RSS est un acronyme pour *Rich Site Summary* ou pour *Really Simple Syndication* (syndication vraiment simple). Le RSS se fonde sur le standard XML.

www.economie.gouv.fr

ANNEXE 2 L'intérêt d'un agrégateur de flux RSS

La syndication de contenu (généralement sous forme de flux de syndication, souvent appelés « fils » ou « **flux RSS** ») est une application pratique du langage XML permettant de **créer un fichier résumant les dernières informations du contenu d'un site web**.

Celui-ci étant régulièrement mis à jour de façon structurée, **il est possible, à l'aide d'un lecteur de flux – aussi appelé agrégateur ou lecteur RSS –, de rafraîchir automatiquement ces informations sans avoir à visiter chaque site manuellement**. C'est l'outil idéal pour la veille technologique.

« Syndication de contenu : flux RSS et Atom », www.journaldunet.com.

P7

ENTRAÎNEMENT AU BTS 4 Veille sociale à partir du logiciel de paie

★★☆

Lamia est employée en qualité de gestionnaire de paie au service RH de l'entreprise Marcus, fabricant et vendeur de mobilier pour chambre d'enfant.

Avec la généralisation du télétravail dans l'entreprise, Lamia travaille désormais deux jours par semaine depuis son domicile. Elle a obtenu l'accord de son responsable pour investir dans un logiciel de paie en ligne. Lamia anticipe les conséquences en termes d'organisation de sa veille sociale.

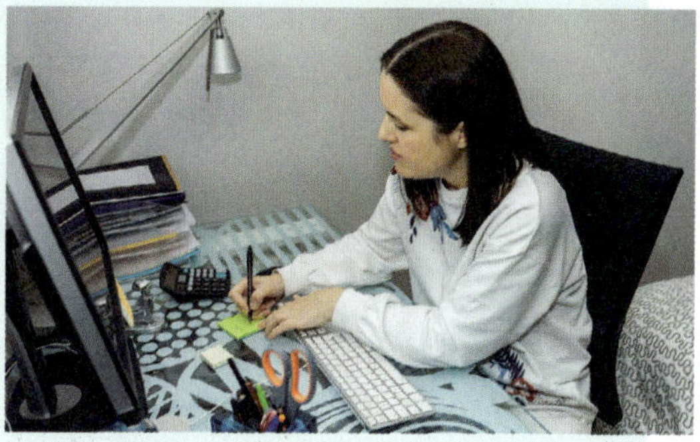

1 **Habituée à travailler avec une licence EBP installée sur son poste informatique, Lamia est tentée d'évoluer vers la solution SaaS d'EBP. À l'aide d'une recherche et du schéma comparatif des deux solutions (annexe), justifiez que la solution SaaS est adaptée à sa nouvelle façon de travailler.**

2 **Quelles seront les conséquences en termes de veille sociale ? Réalisez une recherche et testez l'accès au centre d'aide d'EBP.**

ANNEXE **Les deux solutions EBP**

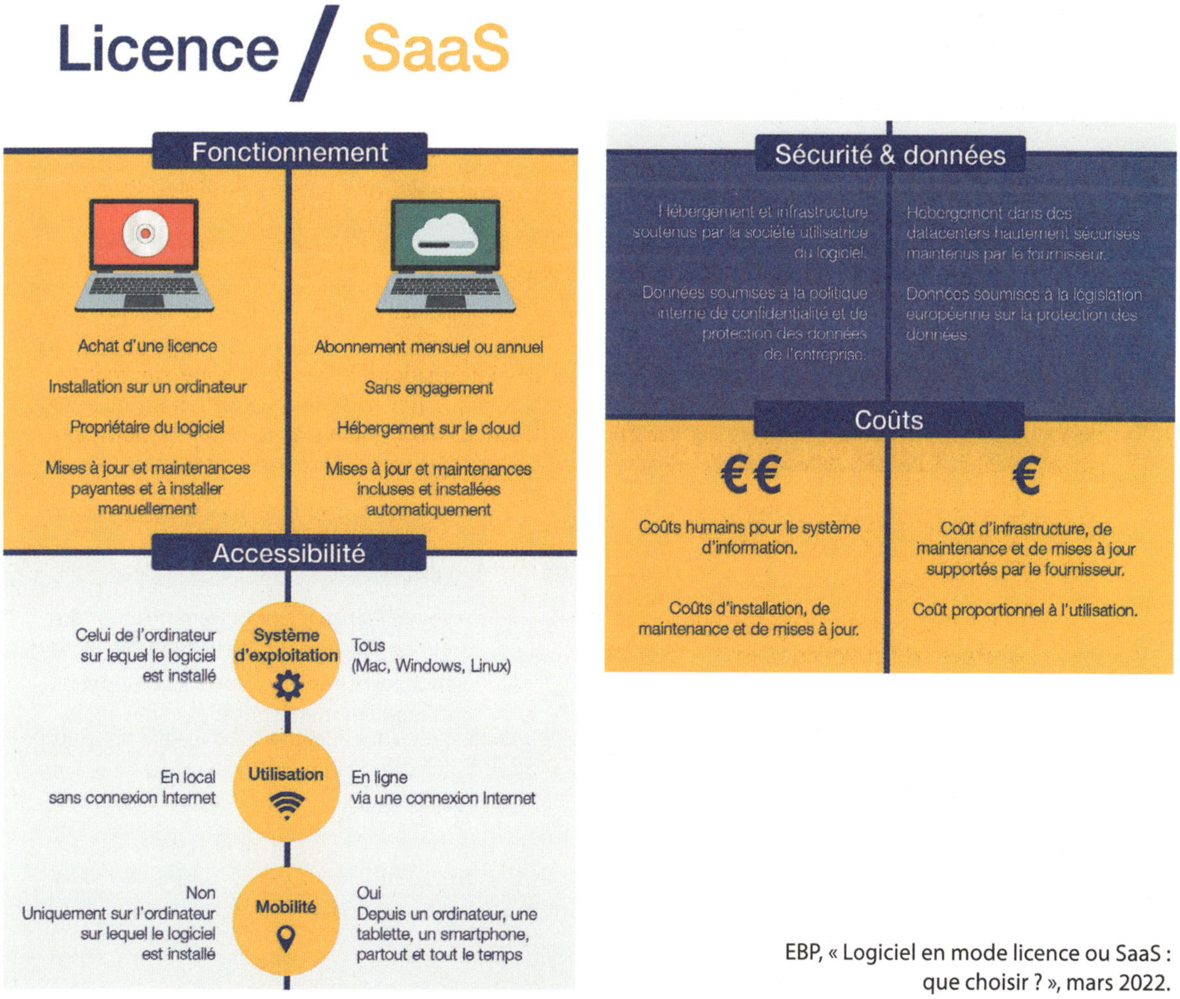

EBP, « Logiciel en mode licence ou SaaS : que choisir ? », mars 2022.

SYNTHÈSE

Synthèse audio
liennathan.fr/qbclxw

La conduite de la veille sociale

1 La recherche ponctuelle d'informations

Via les ressources institutionnelles ou conventionnelles

Nombreuses et choisies selon le sujet recherché. Sites web dédiés.

Ex. :
- Légifrance (Code du travail, projets de lois, conventions ou accords collectifs…),
- Boss.gouv (Sécurité sociale),
- Budget.gouv (loi de finances).

Via un navigateur Web

- Lorsque la ressource n'est pas connue ou en cas de recherche par mot-clé.
- Le choix des mots-clés est important pour éviter la **sous-information** ou l'**infobésité**.
- Possibilité d'utiliser des symboles dans les moteurs de recherche pour préciser la recherche.

2 L'organisation d'une veille sociale

La notion de veille

- Recherche d'informations de manière régulière, voire permanente.
- Organisation rigoureuse nécessaire.
- Définir le périmètre de la veille.
- Lister des sources professionnelles fiables.
- Connaître la convention collective ou les accords qui concernent l'entreprise.

Les moyens de collecte de l'information

- Dialogue avec les représentants du personnel.
- Réseaux sociaux professionnels.
- Favoris dans un navigateur.
- Abonnements journaux et newsletters.
- Abonnement à la veille proposée par le PGI.
- Alertes, flux RSS.

3 La prise en compte d'une évolution de la réglementation sociale

Mise à jour des procédures

- Les procédures décrivent l'organisation du travail et permettent l'efficacité organisationnelle.
- Les procédures sociales doivent être conformes à la législation et mises à jour à chaque évolution.

Mise à jour des échéanciers

- Les échéanciers permettent de répondre aux contraintes rigoureuses des obligations sociales.
- Ils doivent être conformes à la législation et régulièrement contrôlés et mis à jour.

CHAPITRE 2

Les formalités d'embauche

Activité	Composante d'activité	Compétence	P7	Vers Pix
4.2. Préparation des formalités administratives de gestion du personnel et information des salariés	**4.2.1.** Établissement des formalités d'embauche et de départ	Produire et transmettre les documents sociaux obligatoires pour l'embauche et le départ	Une utilisation du tableur adaptée aux besoins de l'utilisateur avec la mise à jour des tableaux de suivi ou du module paie d'un progiciel de gestion intégré ou d'un logiciel spécialisé	**1.1.** Mener une recherche et une veille d'information **1.3.** Traiter des données **2.1.** Interagir **2.3.** Collaborer **3.1.** Développer des documents textuels **4.2.** Protéger les données personnelle et la vie privée

SITUATION PROFESSIONNELLE

La SAS Esthétique&Santé, spécialisée dans le coaching personnel et la santé, veut poursuivre son développement. L'établissement de Bordeaux fonctionne bien et les prévisions d'activité sont prometteuses. L'ouverture du site de Nice doit être soigneusement préparée. M. Lange, le fondateur de la société, compte s'impliquer personnellement en s'installant sur place à partir du 15 janvier et pour les premiers mois. Il souhaite embaucher un salarié qui l'assistera pour les travaux de mise en place du nouvel établissement. Ce salarié restera ensuite pour diriger l'équipe de Nice. D'autre part, dans l'optique d'ouvertures futures, et pour améliorer la notoriété de la société, M. Lange a l'intention de louer des stands sur certains salons. Pour commencer, il envisage d'exposer sur le salon du bien-être qui a lieu à Nice du 3 au 15 janvier. La société embauchera un commercial pour la durée de ce salon.

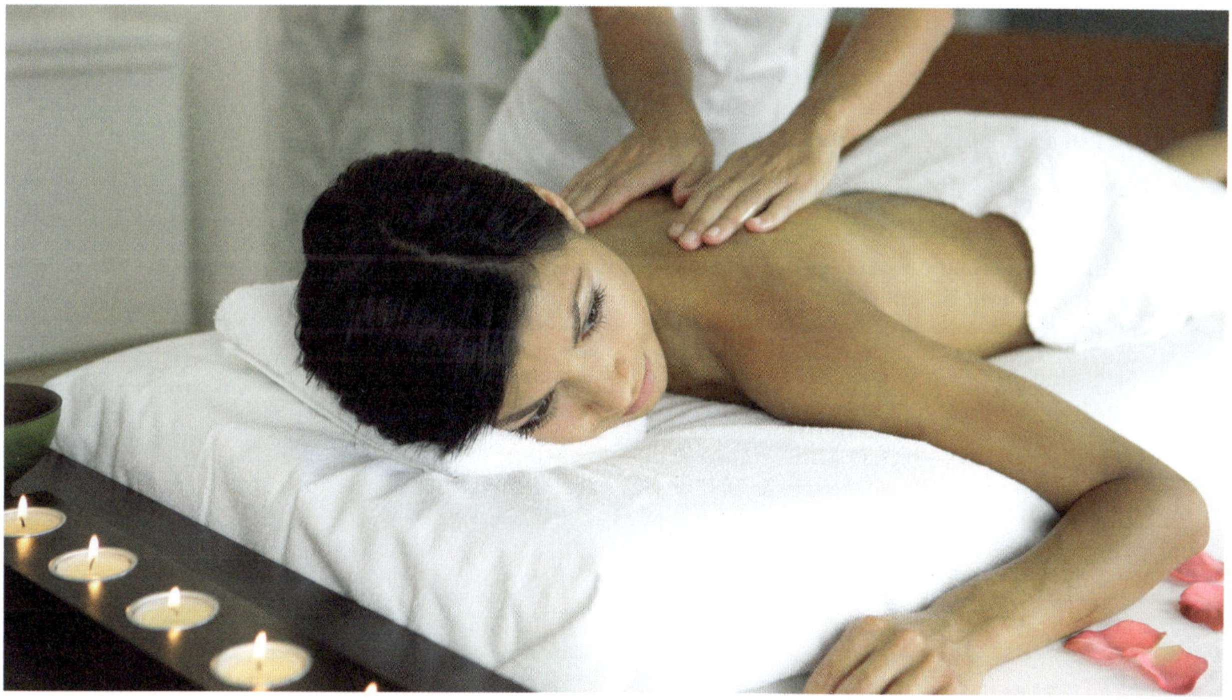

VOS MISSIONS

Mme Karine est chargée du recrutement des deux salariés. Elle vous demande de l'assister tout au long du processus de recrutement.

MISSION 1 **Proposer un contrat de travail adapté au poste** ▶ Fiche ressource 1

MISSION 2 **Rédiger un projet de contrat de travail** ▶ Fiche ressource 1

MISSION 3 **Réaliser les formalités d'embauche** ▶ Fiche ressource 2

VOS MISSIONS

MISSION 1 Proposer un contrat de travail adapté au poste

1. M. Lange souhaite embaucher un cadre commercial qui sera amené à diriger l'établissement de Nice et animer l'équipe sur place. Choisissez le type de contrat le plus adapté. Justifiez.
▶ Fiche ressource 1

2. Indiquez les dates de début et de fin de contrat pour ce cadre commercial.

3. Mme Karine souhaite conclure un CDD pour le commercial qui s'occupera du salon du bien-être à Nice. Est-ce le type de contrat à utiliser dans ce cas ? Si oui, pour quel motif de recours peut-on conclure ce CDD ?

4. Indiquez les dates de début et de fin de ce contrat. La date de fin doit-elle obligatoirement figurer sur le contrat ?

5. Auriez-vous pu, à la place de ce CDD, avoir recours au travail temporaire ? Justifiez.

La question de l'expert
Dans le cadre du recours au travail temporaire, indiquez les parties concernées et leurs relations. Qui verse le salaire à l'employé dans ce cas ?

Discutons-en !
Pourquoi l'embauche d'un personnel intérimaire ne donne-t-elle pas lieu à un contrat de travail ?

L'autocorrection en vidéo
liennathan.fr/rdy7rw

MISSION 2 Rédiger un projet de contrat de travail

6. M. Lange et Mme Karine ont retenu la candidature de M. Joachim Paget pour l'établissement de Nice. Vous assistez Mme Karine dans la rédaction du CDI. Faut-il impérativement que ce dernier soit écrit ? Justifiez.

7. Complétez le contrat de travail de M. Paget.
▶ Annexes 1 à 4

8. Vous préparez avec Mme Karine le CDD de Mme Hélène Plantalie pour le salon du bien-être de Nice. Un écrit est-il obligatoire ? Quelles sont les mentions qui devront figurer sur ce contrat ?

9. Si le salon de Nice se passe bien, M. Lange pourra-t-il renouveler le contrat de Mme Plantalie pour le salon de Bordeaux, du 19 au 28 janvier ?

10. À l'issue de ces salons, si Mme Plantalie donne entière satisfaction, M. Lange pourra-t-il transformer le CDD en CDI ? Justifiez.

Besoin d'aide ?
liennathan.fr/bbpd8k

Besoin d'aide ?
liennathan.fr/4pqwqa

MISSION 3 Réaliser les formalités d'embauche

11. Vous préparez les DPAE de M. Paget et de Mme Plantalie. À quelles dates devrez-vous les transmettre ? Par quel moyen de communication ?
▶ Fiche ressource 2

12. Indiquez de quel service de santé au travail dépend Esthétique&Santé. L'entreprise pourrait-elle créer son propre service de santé ?

P7 13. Complétez la DPAE de Mme Plantalie et mettez à jour le registre du personnel la concernant.
▶ Annexes 5 et 6

14. Avez-vous encore quelque chose à réaliser pour que les formalités d'embauche soient terminées ? Justifiez.

P7 15. En vous appuyant sur le modèle de Bordeaux, créez un registre du personnel pour l'établissement de Nice. Inscrivez-y M. Paget.

DONNÉES DE LA SITUATION

ANNEXE 1 Convention collective nationale de l'esthétique-cosmétique (extrait)

ARTICLE 7. §2. A. – Période d'essai pour le personnel des entreprises de la branche autre que le personnel des écoles d'esthétique

Afin de faciliter l'accès direct au contrat à durée indéterminée, en permettant à l'employeur d'évaluer les compétences du salarié dans son contrat, notamment au regard de son expérience, et au salarié d'apprécier si les fonctions occupées lui conviennent, il est institué une période d'essai dont la durée est :

– pour les employés, de 2 mois avec la possibilité de prolonger de 1 mois lorsque le salarié n'aura pu être évalué sur l'une des tâches ou activités propres à ses fonctions citées dans le contrat de travail ;

– pour les agents de maîtrise, de 3 mois avec la possibilité de prolonger de 1 mois ;

– pour les cadres, de 4 mois avec la possibilité de prolonger de 2 mois.

La période d'essai du contrat de travail à durée indéterminée et la possibilité de la prolonger d'un commun accord entre les parties dans les conditions fixées ci-dessus ne se présument pas. Ces conditions doivent figurer expressément dans la lettre d'engagement ou dans le contrat de travail.

La période d'essai pourra être prolongée, par accord exprès et écrit des parties intervenu au cours de la période initiale.

La durée totale de la période d'essai, renouvellement compris, ne pourra dépasser :
– 3 mois pour les employés ;
– 4 mois pour les agents de maîtrise ;
– 6 mois pour les cadres.

N° IDC : 3032

ANNEXE 2 Fiches de renseignements des nouveaux salariés

Nom	PAGET	**Nombre d'enfants**	0
Nom de naissance	PAGET	**Date d'embauche**	15/01/N
Prénom	Joachim	**Emploi**	Cadre dirigeant
Date de naissance	12/05/1981	**Type de contrat**	CDI
Lieu de naissance	Istres (13), France	**Nature du contrat**	Temps plein
Nationalité	Française	**Heures mensuelles**	151,67 h
N° de Sécurité sociale	181051304728925	**Coefficient hiérarchique**	300
Adresse	10, rue des Palmiers	**Salaire mensuel**	3 800,00 €
Code postal	06000	**Domiciliation bancaire**	BNP Nice
Ville	Nice	**Code agence**	1140
Situation familiale	Marié	**N° de compte**	5580798851

Nom	PLANTALIE	**Nombre d'enfants**	2
Nom de naissance	MARTINEZ	**Date d'embauche**	02/01/N
Prénom	Hélène	**Emploi**	Commerciale
Date de naissance	28/11/1992	**Type de contrat**	CDD
Lieu de naissance	Brest (29), France	**Nature du contrat**	Temps plein
Nationalité	Française	**Heures mensuelles**	151,67 h
N° de Sécurité sociale	292112901914712	**Coefficient hiérarchique**	300
Adresse	121, avenue Thiers	**Salaire mensuel**	1 850 €
Code postal	06000	**Domiciliation bancaire**	ING DIRECT
Ville	Nice	**Code agence**	2150
Situation familiale	Mariée	**N° de compte**	2214768023

ANNEXE 3 Renseignements administratifs sur la société Esthétique&Santé

Raison sociale : Esthétique&Santé
Forme juridique : SAS
Numéro SIRET : 51494409900019
Code APE – NAF : 9604Z
Adresse : 158, cours de la Guadeloupe 33000 BORDEAUX
Numéro de téléphone : 05 56 46 48 44
Numéro de fax : 05 56 46 48 50
Service de santé au travail interentreprise : SSTI Bordeaux 262, bd du Président Wilson 33000 BORDEAUX
Code : 027
R.C.S. : Bordeaux 236548950

ANNEXE 4 Modèle de CDI à compléter

Modèle de CDI à télécharger liennathan.fr/1pi6al

Entre les soussignés :
La société ...., située ....,
immatriculée au Registre du commerce et des sociétés de .... sous le numéro SIRET ....,
représentée par ...., agissant en sa qualité de ....,
D'une part,
Et : Mme/M. ...., de nationalité ...., né(e) le .... à ....
N° SS : ...., demeurant ....,
D'autre part,
Il est arrêté et convenu ce qui suit :

Article 1 – Engagement

Mme/M. .... est engagé(e) par la société en qualité de ....
Ce contrat prend effet à compter du .... à .... heures.

Article 2 – Convention collective

L'ensemble des dispositions de la Convention nationale collective .... s'applique au présent contrat et ceci tant que ces dernières resteront opposables de droit à l'entreprise. Un exemplaire de la présente convention collective est à la disposition de Mme/M. .... au sein de l'établissement.

Article 3 – Période d'essai

Le présent contrat est conclu pour une durée indéterminée. Il ne deviendra définitif qu'à l'expiration d'une période d'essai de ....

Si pendant l'exécution de ladite période d'essai, le contrat de travail de Mme/M. .... devait être suspendu pour quelque motif que ce soit, cette période d'essai serait prolongée d'une durée identique à la période de suspension.

Jusqu'à cette date, il sera possible à Mme/M. ...., comme à l'entreprise, de rompre le contrat de travail sans indemnité.

Article 4 – Fonctions

Mme/M. .... en sa qualité de .... sera plus particulièrement chargé(e) de
....

Cette liste de tâches pourra être complétée en fonction des besoins de l'entreprise.

Article 5 – Lieu de travail

Mme/M. .... exercera ses fonctions sur le site de ....

Article 6 – Rémunération

La rémunération mensuelle brute sera de .... euros pour un horaire mensualisé de .... heures. Pour toute heure effectuée au-delà de ...., une majoration sera accordée et calculée conformément aux dispositions légales et conventionnelles en vigueur.

•••

ANNEXE 4 **(suite)**

Article 7 – Discipline et sécurité

Mme/M. .... reconnaît avoir pris connaissance du règlement intérieur en vigueur dans l'établissement. Tout manquement au présent règlement pourrait donner lieu à des poursuites disciplinaires et à un éventuel licenciement pour faute.

Mme/M. .... s'engage à observer toutes les instructions et consignes particulières de travail qui lui seront données et à respecter une stricte obligation de discrétion sur tout ce qui concerne l'activité de l'entreprise.

Article 8 – Congés payés

Mme/M.................................... bénéficiera des droits à congés payés conformément aux dispositions légales ou conventionnelles en vigueur.

Article 9 – Obligations professionnelles

Mme/M. .... s'engage à :

- informer la société de tout changement le concernant, notamment en cas de changement de domicile ;
- déclarer tout accident du travail survenu sur les lieux du travail ou tout accident survenu sur le trajet, dans les 48 heures, à l'autorité hiérarchique ;
- informer sans délai la société de toute absence et de justifier des raisons de celle-ci dans les 48 heures par tout justificatif utile (certificat médical le cas échéant) ;
- conserver une discrétion absolue sur tous les fichiers et documents internes à la société pendant toute la durée du présent contrat et après la rupture de celui-ci quelle que soit la cause.

Article 10 – Clause de non-concurrence

Compte tenu des responsabilités et fonctions assurées par Mme/M. ...., soit la responsabilité de l'agence, et afin de préserver les intérêts de la société, en cas de rupture du contrat de travail et pour quelque motif que ce soit, la clause suivante est conclue.

Mme/M. .... s'engage à ne pas entrer au service d'une entreprise concurrente, ni à collaborer directement ou indirectement à tout commerce ou toutes autres activités pour concurrencer les activités de la société. Cette clause de non-concurrence s'applique :

- aux zones géographiques suivantes : (indiquer des zones géographiques les plus précises possibles, en veillant à ne pas étendre la clause à des zones empêchant par la suite la poursuite de toute activité professionnelle) .... ;
- aux activités suivantes : (indiquer les activités précises tout en veillant à ne pas interdire de ce fait toute activité professionnelle) .... ;
- pendant une durée de : ...., soit du .... au .... ;

En contrepartie de cette obligation de non-concurrence, Mme/M. .... percevra, pendant toute la durée de l'interdiction, une indemnité mensuelle de ...., à laquelle s'ajoutera une indemnité compensatrice de congés payés chiffrée à 10 % de la valeur de l'indemnité.

Lors de la rupture du contrat de travail, quel que soit le motif, la société se réserve le droit de libérer Mme/M. .... de l'interdiction de concurrence, sans que ce dernier puisse alors prétendre au paiement d'une quelconque indemnité. La décision de renonciation à l'application de la présente clause devra toutefois intervenir dans le délai préfix de .... jours suivant la notification de la rupture par l'une des deux parties, par LR avec AR.

En cas de non-respect de la présente clause par Mme/M. ...., la société se réserve le droit de demander le versement de dommages-intérêts pour un montant de ....

Fait en double exemplaire à ...., le ....

(Signatures des parties précédées de la mention « Lu et approuvé »)

Signature du salarié Signature de l'employeur

ANNEXE 5 Formulaire Cerfa 14738*01 – DPAE à compléter

DPAE à télécharger
liennathan.fr/sb877l
PDF

URSSAF
PÔLE EMPLOI
CARSAT

Services de santé au travail
CPAM

DÉCLARATION PRÉALABLE À L'EMBAUCHE

cerfa
N° 14738*01

Cette déclaration unique doit être adressée à votre Urssaf OBLIGATOIREMENT AVANT L'EMBAUCHE, sous peine de sanctions (art. L.1221-10, L.1221-11 et L.8221-5 du code du travail)

A • ÉTABLISSEMENT EMPLOYEUR

N° SIRET ☐☐☐☐☐☐☐☐☐ ☐☐☐☐☐ Code NAF ☐☐ ☐☐☐

NOM, prénoms ou DÉNOMINATION

ADRESSE DE L'ÉTABLISSEMENT

☐☐☐☐☐ Code postal — Commune

Numéro de Téléphone : ☐☐☐☐☐☐☐☐☐☐ Numéro de Télécopie : ☐☐☐☐☐☐☐☐☐☐

SERVICE DE SANTÉ AU TRAVAIL

Si l'entreprise ou l'établissement possède un service de santé au travail, ou si le salarié embauché travaille en un lieu éloigné de l'établissement, cochez l'une des 2 cases suivantes :

☐ Service de santé au travail de l'entreprise ou de l'établissement ☐ Service de santé au travail spécifique pour les salariés éloignés

À défaut, précisez votre "service de santé au travail interentreprises" :

☐☐☐ Code — Nom

↳ Disponible sur le site internet indiqué au verso — Adresse

B • FUTUR SALARIÉ

NOM de famille (nom de naissance)

NOM d'usage (s'il y a lieu)

Prénoms (dans l'ordre de l'état civil) — Sexe ☐ (M ou F)

N° Sécurité sociale (voir carte d'immatriculation) ☐ ☐☐ ☐☐ ☐☐ ☐☐☐ ☐☐☐ ☐☐ Clé

Date de naissance ☐☐ ☐☐ ☐☐☐☐ Jour Mois Année

Lieu de naissance ☐☐☐ Département — Commune (pour Paris, Lyon et Marseille, préciser l'arrondissement)

Pays de naissance

C • L'EMBAUCHE ET L'EMPLOI

DATE PRÉVISIBLE D'EMBAUCHE ☐☐ ☐☐ ☐☐☐☐ Jour Mois Année — HEURE PRÉVISIBLE D'EMBAUCHE ☐☐ ☐☐ Heure Minutes

Durée de la période d'essai (en jours) — Si le salarié est embauché au moyen d'un contrat à durée indéterminée ou d'un contrat à durée déterminée dont le terme ou la durée minimale est supérieur à 6 mois, renseignez la case suivante : ☐☐

TYPE DE CONTRAT ☐ Contrat à durée indéterminée ☐ Contrat à durée déterminée ☐ Contrat de travail temporaire

Si CDD, renseignez la date de fin du contrat : ☐☐ ☐☐ ☐☐☐☐ Jour Mois Année

Modèle S 1225

La loi n° 78-17 du 6 janvier 1978 modifiée relative à l'informatique, aux fichiers et aux libertés, s'applique aux réponses faites sur ce formulaire. Elle garantit un droit d'accès et de rectification pour les données vous concernant auprès de notre organisme.

À : Le : Signature :

ANNEXE 6 Extrait du registre du personnel

NOM : ESTHÉTIQUE&SANTÉ
ADRESSE : 158, cours de la Guadeloupe – 33000 Bordeaux
SIRET : 51494409900019 **NAF – APE :** 9604Z
ÉTABLISSEMENT : Bordeaux

Registre du personnel à télécharger
liennathan.fr/ebcj6r

FICHE RESSOURCE 1

Le contrat de travail CDI ou CDD

Le contrat de travail est une « convention par laquelle une personne physique, le salarié, s'engage à mettre son activité à la disposition d'une autre personne physique ou morale, l'employeur, sous la subordination de laquelle elle se place, moyennant une rémunération ». Il faut **trois éléments** pour qu'un contrat de travail soit constitué : une prestation de travail, une rémunération et un lien de subordination. Il existe différents types de contrat.

I Le contrat à durée indéterminée (CDI)

Le CDI est le **contrat de droit commun**. Il peut être conclu à temps complet ou à temps partiel. Il doit être utilisé **pour pourvoir durablement un emploi permanent**.

Forme	• **Écrit non obligatoire pour les CDI à temps plein** (sauf conventions collectives l'exigeant), mais vivement recommandé pour détailler les droits et obligations des parties. • **En l'absence d'écrit**, la copie de la déclaration préalable à l'embauche (DPAE) et le premier bulletin de paie permettent de se conformer aux obligations d'information du travailleur sur les conditions applicables au contrat ou à la relation de travail (directive européenne du 14/10/1991). • **Contrat rédigé en 2 exemplaires et en français.**
Contenu	• **Mentions obligatoires** : identification des parties, date de prise de fonction, qualification, rémunération, durée du travail, lieu de travail, libellé de la convention collective applicable. • Des **clauses particulières peuvent être insérées** : clause de confidentialité, d'exclusivité, de non-concurrence, de mobilité…
Période d'essai	• **Pas obligatoire.** • Si les parties ou la convention collective en imposent une, elle devra figurer dans le contrat. • Doit respecter **les durées maximales légales et conventionnelles** (voir tableau en page suivante). • **Renouvelable** si la convention collective le prévoit, sous condition de durée et avec l'accord du salarié. • **Prolongée en cas de suspension de contrat** pendant ladite période (maladie, congé sans solde…) pour une durée égale à la suspension. • **Rupture du contrat à tout moment pendant cette période** sans formalisme particulier (une lettre recommandée est tout de même conseillée) moyennant le respect d'un délai de prévenance (entre 24 h et 1 mois) selon la durée de présence du salarié. Les motifs n'ont pas à être donnés. • Aucune indemnité particulière en cas de rupture.
Clauses spécifiques	• De nombreuses clauses peuvent venir s'ajouter aux éléments obligatoires du contrat. Elles doivent être **équilibrées et écrites.** La jurisprudence et les conventions collectives ont permis de dégager des conditions de validité qui permettent le plus souvent de respecter les droits des deux parties. Exemples de clauses – Clause de mobilité : engage le salarié à accepter une modification du lieu de travail. N'est valable que si elle fixe une zone géographique et si un délai de prévenance est respecté lors de l'exécution de la clause. – Clause de non-concurrence : empêche le salarié de faire concurrence à son employeur lorsqu'il quitte l'entreprise. N'est valable que si elle est limitée dans le temps et dans l'espace et qu'elle prévoit une contrepartie pécuniaire. • Certaines clauses sont **illicites**, par exemple : clause d'indexation de la rémunération.

Durées légales de la période d'essai (art. L. 1221-19 et L. 1221-21 du Code du travail)

Catégories de personnel	Durée initiale maximale	Durée maximale, renouvellement compris
Ouvriers et employés	2 mois	4 mois
Agents de maîtrise et techniciens	3 mois	6 mois
Cadres	4 mois	8 mois

Les conventions collectives prévoient parfois des durées spécifiques pour la période d'essai.

> Exemple
> La convention collective des salariés des cabinets d'avocat prévoit une période d'essai de 1 mois pour les employés, 2 mois pour les agents de maîtrise et 3 mois pour les cadres. Un renouvellement est possible, mais il ne doit pas excéder la période initiale.

II Le contrat à durée déterminée (CDD)

Le CDD est un **contrat d'exception** : il ne doit pas être utilisé pour pourvoir de manière durable un emploi lié à l'activité normale et permanente de l'entreprise. Conclu avec un terme précis, il obéit à des règles particulières dont le non-respect entraîne sa transformation en CDI.

Forme	• **Obligatoirement écrit.** • Doit comporter, en plus des mentions du CDI, **les mentions obligatoires suivantes** : – motif de recours (remplacement, accroissement d'activité…) ; – nom et qualification du salarié éventuellement remplacé ; – durée : date d'échéance du terme, clause de renouvellement, durée minimale si le contrat n'a pas de terme précis.
Conditions de recours	• Doit présenter un **caractère exceptionnel**. • Doit être utilisé pour **faire face à l'exécution d'une tâche précise et temporaire**. • Les **cas possibles** d'utilisation du CDD sont les suivants : – remplacement d'un salarié (absence, suspension du contrat de travail…) ; – accroissement temporaire d'activité de l'entreprise ; – emplois saisonniers ; – remplacement du chef d'entreprise (commercial, artisanal, libéral…) ; – réalisation d'un objet défini (mission définie dans un accord collectif). • Les **CDD à terme précis** doivent être utilisés en cas d'accroissement d'activité, de commande exceptionnelle à l'exportation, de travaux urgents… • Les **CDD à terme imprécis** sont autorisés pour les remplacements de salariés, les emplois saisonniers, les remplacements de chef d'entreprise. Le contrat doit fixer une durée minimale et l'événement qui en fixe le terme.
Durée	• Le **CDD à terme précis** ne peut excéder 18 mois. Il peut être renouvelé deux fois, mais sans pour autant dépasser la durée maximale. Exemple Un CDD de 6 mois pourra être renouvelé 2 fois. Mais un CDD de 8 mois ne peut être renouvelé qu'une fois. Un éventuel deuxième renouvellement ne pourra pas excéder 2 mois (deux contrats de 8 mois et un de 2 mois). • Les **CDD à terme imprécis** : pas de durée maximale, à l'exception des contrats saisonniers qui ne peuvent excéder 8 mois. Exemple Contrat conclu pour une durée minimale de 2 mois et finissant au retour du salarié absent.
Période d'essai	• Sauf dispositions conventionnelles contraires : **1 jour par semaine de contrat** avec un maximum de 2 semaines pour les contrats inférieurs ou égaux à 6 mois, et de 1 mois dans tous les autres cas.

III Le contrat de travail temporaire ou intérimaire (CTT)

Le **travail temporaire** (aussi appelé « intérim ») correspond à la « mise à disposition temporaire d'un salarié par une entreprise de travail temporaire au bénéfice d'un client utilisateur pour l'exécution d'une mission » (article L. 1251-1 du Code du travail).

Il s'agit d'une **relation triangulaire** entre une entreprise utilisatrice de main-d'œuvre, une entreprise de travail temporaire et une personne qui travaille (l'intérimaire).

Forme	• **Obligatoirement écrit**. Deux contrats : – Le contrat de mise à disposition : contrat de type commercial entre l'entreprise utilisatrice et l'entreprise de travail temporaire. Mentionne obligatoirement le motif de recours au travail temporaire, la durée (précise ou imprécise), les caractéristiques du poste occupé, la qualification, la rémunération. Il est de la responsabilité de l'entreprise d'intérim de s'assurer que le salarié possède bien la qualification nécessaire pour le poste occupé. – Le contrat d'intérim ou contrat de mission : contrat conclu entre l'intérimaire et l'entreprise de travail temporaire. Il est réalisé à l'occasion d'une mission que le salarié va exécuter dans une entreprise cliente. Doit comporter la reproduction des clauses du contrat de mise à disposition, la qualification du salarié, sa rémunération (y compris l'indemnité de fin de mission), la période d'essai éventuelle. Un exemplaire du contrat est remis au salarié dans les deux jours suivant la mise à disposition.
Conditions de recours et interdictions	• Soumis aux **mêmes règles d'utilisation qu'un CDD**. • Cas de recours identiques. • **Interdit pour** remplacer des salariés en grève et pour effectuer des travaux particulièrement dangereux.
Durée	• Variable, selon la durée de la mission. • Doit être fixée précisément (dates ou réalisation de l'objet de la mission). • Elle est, en général, de **18 mois au maximum**, renouvellement compris.
Période d'essai	• Peut figurer dans le contrat. • Selon le Code du travail, sa durée **dépend de la durée du contrat de mission** : – contrat de mission de 1 mois au maximum : 2 jours ; – contrat de mission de 1 à 2 mois : 3 jours ; – contrat de mission de plus de 2 mois : 5 jours.
Statut du salarié et indemnités spécifiques	• Doit bénéficier des **mêmes conditions de travail** que les salariés de l'entreprise utilisatrice (durée, repos, hygiène et sécurité…). • Soumis au **respect du règlement intérieur et aux règles d'hygiène et de sécurité** de l'entreprise utilisatrice. • Rémunération versée par l'entreprise de travail temporaire. • Ne peut en aucun cas être inférieure à celle que percevrait un salarié de l'entreprise utilisatrice, à ancienneté et qualification égales. • **Indemnité de fin de mission** : 10 % de la rémunération totale brute du salarié. • **Indemnité compensatrice de congés payés** de 10 %.

Remarque : le 6 mars 2014 est entré en vigueur le CDI intérimaire. Il s'agit d'un contrat dans lequel le salarié intérimaire est lié à l'entreprise de travail temporaire sans limite de durée. Les périodes entre deux missions sont rémunérées et peuvent être consacrées à de la formation.

? L'essentiel en une question

L'entreprise souhaite remplacer une salariée absente 18 mois pour congé parental. Quel est le contrat le plus adapté ?

Consultez le corrigé
liennathan.fr/qfm4xb

FICHE RESSOURCE 2

L'embauche

I La recherche de salarié

La recherche de salarié est libre, mais quelques règles doivent être respectées :

- certains salariés sont prioritaires dans leur entreprise pour des emplois de leur catégorie (ex. : après certains licenciements) ;
- l'entreprise peut être soumise à certaines obligations d'emploi (ex. : travailleurs handicapés) ;
- l'utilisation de critères discriminatoires est interdite (ex. : recherche spécifique d'un homme et non d'une femme) ;
- les méthodes de sélection doivent être pertinentes et transparentes.

II Les formalités d'embauche

Déclaration préalable à l'embauche (DPAE)	• **Dans les 8 jours précédant l'embauche.** • **Transmise à un seul organisme** : l'Urssaf, qui relaie l'information aux autres organismes. Prioritairement **par voie électronique** (*via* le site Net-entreprises.fr). Le formulaire papier peut cependant être utilisé (courrier recommandé avec accusé de réception). Une copie est fournie au salarié. • Les entreprises qui ont envoyé **plus de 50 déclarations au cours de l'année civile ont l'obligation d'utiliser la procédure dématérialisée sous peine de pénalité.** • Regroupe plusieurs demandes et simplifie les formalités : – immatriculation de l'employeur lors de la première embauche ; – affiliation au régime de l'assurance chômage ; – demande d'adhésion à un service de santé au travail ; – demande de visite d'information et de prévention ou demande d'examen médical d'embauche pour les salariés concernés. • **Informations concernant l'employeur** : nom, adresse, n° SIRET, code NAF. • Doit mentionner comment est effectué le **suivi de la santé du salarié** : service de santé interne ou service de santé interentreprises (STTI). • **Informations concernant le salarié** : nom, prénom, date et lieu de naissance, n° de SS.
Visite d'information et de prévention	• Pour tout salarié **suite à son embauche**, quelle que soit la nature de son contrat. • Remplace la visite médicale depuis le 1er janvier 2017. • Auprès d'un service de santé au travail, mais pas obligatoirement assurée par un médecin. • **Dans les 3 mois suivant l'embauche.** • **Responsabilité de l'employeur** : il doit s'assurer que l'examen médical a bien lieu.
Registre unique du personnel	• **Quel que soit l'effectif de l'entreprise.** • Y figurent, **par ordre d'arrivée**, les salariés employés par l'entreprise. • **Un registre par établissement.** • Doivent figurer **tous les salariés**, quels que soient leur contrat ou leur nationalité, y compris les travailleurs temporaires et les salariés à domicile. • **Doit contenir** : nom, prénom, nationalité, date de naissance, sexe, emploi, qualification, dates d'entrée et de sortie, type de contrat, quotité de temps de travail. • Pour les **salariés étrangers**, doit mentionner le document autorisant l'activité du salarié (titre de séjour…) et son numéro. • **Aucune forme n'est imposée.** Le registre unique du personnel peut être informatisé. • Les données doivent être conservées pendant **5 ans.**

? L'essentiel en une question

L'entreprise doit embaucher un CDD saisonnier. Quelles sont les formalités à respecter ?

Consultez le corrigé
liennathan.fr/gwrqzh

APPLICATIONS

ATELIER PGI

Créer un nouveau salarié dans le PGI

Chapitre concerné

Chapitre 2 : Les formalités d'embauche

Fiche de travail à télécharger
liennathan.fr/6eh6pg

PDF

EXOS FLASH

EXO 1 Quiz interactif

Testez vos connaissances sur ce chapitre avec le quiz en ligne.

liennathan.fr/x2xg6i

Votre score ....

EXO 2 Calculer une période d'essai

Mme Hiraï a décidé de recruter un CDD de deux mois pour accroissement temporaire d'activité. Elle souhaite que le salarié effectue une période d'essai.

- **Calculez la durée maximale de cette période.**

EXO 3 Proposer un contrat de travail adapté

M. Zedkins aimerait développer son activité de commerce de meubles en matériaux recyclés. Il souhaite ouvrir un deuxième point de vente et y affecter un commercial capable de développer l'activité, mais aussi de gérer le point de vente. Le candidat recruté exercera ainsi des responsabilités. M. Zedkins se donne un an pour estimer la viabilité de ce deuxième point de vente.

- **Proposez le type de contrat le plus adapté à ce projet. Justifiez.**

EXO 4 Réaliser les formalités d'embauche

Mme Ysembert vient de finaliser le recrutement en CDD d'un salarié pour accroissement temporaire d'activité de trois mois. Yoann, le nouvel embauché, doit commencer son contrat le 03/04/N.

- **À partir de quand Mme Ysembert peut-elle télétransmettre la DPAE ?**
- **Indiquez la date maximale de la visite d'information et de prévention.**

ENTRAÎNEMENT AU BTS 1 Organisation de la visite d'information et de prévention

★☆☆

La société Toubio est un centre commercial bio, qui va ouvrir ses portes dans 15 jours, au 39 boulevard Pierre de Coubertin à Nantes. M. Marelle, directeur commercial de l'enseigne, va embaucher M. Ventout en CDI, en tant que chef de rayon et cadre. L'entreprise n'est pas encore affiliée à un organisme de santé au travail, M. Marelle vous confie cette mission.

1. **Que doit faire M. Marelle en matière de sécurité et de santé lors de l'embauche ?**
2. **M. Marelle peut-il organiser dans ses locaux la visite d'information et de prévention ?**
3. **Recherchez sur le Web le service de santé susceptible de réaliser cette visite.**
4. **Rédigez le mail à envoyer pour adhérer à l'organisme choisi et demandez une visite d'information et de prévention pour M. Ventout.**

ANNEXE La visite d'information et de prévention

Depuis le 1er janvier 2017, la visite d'information et de prévention (Vip) remplace la visite médicale d'embauche. Elle est réalisée dans un délai maximum de trois mois à compter de l'embauche. Elle a notamment pour objet d'interroger le salarié sur son état de santé. Si le cas se présente, les frais de transport sont remboursés par l'employeur. Le travailleur bénéficie d'un renouvellement dans un délai maximal de cinq ans.

Cette visite est réalisée :
- soit par le médecin du travail ;
- soit par un professionnel de santé (par exemple, un interne en médecine ou un infirmier).

Pour le travailleur de nuit et le travailleur âgé de moins de 18 ans, la visite est réalisée préalablement à son affectation. Dans ce cas, le médecin du travail peut prescrire, s'il le juge utile, des examens spécialisés complémentaires, qui sont à la charge de l'employeur.

Un dossier médical en santé au travail est ouvert.

À l'issue de toute Vip, le médecin du travail ou le professionnel de santé délivre une attestation de suivi au travailleur et à l'employeur.

www.service-public.fr

ENTRAÎNEMENT AU BTS 2 Embauche de salariés

★★☆

La Conserverie coopérative du Lot fabrique des conserves de légumes variés selon la saison. Dirigée par Mme Vitalis, la société existe depuis plus de 10 ans et a un effectif de 15 salariés. Pour la fabrication des conserves de tomates et de maïs, elle embauche tous les étés des salariés en CDD. Ces derniers travaillent 6 jours/7 afin de remplacer les salariés en congé et palier l'augmentation de l'activité. Vous êtes chargé(e) de réaliser les formalités d'embauche pour trois salariés (annexe 1).

1. **Quels seront ici les motifs de recours des CDD ?**
2. **Quelles sont les différentes formalités d'embauche à prévoir ?**
3. **Complétez la DPAE pour la salariée Ndiae (formulaire : liennathan.fr/sb877l). À qui devra être transmis ce formulaire ?**

La durée du contrat ne peut être clairement déterminée à l'avance car elle dépend de la durée de la saison, estimée à environ trois mois.

4 **Déterminez la durée des contrats et déduisez-en la date butoir des visites d'information et de prévention.**

5 **Rédigez le mail adressé aux salariés les convoquant 20 jours après la date d'embauche à la visite d'information et de prévention qui aura lieu à Cahors, au 107 quai Cavignac, auprès de l'organisme Santé et Travail du Lot.**

6 **Déterminez la durée de la période d'essai pour chaque salarié. Justifiez votre réponse.**

7 **Avec les annexes 1 et 2, complétez le contrat du salarié Blanchard (annexe 3).**

P7 **8** **À l'aide de votre texteur, rédigez et automatisez le modèle du contrat à partir de la liste des salariés fournie (annexe 1).**

P7 **9** **Proposez une maquette de registre unique du personnel.**

10 **Quelles évolutions pourriez-vous proposer à Mme Vitalis pour ce contrat de travail ?**

ANNEXE 1 **Liste des trois salariés recrutés**

Nom	Gautier	Ndiae	Blanchard
Prénom	Bernard	Zineb	Julien
Adresse	3 avenue du Pont de Fer 46140 Castelfranc	23 rue du Dr Rouma 46700 Puy-l'Évêque	Chemin Depaules 46800 Saint-Daunès
Date de naissance	25/11/1988	18/02/1972	01/06/1983
N° Sécurité sociale	1 88 11 16 350 198 02	2 72 02 99 487 185 26	1 83 06 46 485 789 22
Mail	b.gautier@gmail.com	ndiaezineb@yahoo.fr	j.blanchard4@laposte.net
Nationalité	Française	Marocaine	Française
Emploi	Ouvrier	Ouvrier	Ouvrier qualifié – Remplacement de Mme Landari en congé
Risques sécurité-santé	Bruit	Bruit	Bruit
Date d'embauche	1/06/N	1/06/N	5/06/N
Durée prévue du contrat	4 mois	6 mois	1 mois
Durée hebdomadaire	35 h	35 h	35 h
Salaire brut	SMIC en vigueur	SMIC en vigueur	1 750 €
Montant de la prime	150 €	150 €	200 €
Caisse de retraite	Caisse départementale de la mutualité sociale agricole du Lot	Caisse départementale de la mutualité sociale agricole du Lot	Caisse départementale de la mutualité sociale agricole du Lot
Convention collective	Conserveries coopératives et SICA (n° 7003)	Conserveries coopératives et SICA (n° 7003)	Conserveries coopératives et SICA (n° 7003)

Liste des nouveaux salariés à télécharger
liennathan.fr/35vzys

ANNEXE 2 Affiliation au régime de retraite

● RETRAITE COMPLEMENTAIRE
agirc et arrco

Régime ARRCO : toutes les personnes exerçant une activité salariée, quels que soient leurs fonction et niveau hiérarchique, la nature et la durée de leur contrat de travail (contrat à durée indéterminée, contrat à durée déterminée…), le montant de leur rémunération, sont affiliées à une institution de retraite ARRCO.

Régime AGIRC : tous les cadres sont affiliés à une institution de retraite ARRCO. Les salariés relèvent d'une institution AGIRC dès lors qu'ils exercent une activité répondant aux critères de classification définis par les partenaires sociaux qui gèrent le régime AGIRC.

ANNEXE 3 Modèle de contrat à durée déterminée

ENTRE LES SOUSSIGNÉS :

La Conserverie coopérative du Lot	
SIRET :	519 460 364 00037
Code APE / NAF :	9499Z : Autres organisations fonctionnant par adhésion volontaire
Siège social :	Pouloulou – 46700 Puy-l'Évêque
Représentée par :	Madame Vitalis, agissant en qualité de directrice de la coopérative

D'UNE PART,

ET

Nom et prénom :	
Adresse :	
Né(e) le :	
N° Sécurité sociale :	
Nationalité :	

D'AUTRE PART,

IL A ÉTÉ CONVENU CE QUI SUIT :

ARTICLE 1 : Motif

Monsieur (ou Madame) .... est engagé(e) par l'entreprise en vue de ....

ARTICLE 2 : Emploi occupé

Monsieur (ou Madame) .... est employé(e) en qualité de ....

Il (ou elle) aura pour mission .... (définir l'emploi à occuper, les pouvoirs accordés à l'intéressé(e)…).

ARTICLE 3 : Durée

Ce contrat est conclu à partir du : .... / .... / .... jusqu'au .... / .... / .... ou ce contrat est conclu pour la durée de l'absence de M./Mme ....

et pour une durée minimale de .... Il prendra fin au retour de M./Mme ....

Le contrat ne deviendra définitif qu'à l'issue d'une période d'essai de .... jour(s), au cours de laquelle chacune des parties pourra rompre le contrat sans indemnité.

•••

ANNEXE 3 **(suite)**

ARTICLE 4 : Renouvellement

Il pourra être renouvelé une fois pour une durée égale au plus à celle du contrat initial dans la limite de la durée de la saison. En tout état de cause, la durée de l'engagement ne pourra excéder 8 mois (ou 6 mois pour les étrangers).

ARTICLE 5 : Lieu de travail

Le lieu de travail est situé à ....

ARTICLE 6 : Durée du travail

Les horaires seront établis selon un planning déterminé une semaine avant.

ARTICLE 7 : Rémunération

En contrepartie de ses fonctions, Monsieur (ou Madame) .... percevra une rémunération brute mensuelle de .... euros (......................... €) pour un horaire hebdomadaire moyen de .... heures. Elle lui sera versée à la fin de chaque mois civil.

Il (ou Elle) percevra en outre :

– (s'il y a lieu) une prime de salissure de .... €.

ARTICLE 8 : Indemnité de fin de contrat

À l'issue de son contrat, le ou la salarié(e) bénéficiera d'une indemnité de fin de contrat (indemnité de précarité) égale à 10 % de la rémunération brute totale (art. L 1243-8 du Code du travail).

ARTICLE 9 : Retraite complémentaire

Monsieur (ou Madame) .... bénéficiera des lois sociales instituées en faveur des salariés notamment en matière de sécurité sociale et en ce qui concerne le régime de retraite complémentaire.

La caisse de retraite complémentaire est ....

ARTICLE 10 : Convention collective

Pour toutes les dispositions non prévues par les présentes, les parties déclarent se référer à la convention collective applicable à l'entreprise : ....

ARTICLE 11 : Rupture anticipée pour faute grave ou force majeure

Chacune des parties se réserve mutuellement le droit de mettre fin au contrat immédiatement en cas de faute grave de l'autre partie ou de force majeure.

Fait en double exemplaire,

À ....

Le ....

(Signatures de l'employeur et du (ou de la) salarié(e) précédées de la mention manuscrite « Lu et approuvé »)

Modèle de CDD à télécharger
liennathan.fr/Ork761

SYNTHÈSE

Synthèse audio
liennathan.fr/s8lg41

Les formalités d'embauche

1 Les trois principaux types de contrat de travail

CDI

- Contrat de **droit commun**
- Écrit non obligatoire, sauf clauses particulières (dans ce cas : en 2 exemplaires)
- **Objectif** : pourvoir durablement un emploi permanent

CDD

- 2 types de CDD :
  – à terme précis
  – à terme imprécis
- **Écrit obligatoire,** en 2 exemplaires
- Plusieurs motifs de recours : accroissement d'activité, remplacement d'un salarié…
- **Objectif** : recruter temporairement un salarié en direct

CTT

- « Intérim »
- 2 contrats :contrat de mise à disposition+ contrat de mission
- Mêmes règles d'utilisation et motifs qu'un CDD
- **Objectif** : déléguer le recrutement et la gestion du salarié

2 La rédaction d'un contrat de travail

CDI/CDD

- **Pour les 2 types de contrat** :en 2 exemplaires (1 par partie)
- **Mentions obligatoires** : nom et prénom du salarié, date et lieu de naissance, n° de Sécurité sociale, emploi occupé, date de début (et de fin si CDD à terme précis), rémunération…
- **Période d'essai** à déterminer (renouvelable ou non)

CTT

- Rédaction d'un **contrat de mise à disposition** avec l'agence de travail temporaire : motif de recours, durée…
- Rédaction d'un **contrat de travail temporaire** entre l'agence et le salarié intérimaire
- **Période d'essai** à déterminer
- **Rémunération** versée par l'agence d'intérim

3 Les formalités d'embauche

DPAE

- Dans les **8 jours précédant** l'embauche
- Transmise à l'Urssaf, de préférence par voie dématérialisée
- Informations sur l'employeur et sur le salarié
- Modalités de suivi de la santé du salarié

Visite d'information et de prévention

- Dans les **3 mois suivant** l'embauche
- Quelle que soit la nature du contrat
- Responsabilité de l'employeur

Registre du personnel

- Obligatoire
- 1 registre par établissement
- Pas de forme imposée
- Informations sur tous **les salariés,** enregistrés **par ordre d'arrivée**
- Conservation des données : 5 ans

CHAPITRE
3
Le départ des salariés

Activité	Composante d'activité	Compétence	P7	Vers Pix
4.2. Préparation des formalités administratives de gestion du personnel et information des salariés	**4.2.1.** Établissement des formalités d'embauche et de départ	Produire et transmettre les documents sociaux obligatoires pour l'embauche et le départ	Une utilisation du tableur adaptée aux besoins de l'utilisateur avec la mise à jour des tableaux de suivi ou du module paie d'un progiciel de gestion intégré ou d'un logiciel spécialisé	**1.1.** Mener une recherche et une veille d'information **1.2.** Gérer des données **1.3.** Traiter des données **3.1.** Développer des documents textuels

SITUATION PROFESSIONNELLE

La société Esthétique&Santé, en période de croissance, est tenue d'ajuster ses effectifs. Elle est amenée à procéder à des embauches, en utilisant différents types de contrats de travail. Elle a récemment procédé à des recrutements, ce qui porte les effectifs de la société à 13 salariés. De même, pour des motifs qui tiennent à la volonté de la direction ou aux souhaits des salariés, elle va enregistrer des départs.

VOS MISSIONS

Mme Karine rencontre des difficultés pour gérer plusieurs situations liées au départ d'un salarié. Elle vous demande de l'aider à analyser les différents cas et à préparer les documents nécessaires pour procéder au départ de certains salariés.

MISSION 1 **Comprendre le motif de départ d'un salarié et en mesurer les conséquences** ▶ Fiches ressource 1 et 2

MISSION 2 **Choisir la procédure optimale pour l'entreprise** ▶ Fiche ressource 3

MISSION 3 **Produire et transmettre les documents sociaux obligatoires** ▶ Fiche ressource 4

VOS MISSIONS

MISSION 1 Comprendre le motif de départ d'un salarié et en mesurer les conséquences

1. Le départ de Mme Cazeau peut-il résulter d'une décision unilatérale de sa part ou de la part d'Esthétique&Santé ? Justifiez.
▶ Annexe 1 ▶ Fiche ressource 1

2. Dans le cas d'une démission de Mme Cazeau, quelle serait la durée du préavis ? Serait-il possible de convenir d'une durée plus courte ?

3. Dans le cas d'un licenciement, quel pourrait être le motif invoqué par l'entreprise ? Mme Cazeau devrait-elle accomplir un préavis ? L'entreprise peut-elle l'en dispenser ? Établissez le planning de la procédure de licenciement si la lettre de convocation à l'entretien préalable était remise en mains propres le vendredi 29 janvier.
▶ Annexe 2 ▶ Fiche ressource 2

Discutons-en !
Quels sont les motifs possibles de licenciement ?

La question de l'expert
À l'aide d'un tableur, créez un tableau permettant de donner automatiquement les dates limites pour les différentes étapes de la procédure de licenciement.

L'autocorrection en vidéo
liennathan.fr/0kf806

MISSION 2 Choisir la procédure optimale pour l'entreprise

4. Du point de vue d'Esthétique&Santé, quelle procédure (démission ou licenciement) serait la moins risquée ? la moins coûteuse ? Justifiez.

5. L'entreprise et Mme Cazeau peuvent-elles trouver un terrain d'entente ? La solution d'une rupture conventionnelle est-elle envisageable ? Quel serait l'intérêt pour chaque partie ?
▶ Fiche ressource 3

MISSION 3 Produire et transmettre les documents sociaux obligatoires

6. Quelles seraient les formalités administratives dans le cas d'une démission, d'un licenciement ou d'une rupture conventionnelle avec Mme Cazeau ? Comparez-les.
▶ Annexe 3 ▶ Fiche ressource 4

Besoin d'aide ?
liennathan.fr/h0a6ai

7. Le contrat de Mme Plantalie touche à sa fin. Doit-elle recevoir les mêmes documents de fin de contrat que Mme Cazeau ? Justifiez.
▶ Annexes 4 et 5

8. Téléchargez les modèles de certificat de travail et de reçu pour solde de tout compte. Rédigez ceux de Mme Plantalie.

9. Sous quelle forme la société E&S doit-elle établir l'attestation France Travail pour Mme Plantalie ? Identifiez les informations à saisir. Aidez-vous du *Guide de saisie en ligne de l'attestation employeur France Travail.*
▶ Annexe 6

La question de l'expert
Avec le logiciel de paie mis à votre disposition, quels documents relatifs à une rupture du contrat de travail vous est-il possible de créer ?

L'autocorrection en vidéo
liennathan.fr/fh5yuh

DONNÉES DE LA SITUATION

ANNEXE 1 Le litige avec Mme Armelle Cazeau

Mme Karine a envoyé le rapport suivant à M. Lange.

Nous avons eu un incident pendant une journée de travail avec une des esthéticiennes, Armelle Cazeau. En effet, dans l'après-midi du samedi 23 janvier, Mme Cazeau a quitté son poste de travail brusquement, sans avertir personne, alors que plusieurs clientes avaient encore rendez-vous avec elle. Les autres salariées ont dû la remplacer au pied levé, décaler certains traitements et rallonger leur journée de travail.

À son retour le lundi matin, Mme Cazeau a déclaré qu'elle ne se sentait pas bien le samedi précédent et que, de toute façon, les cadences de travail étaient beaucoup trop élevées et les journées trop longues. Comme je lui reprochais d'avoir agi trop personnellement, sans avertir la direction ou ses collègues, le ton est monté et Mme Cazeau est partie en déclarant qu'elle quittait l'entreprise et en claquant la porte.

M. Lange trouve l'incident inacceptable et envisage de mettre fin au contrat de travail de Mme Cazeau. Il souhaite pour cela étudier les différentes procédures possibles. Par ailleurs, compte tenu de l'ancienneté de Mme Cazeau, M. Lange privilégierait une solution négociée, si c'est possible. Il pense que c'est envisageable.

ANNEXE 2 Extraits de la Convention collective nationale de l'esthétique-cosmétique

ARTICLE 8 – Rupture du contrat de travail

1 – Démission

La rupture du contrat de travail à l'initiative du salarié fera l'objet d'une notification écrite par lettre recommandée avec avis de réception ou remise en main propre.
La période de préavis est, sauf dispositions particulières, fixée comme suit :

Ancienneté	Employés	Agents de maîtrise	Cadres
Moins de 6 mois	7 jours calendaires	7 jours calendaires	7 jours calendaires
Entre 6 mois et 1 an	1 mois	1 mois	1 mois
Plus d'un an	1 mois	2 mois	2 mois

La durée du préavis se calcule de date à date. Le préavis doit être exécuté, mais à l'initiative du salarié. Les parties peuvent convenir d'une durée plus courte par écrit.

2 – Licenciement [...] Préavis

Si le licenciement donne droit à un préavis, il est fixé comme suit :

Ancienneté	Employés	Agents de maîtrise	Cadres
Moins de 6 mois	7 jours calendaires	7 jours calendaires	7 jours calendaires
Entre 6 mois et 2 ans	1 mois	1 mois	1 mois
Plus de 2 ans	2 mois	2 mois	2 mois

La durée du préavis se calcule de date à date. Dans le cas où l'employeur décidera de ne pas faire effectuer tout ou partie du préavis par le salarié, celui-ci recevra une indemnité égale à la rémunération qu'il aurait perçue pendant la durée du préavis restant à courir s'il avait travaillé.

DISPOSITIONS LEGALES – Indemnité légale de licenciement

- Ancienneté inférieure à 10 ans : l'indemnité ne peut pas être inférieure à 1/4 de mois de salaire par année d'ancienneté.
- Ancienneté supérieure à 10 ans : l'indemnité est au moins égale aux montants suivants :

– 1/4 de mois de salaire par année d'ancienneté jusqu'à 10 ans ;

– 1/3 de mois de salaire par année d'ancienneté après 10 ans.

Le salaire pris en compte est déterminé en prenant en compte, selon la formule la plus avantageuse : soit la moyenne mensuelle des 12 derniers mois précédant le licenciement, soit la moyenne mensuelle des 3 derniers mois.

ANNEXE 3 Extrait du fichier des salariés

Nom	CAZEAU	**Situation familiale**	Mariée
Nom de naissance	VERMEIL	**Nombre d'enfants**	2
Prénom	Armelle	**Emploi**	Esthéticienne
Date naissance	25/04/1975	**Date d'embauche**	01/11/N-4
Lieu de naissance	Dax (40), France	**Salaire mensuel**	1 975 €
Nationalité	Française	**Nombre d'heures par mois**	151,67
N° SS	275044011204525	**Type de contrat**	CDI
N° tél.	05 56 89 45 12	**Domiciliation bancaire**	Société Générale
Adresse	20, rue Fabro	**Code agence**	5562
Code postal / Ville	33170 Gradignan	**N° compte**	213998133247

ANNEXE 4 Extrait du fichier des salariés

Nom	PLANTALIE	**Situation familiale**	Mariée
Nom de naissance	MARTINEZ	**Nombre d'enfants**	2
Prénom	Hélène	**Emploi**	Commerciale
Date naissance	28/11/1992	**Date d'embauche**	01/01/20N
Lieu de naissance	Brest (29), France	**Salaire mensuel**	1 850 €
Nationalité	Française	**Nombre d'heures par mois**	151,67
N° SS	292112901914712	**Type de contrat**	CDD
N° tél.	06 52 12 47 00	**Domiciliation bancaire**	ING DIRECT
Adresse	121, avenue Thiers	**Code agence**	2150
Code postal / Ville	06000 Nice	**N° compte**	2214768023

ANNEXE 5 Informations sur le contrat de Mme Plantalie

Mme Plantalie a été embauchée en CDD pour travailler 150 heures sur deux salons. Celui de Nice, du 2 janvier au 16 janvier et celui de Bordeaux, du 19 janvier au 30 janvier.

Compte tenu de la qualité de son travail, le salaire de base a été fixé, pour les deux salons, à un montant de 1 850 €, auxquels on a ajouté une prime de 100 €. Par ailleurs, la société lui doit une prime de précarité et une indemnité compensatrice de congés payés de 195 €.

Enfin, E&S lui rembourse des frais de déplacement en train pour un montant de 165 €.

Les cotisations sociales salariales s'élèvent à 516,20 €.

ANNEXE 6 Données concernant l'entreprise E&S

Raison sociale	ESTHÉTIQUE&SANTÉ	**Code NAF**	5604Z
Forme juridique	Société par actions simplifiée	**Adresse**	158, cours de la Guadeloupe 33000 Bordeaux
Capital social	400 000 €	**Code URSSAF**	330 126536889
Date de création	1er mars 2012	**N° Pôle emploi**	8796529310
Dirigeant	Monsieur François Lange – Président non salarié	**Banque**	BPSO – 25, cours de la Guadeloupe 33000 Bordeaux
N° SIRET	51494409900019	**N° compte**	70719823420

FICHE RESSOURCE 1

Les motifs de départ du salarié résultant d'une décision unilatérale de l'employeur ou du salarié

L'initiative de mettre fin à un contrat de travail peut être prise par le salarié seul (généralement démission) ou par l'employeur seul (le plus souvent licenciement). Par ailleurs, le salarié peut quitter l'entreprise en prenant sa retraite.

I La démission du salarié

Le salarié choisit de rompre son contrat de travail de sa propre initiative. Pour éviter qu'il s'agisse d'un licenciement déguisé, il doit manifester **clairement** sa volonté de démissionner.

1. La forme de la démission

Elle peut être verbale, écrite ou résulter d'un comportement sans ambiguïté du salarié. Il est toutefois souhaitable de remettre sa démission par écrit, de préférence par lettre recommandée avec avis de réception (LRAR). C'est souvent ce que prévoient les conventions collectives.

2. Le préavis lié à la démission

Sauf dispense accordée par l'employeur ou prévue par la convention collective, le salarié doit continuer à travailler pendant une certaine durée, pour que l'entreprise ne soit pas soudainement désorganisée. C'est ce qu'on appelle couramment accomplir un **préavis**.

Sa durée résulte le plus souvent de dispositions contenues dans les accords collectifs de travail. Le contrat de travail peut prévoir un préavis plus court que le préavis conventionnel, mais pas plus long.

3. L'abandon de poste considéré comme démission

Le salarié qui a abandonné volontairement son poste et ne reprend pas le travail après avoir été mis en demeure de justifier son absence et de reprendre son poste, par lettre recommandée ou par lettre remise en main propre contre décharge, dans le délai fixé par l'employeur, est présumé avoir démissionné à l'expiration de ce délai.

4. Les suites de la démission

En principe, la démission n'ouvre pas droit à l'assurance chômage. Toutefois, sous certaines conditions restrictives prévues par la loi, le salarié peut y avoir droit s'il prouve une réelle recherche d'emploi. Il doit présenter un projet de reconversion professionnelle nécessitant une formation ou un projet de création ou de reprise d'entreprise.

Aller plus loin

Démission et allocation chômage
liennathan.fr/fvq72s

II Le licenciement

1. Le licenciement individuel pour motif personnel

De nombreux motifs peuvent être invoqués. Dans tous les cas, une **procédure précise** doit être suivie rigoureusement par l'employeur.

En cas de contestation par le salarié, l'affaire peut être portée devant le conseil de prud'hommes. Si le conseil donne tort à l'employeur, celui-ci peut être condamné à verser au salarié des indemnités parfois très importantes.

a. Le licenciement disciplinaire pour faute

L'employeur estime que le salarié a commis une faute à l'occasion de l'exécution du contrat de travail et le sanctionne. On distingue traditionnellement la faute simple ou légère, la faute grave et la faute lourde. Le motif de licenciement doit être **réel et suffisamment sérieux** pour justifier le licenciement.

b. Le licenciement pour insuffisance professionnelle ou pour inaptitude
L'employeur estime que le salarié n'accomplit pas les tâches prévues par le contrat de travail. Ceci peut résulter de compétences jugées trop limitées ou d'une inaptitude, généralement physique. Ici aussi, il faudra apporter des **éléments de preuve**.

2. Le licenciement pour motif économique

Dans ce cas précis, la cause de la rupture du contrat de travail individuel est à chercher dans la situation de l'entreprise. Celle-ci peut rencontrer des difficultés économiques et financières qui l'obligent à diminuer son personnel. Il peut également s'agir d'un contexte de réorganisation ou de restructuration de l'entreprise qui se traduit par des suppressions de postes.

Dans ce cas de figure, des procédures longues et complexes doivent être mises en place pour essayer de ne pas procéder à des licenciements « secs » : mise en place d'un plan de sauvegarde de l'emploi (PSE) qui peut contenir des départs volontaires, des départs à la retraite, des mutations géographiques, des transferts sur d'autres postes, par exemple.

III La retraite

1. Le départ à la retraite

Les dispositions légales relatives aux conditions de départ à la retraite ont été modifiées par la loi 2023-270 du 14 avril 2023. La loi fixe un âge minimal de départ à la retraite, mais le départ résulte d'un libre choix du salarié. Désormais, l'âge légal de départ à la retraite est décalé à 64 ans pour les personnes nées à partir de 1968. Pour les personnes nées avant 1968, l'âge légal est relevé de façon progressive de 62 ans à 64 ans. Parallèlement, il faudra, pour les salariés nés à compter du 01/01/1968, un total de 172 trimestres de cotisation pour bénéficier d'une pension à taux plein. Un simulateur est mis à disposition des salariés à l'adresse : www.service-public.fr/particuliers/vosdroits/R64411.

Toutefois, les salariés ayant commencé à travailler avant leurs 20 ans et certains salariés porteurs de handicap peuvent bénéficier d'un départ anticipé.

Le régime des retraites fait l'objet de discussions parlementaires et entre les partenaires sociaux. Il est donc possible que ces dispositions légales soient modifiées au cours des débats parlementaires de l'année 2025.

Lorsqu'il aura pris sa retraite, le salarié recevra une pension de retraite. Le montant de cette pension dépendra du nombre de trimestres de cotisation aux régimes de retraite et du montant des salaires perçus. Si le salarié prend sa retraite sans avoir suffisamment travaillé, sa pension de retraite sera minorée. Si, par contre, il part tardivement, elle sera majorée. Un montant minimal est prévu par la loi.

Cette retraite de base sera complétée par le régime de retraite complémentaire dont dépend le salarié. Tout au long de sa vie professionnelle, un salarié cotise en général à plusieurs caisses de retraite complémentaire. Chacune contribuera au versement de la pension de retraite.

Enfin, sous certaines conditions, un retraité peut reprendre un nouvel emploi salarié. Il relève alors du régime du cumul emploi-retraite.

2. La mise à la retraite

Lorsque le salarié a atteint l'âge de **70 ans**, l'employeur peut le mettre à la retraite d'office.

Avant cet âge, il ne peut le faire qu'avec l'accord du salarié.

L'essentiel en une question
Dans quels cas la rupture du contrat de travail peut-elle découler d'un conflit ?

Consultez le corrigé
liennathan.fr/c9u8sb

FICHE RESSOURCE 2

La procédure de licenciement pour motif personnel

I Les causes du licenciement pour motif personnel

Tout licenciement pour motif personnel doit être motivé et justifié par une cause réelle et sérieuse :

- **réelle**, c'est-à-dire qui repose sur des faits objectifs, vérifiables et non sur une impression ou un jugement subjectif ;
- **sérieuse**, c'est-à-dire suffisamment grave pour rendre inévitable le licenciement. Il convient d'apprécier les événements au cas par cas, selon leur ampleur, leurs conséquences sur la bonne marche de l'entreprise, les « états de service » du salarié.

S'il résulte d'une faute, celle-ci peut, selon son importance (simple, grave ou lourde), dispenser l'employeur du versement de certaines indemnités.

La faute simple	La faute grave	La faute lourde
Les absences non autorisées, des indiscrétions, certaines fautes professionnelles... peuvent, selon les circonstances, constituer une faute simple, mais suffisante pour justifier le licenciement, ou une faute grave.	La faute grave est celle qui provoque des troubles sérieux ou des pertes pour l'entreprise et qui rend impossible le maintien du salarié dans l'entreprise. Dans ce cas, aucun préavis ni indemnité de licenciement ne sont dus.	La faute lourde a toutes les caractéristiques de la faute grave, renforcée par l'intention du salarié de nuire à l'employeur ou à l'entreprise (vol, détournement de fonds). Elle est aussi privative de l'indemnité de congés payés, à compter de la date de la faute.

L'absence de faute : licenciement abusif

En l'absence de faute, le licenciement est qualifié de licenciement abusif. Le conseil de prud'hommes peut ordonner la réintégration du salarié, avec son accord. Il peut aussi condamner l'employeur à verser une indemnité au salarié. La réforme du Code du travail a instauré des plafonds et des planchers obligatoires pour les indemnités prud'homales allouées à un salarié. Le montant est calculé en fonction de l'ancienneté du salarié et du salaire des derniers mois.

Aller plus loin

Simulateur d'indemnités prud'homales

liennathan.fr/oa0ybh

> Exemple
>
> Pour un salarié ayant 8 ans d'ancienneté dans une entreprise de 11 salariés et plus, l'indemnité prud'homale variera entre 3 et 8 mois de salaire. Pour la même durée, si l'entreprise compte moins de 11 salariés, l'indemnité variera entre 2 et 8 mois de salaire.

II La procédure de licenciement pour faute

L'employeur qui envisage de licencier un salarié pour motif personnel doit respecter la procédure légale prévue en matière de licenciement. Les étapes à respecter sont les suivantes :

1) convocation du salarié à un entretien préalable au licenciement ;

2) déroulement de l'entretien ;

3) envoi d'une lettre de licenciement.

1. La convocation

La convocation du salarié à l'entretien préalable au licenciement est réalisée par lettre recommandée ou par lettre remise en main propre contre décharge.

2. L'entretien préalable au licenciement

L'entretien ne peut avoir lieu moins de cinq jours ouvrables après la présentation de la lettre recommandée de convocation ou de sa remise en main propre. Cette lettre doit mentionner la possibilité pour le salarié de se faire assister par un autre salarié de l'entreprise ou par un conseiller extérieur.

Au cours de l'entretien, l'employeur doit exposer les motifs du licenciement envisagé et recueillir les explications du salarié. L'employeur ne doit en aucun cas annoncer sa décision de licencier le salarié durant l'entretien.

3. La notification du licenciement

Le licenciement doit être notifié au salarié par lettre recommandée avec accusé de réception (LRAR), au moins deux jours ouvrables après la date de l'entretien. L'employeur peut choisir un envoi électronique recommandé avec le consentement du salarié.

La lettre doit être signée par l'employeur (ou, à défaut, par une personne habilitée à prononcer le licenciement du salarié).

La lettre doit énoncer avec précision le ou les motifs du licenciement, qui doivent être matériellement vérifiables. L'absence de motifs dans la lettre ou leur manque de précision rend le licenciement sans cause réelle et sérieuse.

Toutefois, si la lettre de licenciement ne donne pas une justification suffisante au licenciement, l'employeur a la possibilité de préciser les motifs postérieurement à la notification du licenciement. Cette procédure peut être déclenchée soit à l'initiative du salarié qui envoie une demande par écrit dans les 15 jours de la notification, soit à l'initiative de l'employeur, également dans un délai de 15 jours.

Des modèles types de lettre de licenciement ont été publiés en annexe du décret n° 2017-1820 du 29 décembre 2017 avec comme objectif d'éviter aux employeurs de commettre des erreurs.

4. Le préavis de licenciement (délai congé)

Le salarié reste tenu d'exécuter un préavis, sauf dans certains cas (dispense accordée par l'employeur, licenciement pour inaptitude, faute grave ou faute lourde).

Au terme du préavis, le contrat de travail prend fin. À la date de fin du contrat, le salarié perçoit, en complément de son dernier salaire et s'il y a droit, les sommes suivantes :

- l'indemnité de licenciement ;
- les indemnités compensatrices de préavis et de congés payés ;
- la contrepartie financière prévue en cas de clause de non-concurrence.

5. Le non-respect de la procédure : licenciement fautif

Si l'employeur ne respecte pas la procédure prévue, le tribunal pourra lui imposer de l'accomplir. Par ailleurs, si l'entreprise emploie au moins 11 salariés et si le salarié a au moins 2 ans d'ancienneté, il a toujours droit à une indemnité pouvant aller jusqu'à 1 mois de salaire brut, même s'il n'en fait pas la demande. Dans le cas contraire, le montant de l'indemnité est évalué par le juge en fonction du préjudice subi par le salarié.

L'essentiel en une question

Quelles précautions l'employeur doit-il prendre pour que le licenciement ne soit ni fautif ni abusif ?

Consultez le corrigé
liennathan.fr/26cv4d

FICHE RESSOURCE 3

Les motifs de départ du salarié résultant d'une décision conjointe de l'employeur et du salarié

I Le terme d'un contrat à durée déterminée (CDD)

Arrivé au terme prévu par son contrat, sauf en cas de renouvellement autorisé par la loi, le salarié bénéficiant d'un CDD va quitter l'entreprise. Il reçoit alors une indemnité de fin de contrat appelée communément indemnité ou prime de précarité.

L'indemnité de fin de contrat est égale au minimum à 10 % de la rémunération brute totale versée durant le contrat. Toutefois, ce pourcentage peut être limité à 6 % par un accord collectif. L'indemnité est versée à l'issue du contrat en même temps que le dernier salaire et doit figurer sur le bulletin de paye correspondant.

	Versement de la prime de précarité	Calcul de la prime de précarité
Règle	OUI, à l'issue du CDD, en même temps que le dernier salaire.	10 % minimum de la rémunération brute totale versée durant le contrat.
Exceptions	NON, dans les cas suivants : • embauche en CDI à l'issue du CDD ; • démission du salarié ; • rupture anticipée du contrat due à la faute grave (ou faute lourde) du salarié ; • rupture du CDD au cours de la période d'essai ; • CDD d'usage (hôtellerie, bâtiment, artistes du spectacle vivant, par exemple) ; • contrat aidé (contrat unique d'insertion – CUI, contrat de professionnalisation, emploi d'avenir, parcours emploi compétences PEC) sauf si une convention collective prévoit le contraire ; • contrat conclu avec un jeune pendant ses vacances scolaires ou universitaires.	Ce pourcentage peut être limité à 6 % par une convention ou un accord collectif de branche étendu (ou par un accord d'entreprise ou d'établissement) en contrepartie d'un accès privilégié à la formation continue.

II La transaction

C'est une procédure prévue par le Code civil. En cas de litige concernant un licenciement contesté par un salarié, avant de porter l'affaire devant les tribunaux, il peut y avoir une transaction qui va se concrétiser par un compromis. Par exemple, le salarié accepte le licenciement et renonce à un procès, en contrepartie du versement d'une indemnité. La plupart des transactions sont conclues de façon discrète. Par ailleurs, il existe une procédure de rupture conventionnelle collective. Cette procédure permet à une entreprise de négocier, par accord majoritaire, des départs volontaires. Pour être conforme, cet accord doit être soumis à validation de la DREETS (DRIEETS en île de France), autorité administrative compétente.

III La rupture conventionnelle

La rupture conventionnelle est une procédure qui permet à l'employeur et au salarié de convenir en commun des conditions de la rupture du contrat de travail qui les lie. Elle n'est possible que pour les contrats de travail à durée indéterminée (CDI).

La rupture conventionnelle est exclusive du licenciement ou de la démission ; elle ne peut pas être imposée par l'une ou l'autre des parties. Par ailleurs, il existe une procédure de rupture conventionnelle collective.

La procédure à mettre en œuvre doit respecter plusieurs étapes.

FICHE RESSOURCE 3

1. La signature d'une convention

Cette rupture résulte d'une convention signée par les parties au contrat, c'est-à-dire l'employeur et le salarié. Cette convention est soumise aux dispositions impératives fixées par le Code du travail, destinées à garantir la liberté du consentement des parties. Selon la Cour de cassation, l'existence d'un différend entre les parties au contrat de travail n'affecte pas par elle-même la validité de la convention de rupture conventionnelle.

2. Les entretiens de négociation

L'employeur et le salarié conviennent du principe d'une rupture conventionnelle lors d'un ou de plusieurs entretiens. Le salarié peut se faire assister par un salarié syndiqué ou par un membre des institutions représentatives du personnel. Chaque partie peut se rétracter dans un délai de 15 jours calendaires.

3. L'homologation par la DREETS

La convention doit ensuite être homologuée par le directeur régional de la DREETS (Direction régionale de l'Économie, de l'Emploi, du Travail et des Solidarités). Depuis le 1er avril 2022, la demande doit être obligatoirement transmise par téléservice (TeleRC). Si ce n'est matériellement pas possible, elle peut être présentée au moyen d'un formulaire Cerfa.

Aller plus loin

TeleRC : tutoriels et saisie assistée
liennathan.fr/iy37j7

S'il n'y a pas de réponse de la DREETS dans le délai de 15 jours de la demande d'homologation, la convention est considérée comme homologuée.

4. L'indemnité de rupture conventionnelle

À l'occasion de la rupture conventionnelle de son contrat de travail, le salarié doit percevoir une « indemnité spécifique de rupture conventionnelle » dont le montant, éventuellement négocié avec l'employeur, ne peut être inférieur au montant de l'indemnité légale de licenciement.

5. La rupture conventionnelle collective

Une procédure doit être suivie afin de valider l'accord de rupture conventionnelle collective. Tout d'abord, l'employeur doit, sans délai et par voie dématérialisée, tenir informée la DREETS de son intention d'ouvrir une négociation portant sur une rupture conventionnelle collective. Une fois conclu, l'accord sera transmis à la DREETS par télé-service. C'est au directeur régional de la DREETS d'exprimer sa décision quant à la validation de cet accord.

Aller plus loin

Portail RUPCO : tutoriels et saisie assistée
liennathan.fr/nhv11v

L'essentiel en une question

Quels sont les avantages d'une rupture conventionnelle par rapport à une démission ou à un licenciement ?

Consultez le corrigé
liennathan.fr/5cfc4f

FICHE RESSOURCE 4

Les formalités liées au départ du salarié

I Les documents à remettre au salarié

Lorsque le contrat de travail arrive à son terme, quel que soit le motif, l'employeur doit remettre au salarié les documents suivants :

- un certificat de travail ;
- une attestation destinée à France Travail pour faire valoir ses droits éventuels aux allocations de chômage ;
- un reçu pour solde de tout compte à faire signer par le salarié ;
- un état récapitulatif de l'ensemble des sommes et valeurs mobilières épargnées dans le cadre des dispositifs de participation, d'intéressement et des plans d'épargne salariale.

Ces documents sont à remettre au salarié quels que soient la nature du contrat concerné et le motif du terme du contrat.

1. Le certificat de travail

Le certificat de travail doit mentionner :

- la date d'entrée et de sortie de l'emploi ;
- la nature de l'emploi exercé ;
- en cas d'emploi sur plusieurs postes, la nature et la durée des emplois.

Il est interdit d'y faire figurer une mention exprimant une opinion négative.

> **Aller plus loin**
> **Modèle de certificat de travail**
> liennathan.fr/yqgq1a

2. L'attestation France Travail

Elle est indispensable pour bénéficier de l'assurance chômage.

a) Contenu

Elle indique, en particulier :

- la durée du travail accomplie par le salarié ;
- le motif de rupture (démission, licenciement pour motif personnel…) ;
- les sommes perçues par le salarié au titre des salaires versés au cours des 12 mois civils précédant le dernier jour travaillé et payé ;
- les primes d'une périodicité différente des salaires (prime de bilan, par exemple) ;
- les sommes versées à l'occasion de la rupture figurant sur le reçu pour solde de tout compte.

b) Forme et mode de transmission

Les employeurs de 10 salariés et plus doivent obligatoirement établir une attestation d'assurance chômage par voie électronique (décret n° 2011-138 du 1er fév. 2011 publié au JORF du 3 fév.).

Pour les employeurs dont l'effectif est inférieur à 10 salariés, la dématérialisation est facultative. Ils peuvent utiliser les attestations papier et les transmettre par courrier à France Travail.

Dans le cas de la transmission par voie électronique, deux modalités sont possibles :

- la saisie en ligne de l'attestation sur le site www.francetravail.fr, dans l'espace personnel de l'employeur.
- la transmission de fichier, depuis un logiciel de paie vers le portail net-entreprises.fr, soit par le service de dépôt de fichier, soit par le service EDI (échange de données informatisé) du portail.

> **Aller plus loin**
> **Guide de saisie de l'attestation employeur**
> liennathan.fr/bth91r

De plus en plus, l'entreprise a la possibilité d'utiliser la procédure DSN (déclaration sociale nominative). Dans ce cas, après l'envoi de la DSN « événementielle » communiquant la rupture ou l'expiration du contrat de travail, l'employeur a l'obligation de consulter le tableau de bord de la DSN, de récupérer l'AER (Attestation Employeur Rematérialisée) fournie par France Travail en retour du signalement et de la remettre au salarié, datée et signée.

3. Le reçu pour solde de tout compte

Le solde de tout compte, établi par l'employeur et dont le salarié lui donne reçu, fait l'inventaire des sommes versées au salarié lors de la rupture du contrat de travail.

a) Contenu

Les sommes concernées représentent, en particulier :

- le salaire versé jusqu'au dernier jour du contrat ;
- le paiement des heures supplémentaires non récupérées ;
- le solde de l'indemnité de congés payés.

S'il y a lieu, le reçu pour solde de tout compte peut aussi mentionner :

- le prorata de treizième mois ;
- les sommes dues au titre de la participation des salariés ou de l'intéressement ;
- l'indemnité de licenciement ;
- l'indemnité compensatrice de préavis si le salarié est dispensé de préavis ;
- l'indemnité de non-concurrence si elle est prévue dans le contrat de travail ;
- les indemnités transactionnelles, le cas échéant.

> **Aller plus loin**
> **Modèle de reçu pour solde de tout compte**
> liennathan.fr/6acv4p

> Exemple
>
> Un salarié est en CDD du 1er mars N au 30 avril N. Il perçoit 2 000 € en mars et 1 900 € en avril N. Le cumul des salaires est de 3 900 € (2 000 + 1 900) à la fin avril N.
>
> La prime de précarité sera donc de 3 900 € /10 = 390 €.
>
> L'indemnité compensatrice de congés payés sera de (3 900 € + 390 €) / 10 = 429 €.

b) Forme et mode de transmission

Le reçu pour solde de tout compte est établi en double exemplaire. L'entreprise ne peut pas se contenter d'indiquer une somme globale mais doit mentionner avec précision tous les éléments versés au salarié.

La loi n'oblige pas le salarié à le signer mais il doit être remis au salarié, en main propre ou par une lettre recommandée avec accusé de réception (LRAR), à la date de fin du contrat de travail.

Le reçu pour solde de tout compte peut être contesté dans les six mois qui suivent sa signature.

II Les démarches à entreprendre

L'employeur doit informer certains organismes extérieurs du départ du salarié, dans le cadre de la rupture du contrat de travail.

Lorsqu'il y a rupture conventionnelle, celle-ci doit être homologuée par la DREETS.

L'employeur doit mentionner sur les déclarations sociales périodiques le départ du salarié : sur la déclaration sociale nominative (DSN) transmise à l'Urssaf ou encore sur les déclarations remises aux organismes gérant les régimes de prévoyance du salarié (mutuelles, assurances).

Enfin, il doit veiller à mettre à jour le dossier individuel du salarié, qu'il soit tenu sous forme papier ou en utilisant les fonctionnalités d'un PGI.

> **? L'essentiel en une question**
> **Quels sont les documents que l'entreprise va créer de façon numérique ?**
>
> **Consultez le corrigé**
> liennathan.fr/enfbt7

APPLICATIONS

EXOS FLASH

EXO 1 Quiz interactif

Testez vos connaissances sur ce chapitre avec le quiz en ligne.

liennathan.fr/wgpfv2

Votre score ....

EXO 2 Contrôler un projet de certificat de travail

La société Pierre d'Or doit préparer les documents à remettre à Andréa Meloni, un salarié qui quitte la société (annexe 1). Un comptable stagiaire a rédigé un projet de certificat de travail (annexe 2).

- **Contrôlez le contenu de ce document et relevez les erreurs éventuelles.**

ANNEXE 1 Données de la situation

L'entreprise	Le salarié	
Société Pierre d'Or 153 allée d'Aquitaine, 47000 Agen SIRET : 49449909900019 Président : Pierre Daure Chef comptable : Alan Bec	M. Andréa Meloni 14 rue Anatole France, 47551 Boé Embauché comme compagnon maçon le 17/03/N-2 Licencié le 25/07/N	Motif du licenciement : faute grave. Il a causé un accident du travail le 12/07/N par non-respect des consignes de sécurité. Mis à pied le 12/07/N.

ANNEXE 2 Projet de certificat de travail

ATTESTATION DE TRAVAIL

Société Pierre d'Or

153, allée d'Aquitaine – 47000 AGEN

SIRET : 4944909900019

Je soussigné Alan BEC, chef comptable de la société Pierre d'Or, certifie que :

Monsieur MELONI, demeurant 14, rue Anatole France 47551 Boé, a travaillé dans l'entreprise Pierre d'Or en qualité de compagnon maçon du 17/03/N-2 au 12/07/N et nous quitte, ce jour, libre de tout engagement. Il a été licencié pour faute grave.

Monsieur MELONI et ses ayants droit bénéficient du maintien à titre gratuit des garanties de frais de santé et des garanties de prévoyance dans les conditions prévues par l'article L. 911-8 du Code de la Sécurité sociale.

Fait à Agen le 25/07/N   Signature de l'employeur

Monsieur Alan BEC

EXO 3 Établir le planning d'une procédure de licenciement

Le mercredi 26 avril, un salarié commet une faute justifiant un licenciement. Le 28 avril, une lettre de convocation à un entretien préalable au licenciement lui est remise en main propre.

L'entreprise est fermée le samedi. Elle applique les dispositions du Code du travail.

- **À quelle date, au plus tôt, peut-on expédier au salarié la lettre de licenciement ?**

ENTRAÎNEMENT AU BTS 1 Rupture conventionnelle

★☆☆

Mme Salouah Meniri dirige le Cabinet Paradis, qu'elle a fondé à Paris il y a 15 ans. Elle s'attache à former de jeunes collaborateurs comptables et leur demande un strict respect des diligences professionnelles.

Au cours du mois de juin N, elle a constaté qu'un de ses jeunes comptables, M. Karim Hanou, avait remis des documents comptables d'une société cliente à des amis qui souhaitaient créer une entreprise dans le même secteur d'activité.
Conformément à la convention collective des cabinets d'expertise comptable, elle décide de se séparer de M. Hanou. Toutefois, pour que cela ne nuise pas à la suite de sa carrière, Mme Meniri lui propose une rupture conventionnelle.

Au cours d'un entretien réalisé en tête-à-tête le 8 juillet N, M. Hanou reconnaît sa faute. Une convention de rupture conventionnelle est signée. Elle comporte les éléments suivants :
– les fonctions de M. Hanou prendront fin le 31 juillet N ;
– une indemnité transactionnelle égale à l'indemnité légale lui sera versée.

Mme Meniri vous confie le soin de préparer la procédure d'homologation de la convention de rupture conventionnelle à l'aide des annexes 1 et 2.

1. **Mme Meniri aurait-elle pu choisir une autre procédure ? Dans ce cas, quelles auraient été les conséquences pour M. Hanou ?**
2. **Indiquez quelles seront les étapes de la procédure de rupture conventionnelle dans le cas de M. Hanou. Sous quelle forme la demande d'homologation sera-t-elle effectuée ?**
3. **Même si M. Hanou a signé la convention le 8 juillet, il peut se rétracter. À l'aide du simulateur proposé par l'administration (liennathan.fr/md55aw), déterminez la date limite de rétractation et d'envoi de la demande d'homologation.**
4. **À partir des annexes 4 et 5, calculez le montant de l'indemnité à verser à M. Hanou. Vérifiez votre calcul avec le simulateur proposé par l'administration (liennathan.fr/suvyec).**

ANNEXE 1 Fiche d'identité du Cabinet Paradis

Raison sociale	Cabinet Paradis
Forme juridique	SARL
Capital social	150 000 €
Dirigeant	Madame Salouah MENIRI
Convention collective	Cabinets d'experts-comptables et de commissaires aux comptes
Numéro SIRET	18411196900014
Code APE - NAF	741C – Activités comptables – IDCC 0787
Adresse	42 rue de Paradis – 75010 PARIS

ANNEXE 2 Situation de M. Karim Hanou

Nom salarié	HANOU
Prénom salarié	Karim
Emploi	Collaborateur comptable
Contrat	CDI temps plein
Adresse	6, rue Papillon – 75009 PARIS
Date naissance	15/08/N-26
Date d'entrée cabinet	01/10/N-5
Salaire brut mensuel	2 180,00 €

ANNEXE 3 **Extraits de la Convention collective des cabinets d'experts-comptables et de commissaires aux comptes**

6.2.0. Délai-congé

La durée du délai-congé réciproque, sauf cas de faute grave caractérisée ou de force majeure, est, dès l'issue de la période d'essai, d'un mois pour les employés et trois mois pour les cadres.

En cas de licenciement d'un salarié comptant une ancienneté d'au moins 2 ans, la durée du préavis est de 2 mois au moins, en application de l'article L. 1234-1 du Code du travail.

8.5.2. Obligation de discrétion

Les collaborateurs sont tenus, indépendamment d'une obligation de réserve générale, à une discrétion absolue sur tous les faits qu'ils peuvent apprendre en raison de leurs fonctions ou de leurs missions ainsi que de leur appartenance au cabinet. Cette obligation de réserve concerne exclusivement la gestion et le fonctionnement du cabinet et des entreprises clientes, leur situation financière et les projets les concernant. Ces dispositions ne font pas obstacle à l'application de l'article L. 2323-18 du Code du travail.

Les documents ou rapports qu'ils établiront ou dont communication leur sera donnée sont la propriété du cabinet ou du client du cabinet. Ils ne pourront ni en conserver de copies ou de photocopies, ni en donner communication à des tiers sans l'accord écrit du membre de l'ordre ou de la compagnie.

Toute inobservation à cette stricte obligation constitue une faute lourde, et justifie non seulement un congédiement immédiat, mais en outre, la réparation du préjudice causé.

ANNEXE 4 **Salaires bruts versés à M. Hanou au cours des 12 derniers mois**

Mois	Rémunération (en €)	Mois	Rémunération (en €)
Août N-1	2 180	Février N	2 180
Septembre N-1	2 180	Mars N	2 500
Octobre N-1	2 410	Avril N	2 200
Novembre N-1	2 180	Mai N	2 180
Décembre N-1	2 180	Juin N	2 210
Janvier N	2 180	Juillet N	2 180

ANNEXE 5 **Règles de calcul de l'indemnité légale de rupture conventionnelle**

- ✓ Le montant de l'indemnité ne peut pas être inférieur à l'indemnité légale de licenciement.
- ✓ L'ancienneté du salarié est prise en compte dans le montant du calcul de l'indemnité.
- ✓ Le calcul de l'indemnité spécifique varie en fonction de la rémunération du salarié.

▸ Montant de l'indemnité légale de licenciement pour une ancienneté inférieure à 10 ans

L'indemnité légale est calculée à partir des salaires bruts précédant le licenciement.

L'indemnité ne peut pas être inférieure à 1/4 de mois de salaire par année d'ancienneté.

L'ancienneté est calculée jusqu'à la date de rupture effective du contrat, c'est-à-dire à la fin du préavis. En cas d'année incomplète, l'indemnité est calculée **proportionnellement** au nombre de mois complets.

Exemple : pour un salaire de référence de 1 500 €, l'indemnité minimale avec une ancienneté de 3 ans et 6 mois est de : [(1 500 × 1/4) × 3] + [(1 500 × 1/4) × (6/12)] = 1 312,50 €.

▸ Calcul du salaire de référence

Le salaire pris en compte est appelé salaire de référence. Il est déterminé en prenant en compte, selon la formule la plus avantageuse :

- soit la moyenne mensuelle des 12 derniers mois précédant le licenciement ;
- soit la moyenne mensuelle des 3 derniers mois.

ENTRAÎNEMENT AU BTS 2 Démission d'un salarié ★★☆

M. Alex Sanchez occupe un poste de commercial depuis 7 ans dans la société Asdepub, spécialisée dans le secteur de la publicité des entreprises. Cette société exerce son activité à Grenoble (Isère). Il a été sollicité pour rejoindre un de ses amis de lycée qui a le projet de créer une start-up de prestation de services sur Internet. Il est très intéressé par ce nouveau défi et a indiqué à son dirigeant qu'il souhaitait démissionner de son poste actuel.

Après un entretien avec les dirigeants, M. Sanchez persiste dans sa décision de démissionner.

1. **Quel document M. Sanchez devra-t-il remettre à la société Asdepub ? Sous quelle forme ?**
2. **En quoi consiste le préavis prévu par l'article 29 de la convention collective applicable à l'entreprise ? Quel est l'intérêt d'un préavis ?**
3. **Quelle sera la durée de ce préavis pour M. Sanchez ? À partir de quelle date ? La société peut-elle le dispenser d'exécuter ce préavis ?**
4. **Quelle sera la nature des sommes à verser à M. Sanchez au moment de son départ ?**
5. **Quels sont les documents à lui remettre ? Doit-on lui faire signer un document ?**
6. **Quel serait l'intérêt d'avoir inclus dans son contrat de travail la clause de non-concurrence ?**
7. P7 **Pensez-vous que M. Sanchez peut bénéficier d'une indemnisation au titre du chômage ? Dans l'affirmative, quelles seraient les démarches qu'il devrait accomplir ? Utilisez les informations disponibles sur le site : demission-reconversion.gouv.fr (liennathan.fr/fvq72s).**

ANNEXE 1 Extrait de la Convention collective de travail des cadres, techniciens et employés de la publicité française

Article 29 – Démission de l'employé.

En vigueur étendu.

Lorsque la cause de la fin du contrat de travail sera la démission de l'employé, celui-ci devra observer un préavis d'un mois.

Cette règle n'est pas applicable pendant la période d'essai.

La date de départ du préavis est celle à laquelle la démission a été notifiée.

Pendant la période de préavis, l'employé est autorisé à s'absenter deux heures par jour pour lui permettre de retrouver du travail.

La période de la journée pendant laquelle l'employé pourra disposer de ces deux heures devra faire l'objet d'un accord avec l'employeur.

En cas de désaccord, satisfaction sera donnée un jour sur deux à chacune des deux parties.

Les heures d'absence ainsi autorisées seront payées et pourront être groupées en une ou plusieurs journées ou demi-journées, consécutives ou non, à la demande d'une des deux parties et avec l'accord de l'autre.

L'octroi de ces deux heures est supprimé dès que l'employé a trouvé un emploi, ce qu'il est tenu de déclarer sans délai à son employeur.

En cas de préavis non effectué, à la demande de l'employé et avec l'accord de l'employeur, celui-ci ne bénéficiera pas de l'octroi des deux heures pour la période non travaillée.

ANNEXE 2 **Clause de non-concurrence intégrée au contrat de travail de M. Sanchez**

M. Sanchez, lorsqu'il cessera ses fonctions dans l'entreprise Asdepub, pour quelque raison que ce soit et ce, au terme de la période d'essai, ne pourra exercer une activité concurrente à celle de son employeur.

L'interdiction concurrentielle de M. Sanchez est limitée à 6 mois à partir du moment où il ne sera plus en fonctions. Dans le cas où le préavis ne serait pas effectué, cette interdiction de non-concurrence s'appliquerait dès la cessation effective des fonctions.

Cette interdiction s'applique pour toutes les entreprises du département de l'Isère.

En contrepartie de l'obligation de non-concurrence, il sera versé à M. Sanchez, après la rupture de son contrat de travail et durant toute la période de la clause de non-concurrence, une indemnité mensuelle de 1 000 € bruts.

L'entreprise Asdepub sera déchargée de verser cette indemnité à M. Sanchez, dans le cas où elle le libérerait de cette clause de non-concurrence. Elle devra le prévenir par lettre recommandée avec accusé de réception dans les 2 jours qui suivent la fin du préavis ou, en cas de préavis non effectué, dans les 2 jours qui suivent le départ effectif du salarié.

P7

ENTRAÎNEMENT AU BTS 3 Planification de la procédure de licenciement ★★☆

Le cabinet Auditor est amené à travailler assez souvent sur les procédures de licenciement. Il souhaite mettre en place deux documents informatisés. Le premier est destiné à préparer la saisie en ligne de l'attestation France Travail. Le second, créé sur un tableur, permettra d'assurer la planification et le suivi de la procédure de licenciement. Il pourra éventuellement servir en cas de contestation.

Il faudra indiquer, en particulier :
- le nom du salarié concerné ;
- la nature de l'étape ;
- le document créé, éventuellement ;
- la date prévue ;
- la date de réalisation effective ;
- le nom de la personne qui réalise l'opération.

● **Après avoir téléchargé et étudié le *Guide de saisie en ligne de l'attestation employeur France travail*, créez sur tableur un document préparatoire à la saisie qui indique les étapes et les informations à saisir.**

ANNEXE

Guide de saisie en ligne à télécharger
liennathan.fr/bth91r
PDF

SYNTHÈSE

Synthèse audio
liennathan.fr/d9hjxq

Le départ des salariés

1 Les motifs de départ du salarié

Décision unilatérale

- Démission du salarié
- Licenciement par l'employeur (faute/insuffisance/inaptitude)
- Licenciement économique
- Départ à la retraite du salarié
- Mise à la retraite par l'employeur

Décision conjointe

- Arrivée d'un CDD au terme prévu
- Transaction entre salarié et employeur
- Rupture conventionnelle
- Rupture conventionnelle collective

2 Les étapes de la procédure

Démission

1. Démission orale du salarié ou lettre de démission (LRAR)
2. Accomplissement d'un préavis (possibilité de dispense par l'employeur)

Licenciement

1. Convocation du salarié à un entretien préalable au licenciement
2. Entretien préalable (le salarié peut être assisté)
3. Délai de réflexion de l'employeur
4. Envoi de la lettre de licenciement
5. Accomplissement d'un préavis (possibilité de dispense par l'employeur)

Rupture conventionnelle

1. Entretiens de négociation
2. Signature d'une convention
3. Homologation de la convention par la DREETS
4. Versement par l'employeur d'une indemnité conventionnelle

3 Formalités et documents à remettre au salarié (dans tous les cas)

Certificat de travail

- Mentions : nom et prénom du salarié, dates d'entrée et de sortie de l'entreprise, nature de l'emploi
- Pas de mention négative

Attestation France Travail

- Pour ouverture des droits éventuels aux indemnités de chômage
- En principe sous forme numérique :

connexion au site www.francetravail.fr
OU utilisation du logiciel de paie
OU utilisation de la procédure DSN

Reçu pour solde de tout compte

- En 2 exemplaires, le salarié doit remettre 1 exemplaire signé à l'entreprise
- Dernier salaire à payer
  + HS non payées
  + solde des indemnités de congés payés
  + participation acquise à verser
  + indemnités diverses
  (**Ex. :** *prime de partage de la valeur*)

État de l'épargne salariale

Montants et valeurs éventuellement acquis par le salarié *via* la participation, l'intéressement et les plans d'épargne d'entreprise

CHAPITRE 4

La durée du travail

Activité	Composante d'activité	Compétence	P7	Vers Pix
4.2. Préparation des formalités administratives de gestion du personnel et information des salariés	4.2.2. Recueil des informations relatives au suivi de la durée de travail	Assurer le suivi des heures effectuées, des heures supplémentaires, des heures complémentaires et du repos éventuel dans le respect de la réglementation en vigueur	Une utilisation du tableur adaptée aux besoins de l'utilisateur avec la mise à jour des tableaux de suivi ou du module paie d'un progiciel de gestion intégré ou d'un logiciel spécialisé	1.1. Mener une recherche et une veille d'information 1.2. Gérer des données 1.3. Traiter des données

SITUATION PROFESSIONNELLE

La SAS Esthétique&Santé poursuit son développement dans le secteur du soin corporel. Le fondateur, M. Lange, a créé un concept de soin global alliant soins esthétiques, fitness et développement personnel.
Ces dernières semaines, l'établissement de Bordeaux a enregistré une forte fréquentation. Le concept plaît aux clients qui sont de plus en plus nombreux. Cette augmentation de l'activité a fait apparaître des problèmes d'organisation des plannings dans le respect de la durée légale du travail (de 35 heures/semaine dans ce secteur) et des contraintes personnelles des salariés. Dans ce contexte de forte activité, la plupart des salariés effectue des heures supplémentaires ou des heures complémentaires. Des décomptes ont été effectués sur la base des déclarations des salariés.

VOS MISSIONS

Mme Karine fait appel à vous pour l'aider dans la gestion des problèmes liés à la durée du travail des salariés. Il s'agit d'envisager avec elle les dépassements horaires de certains salariés pour le mois de juin N et les conséquences qui en découlent.

MISSION 1 **Ajuster un planning de travail** ▶ Fiche ressource 1

MISSION 2 **Gérer les heures supplémentaires** ▶ Fiches ressource 2 et 3

MISSION 3 **Gérer un temps partiel** ▶ Fiche ressource 4

VOS MISSIONS

MISSION 1 Ajuster un planning de travail

Discutons-en !
Comment organiser les astreintes dans un planning de travail ?

1. Michelle et Maria ont reçu le planning de travail de la semaine 25. Calculez les horaires de travail effectif quotidien puis hebdomadaire pour chaque salariée. Les contraintes légales et personnelles sont-elles respectées ?
▶ Annexe 1 ▶ Fiche ressource 1

2. Observez et commentez les amplitudes quotidiennes de travail et les temps de pause.

3. Ajustez ce planning afin de corriger ses imperfections.

MISSION 2 Gérer les heures supplémentaires

4. Combien d'heures supplémentaires devront être comptabilisées pour Maria sur le mois de juin ? Les limites légales sont-elles respectées ?
▶ Annexe 2 ▶ Fiche ressource 2

5. Calculez le montant du salaire brut auquel Maria doit s'attendre pour le mois de juin. Justifiez chaque élément.
▶ Annexe 3

6. Pour des raisons personnelles, Maria préférerait obtenir des heures de repos en rémunération de ces heures supplémentaires. Est-ce possible ? À combien d'heures a-t-elle droit ?

Besoin d'aide ? liennathan.fr/tclrhf

La question de l'expert
Maria réalise en fait très régulièrement des heures supplémentaires, chaque mois. Son responsable lui propose de modifier son contrat de travail et d'officialiser un temps de travail mensuel à 39 heures. Combien d'heures supplémentaires seront alors rémunérées chaque mois ? À quel taux ?
▶ Fiche ressource 3

L'autocorrection en vidéo liennathan.fr/5qkjio

MISSION 3 Gérer un temps partiel

7. Quelle est la particularité de la situation de Khalid en termes de temps de travail ? Aidez-vous éventuellement d'une recherche d'information.
▶ Annexe 4

8. Calculez les heures complémentaires effectuées par Khalid au cours du mois de juin. Les limites légales sont-elles respectées ?
▶ Annexe 5 ▶ Fiche ressource 4

9. Sachant que Khalid est rémunéré 13,25 € de l'heure, présentez le décompte de son salaire brut de juin. Justifiez vos éléments.

DONNÉES DE LA SITUATION

ANNEXE 1 Planning de Michelle Bueno et Maria Isidori, semaine 25

S 25	Mardi 16/06		Mercredi 17/06		Jeudi 18/06		Vendredi 19/06		Samedi 20/06	
	Michelle	Maria	Michelle	Maria	Michelle	Maria	Michelle	Maria	Michelle	Maria
10 h	0,5		0,5		0,5	0,5		0,5	0,5	
	0,5		0,5	0,5	0,5	0,5		0,5	0,5	
11 h	0,5		0,5	0,5	0,5	0,5		0,5	0,5	
	0,5		0,5	0,5	0,5	0,5		0,5	0,5	
12 h	Pause	0,5	Pause	0,5	0,5	0,5		0,5	0,5	0,5
	Pause	0,5	Pause	0,5	0,5	0,5		0,5	0,5	0,5
13 h	Pause	0,5	Pause	0,5	0,5	0,5		0,5	Pause	0,5
	0,5	0,5	Pause	0,5	0,5	0,5	0,5	0,5	Pause	0,5
14 h	0,5	0,5	0,5	0,5			0,5	0,5	Pause	0,5
	0,5	0,5	0,5	Pause			0,5	Pause	Pause	0,5
15 h	0,5	0,5	0,5	Pause			0,5	Pause	Pause	0,5
	0,5	0,5	0,5	Pause			Pause	0,5	0,5	0,5
16 h	0,5	0,5	0,5	Pause			Pause	0,5	0,5	0,5
	0,5	0,5	0,5	0,5			0,5	0,5	0,5	0,5
17 h	0,5	0,5	0,5	0,5			0,5	0,5	0,5	0,5
	0,5	0,5	0,5	0,5			0,5	0,5	0,5	0,5
18 h	0,5			0,5			0,5	0,5	0,5	Pause
	0,5			0,5			0,5	Pause	0,5	Pause
19 h	0,5			0,5			0,5	0,5	0,5	0,5
	0,5			0,5			0,5	0,5		0,5
20 h	0,5			0,5			0,5	0,5		0,5
	0,5			0,5			0,5	0,5		0,5
21 h	0,5			0,5			0,5	0,5		0,5
	0,5			0,5			0,5	0,5		0,5
22 h										

- L'espace soin est ouvert du mardi au samedi de 10 h à 22 h.
- Il ferme à 14 h le jeudi.
- Au moins une esthéticienne doit être systématiquement sur place.
- Michelle ne souhaite pas faire d'heures supplémentaires.

Planning semaine 25 à télécharger
liennathan.fr/zpulx2

ANNEXE 2 Relevé d'heures du mois de juin pour Maria Isidori

SEMAINE	DATE	DÉCOMPTE DES HEURES EFFECTUÉES
1	01/06 au 07/06	45
2	08/06 au 14/06	35
3	15/06 au 21/06	39
4	22/06 au 28/06	46
5	29/06 au 05/07	37

ANNEXE 3 Éléments du salaire de Maria Isidori

ÉLÉMENTS	MONTANT
Salaire de base (151,67 heures)	1 840 €
Prime d'ancienneté	35,60 €
Prime de rendement	190 €

ANNEXE 4 Extraits du contrat de travail de Khalid El Ouafa

Article 1 – Embauche

M. Khalid El Ouafa est engagé à compter du 1er juin 2013 par la société Esthétique&Santé suivant un contrat de travail à temps partiel et à durée indéterminée en qualité de coach.

[…]

Article 3 – Durée du travail

La durée hebdomadaire du travail de M. El Ouafa est fixée à 20 heures, soit 86,67 heures mensuelles.

[…]

Article 5 – Heures complémentaires

M. El Ouafa pourra être amené à effectuer, en fonction des besoins de la société, des heures complémentaires au-delà du temps de travail fixé par l'article 3, dans la limite de 2 heures par semaine.

Il sera informé 3 jours minimum avant leur date d'exécution.

Il aura la possibilité de refuser d'accomplir ces heures complémentaires dans les cas limitativement prévus par la loi et, le cas échéant, par les dispositions conventionnelles applicables.

ANNEXE 5 Relevé d'heures du mois de juin pour Khalid El Ouafa

SEMAINE	DATE	DÉCOMPTE DES HEURES EFFECTUÉES
1	01/06 au 07/06	22
2	08/06 au 14/06	20
3	15/06 au 21/06	21
4	22/06 au 28/06	23
5	29/06 au 05/07	20

FICHE RESSOURCE 1

La durée du travail, les temps de repos, les plannings

I La durée hebdomadaire du travail

1. Le travail effectif

Le temps de travail effectif est le temps pendant lequel le salarié est **à la disposition de l'employeur** et doit se conformer à ses directives sans pouvoir vaquer librement à des occupations personnelles. Sauf dispositions contraires prévues dans certaines situations, les temps de restauration, de pause, d'habillage ou de trajet ne font pas partie du temps effectif.

La durée légale hebdomadaire du travail s'exprime en temps de travail **effectif**. Elle est **fixée à 35 heures hebdomadaires.** C'est une durée de référence : il ne s'agit ni d'une durée minimale (les salariés peuvent être employés à temps partiel) ni d'un maximum (des heures supplémentaires peuvent être accomplies dans le respect des durées maximales au-delà desquelles aucun travail ne peut être demandé).

2. L'aménagement du temps de travail hebdomadaire

Le temps partiel	Les heures supplémentaires	Les heures complémentaires	Les heures d'astreinte
On parle de temps partiel lorsque le salarié effectue moins de 35 h de travail effectif par semaine (ou moins que la durée conventionnelle de travail). La durée du travail de ce salarié est obligatoirement mentionnée dans son contrat de travail. Sauf dérogation spécifique, le temps partiel ne peut être inférieur à 24 h hebdomadaires ou 104 h par mois.	Les heures supplémentaires sont les heures de travail effectuées, à la demande de l'employeur, au-delà de la durée légale du travail de 35 h hebdomadaires.	Les heures complémentaires sont les heures de travail accomplies par un salarié à temps partiel au-delà de la durée de travail prévue dans son contrat.	Les heures d'astreinte sont des heures pendant lesquelles le salarié est à la disposition de son employeur sans être sur le lieu de travail. Il peut être amené à intervenir pour répondre aux besoins de l'entreprise. Les périodes d'intervention constituent un temps de travail effectif comptabilisé comme des heures supplémentaires.

3. La modulation du temps de travail

La modulation du temps de travail est une dérogation à la durée légale du travail de 35 heures hebdomadaires. L'employeur a en effet la possibilité de répartir le temps de travail des salariés en fonction des pics d'activité de l'entreprise **pour éviter le recours aux heures supplémentaires.**

La modulation peut être décidée de façon unilatérale par l'employeur pour des périodes de quatre semaines au plus, jusqu'à neuf semaines pour les entreprises de moins de 50 salariés. Pour des périodes pouvant aller jusqu'à un an, il faut un accord collectif (comité social économique – CSE). Au-delà d'un an, il faut un accord de branche.

II De la durée hebdomadaire du temps de travail à la mensualisation

La grande majorité des salariés est mensualisée, c'est-à-dire qu'ils perçoivent le même salaire chaque mois, que le mois compte 28, 29, 30 ou 31 jours. Pour cela, on calcule un temps de travail mensuel moyen à partir de la durée hebdomadaire du travail :

35 heures × 52 semaines/12 mois = 151, 67 heures en moyenne par mois

III La durée journalière du travail

1. La notion d'amplitude d'une journée de travail

L'amplitude de la journée de travail est la **durée comprise entre le début et la fin de la journée de travail d'un salarié**. Elle est composée **des temps de travail effectif et des temps de pause**. Elle est de **13 heures au maximum.**

2. La durée du travail effectif journalier

La durée maximale de travail effectif par jour est de **10 heures** pour un salarié de plus de 18 ans. Cette durée doit être calculée sur la journée civile, c'est-à-dire de 0 heure à 24 heures. Elle peut être dépassée dans des cas très spécifiques.

3. Les pauses journalières

Dès que le temps de travail quotidien atteint **6 heures**, le salarié doit bénéficier d'un temps de pause d'une **durée minimale de 20 minutes**. Une convention collective peut fixer un temps de pause supérieur. Ces 20 minutes ne sont pas du temps de travail effectif et ne donnent donc pas lieu à rémunération, sauf convention collective plus favorable.

Certains secteurs dérogent à cette règle (exemples : secteur des transports, agriculture…).

La **pause déjeuner** fait partie des pauses légales de la journée. Ce n'est pas une pause « en plus ». L'employeur pourrait n'accorder que 20 minutes de pause déjeuner mais, en pratique, la coupure est généralement d'une heure au minimum. Le salarié peut être contraint de rester sur son lieu de travail pendant cette pause.

IV Les temps de repos imposés au salarié

Le repos quotidien	Le repos hebdomadaire
Dans son cadre général, la loi impose un repos quotidien de **11 h consécutives** entre deux journées de travail.	Tout salarié doit bénéficier d'un repos hebdomadaire dès qu'il a travaillé 6 jours dans la semaine. Le repos hebdomadaire est d'au moins **24 h consécutives**. Ces heures **s'ajoutent à l'obligation de repos quotidien de 11 h consécutives**, soit un total de **35 h consécutives** chaque semaine. Sauf dérogation légale (assez nombreuses), le repos hebdomadaire doit être donné le dimanche.

V Les contraintes d'organisation des plannings de travail

L'organisation des plannings hebdomadaires des équipes de travail doit tenir compte à la fois :

- du nombre d'heures de travail effectif hebdomadaire à faire par salarié (35 heures ou temps partiel…) ;
- de la limite de 10 heures de travail effectif par jour ;
- des temps de pause de 20 minutes toutes les 6 heures de travail effectif ;
- de la limite de 13 heures d'amplitude de travail par jour ;
- des 11 heures minimales de repos entre deux journées de travail ;
- des 35 (24 + 11) heures consécutives minimales de repos hebdomadaire.

Les heures supplémentaires, les heures complémentaires et la modulation du temps de travail donnent un peu de souplesse dans l'élaboration des plannings.

? L'essentiel en une question

Quelle est la référence de base en matière de temps de travail ?
Quel lien peut-on faire entre cette référence et la paie du mois ?
entre cette référence et un planning ?

Consultez le corrigé
liennathan.fr/4x8ms2

FICHE RESSOURCE 2

La gestion des heures supplémentaires

I Le décompte des heures supplémentaires

Les heures supplémentaires sont les heures de travail effectuées, à la demande de l'employeur, **au-delà de la durée légale du travail** de 35 heures hebdomadaires (ou de la durée considérée comme équivalente dans certaines professions).

Ce calcul ne concerne pas les cadres dirigeants dont la rémunération est indépendante des horaires de travail effectivement réalisés ou des cadres rémunérés au forfait.

Le décompte des heures supplémentaires est individuel et est effectué par semaine civile (du lundi à 0 heure au dimanche à minuit).

Le calcul du salaire se fait par mois, mais le décompte des heures se fait par semaine. Les semaines à cheval sur deux mois sont prises en compte au cours du mois où elles se terminent.

Exemple

Manuel Siviode est salarié en CDI dans une enseigne de la grande distribution. Au cours du mois d'août, le décompte de ses heures a donné les résultats suivants :

Semaine	Date	Décompte des heures effectuées	Heures supplémentaires
1	27/07 au 02/08	36	1
2	03/08 au 09/08	39	4
3	10/08 au 16/08	35	0
4	17/08 au 23/08	35	0
5	24/08 au 30/08	38	3
6	31/08 au 06/09	37	2

Les 2 heures supplémentaires de la semaine 6 seront décomptées dans le salaire du mois de septembre. Le total d'heures supplémentaires pour le mois d'août s'élève donc à 8.

Le décompte des heures de travail des salariés est de la responsabilité de l'employeur qui doit vérifier que les maximums légaux ne sont pas atteints. Ce décompte peut être collectif (cas d'un service dans lequel les salariés ont tous les mêmes horaires), mais il est le plus souvent individuel.

Le dispositif de décompte est au choix de l'employeur : fiches, déclaration du salarié, système de pointage automatique… Ces documents doivent pouvoir servir de preuve au décompte.

II Les limitations au nombre d'heures supplémentaires

1. Les limites journalières et hebdomadaires

Les heures supplémentaires hebdomadaires sont limitées par la durée légale du temps de travail qui **ne peut dépasser 10 heures par jour, 48 heures par semaine**, 44 heures par semaine en moyenne sur une période de 12 semaines consécutives.

Une dérogation à la durée maximale journalière peut être accordée par l'inspecteur du travail.

2. Les limites annuelles

La liberté de recours aux heures supplémentaires est limitée par un contingent annuel individuel (**220 heures** depuis le décret du 4 novembre 2008). Les heures sont décomptées à partir du 1er janvier. Un contingent supérieur ou inférieur peut être fixé par un accord collectif.

Le recours aux heures supplémentaires au-delà du contingent ne peut avoir lieu qu'après avis des représentants des salariés (comité social et économique ou délégué du personnel).

Remarque : certaines heures effectuées au-delà de la durée légale du travail ne sont pas prises en compte dans le calcul du contingent : par exemple, les heures effectuées pour certains travaux urgents (organisation de mesures de sauvetage, prévention des accidents imminents).

III La rémunération des heures supplémentaires

1. La majoration des heures supplémentaires

La rémunération des heures supplémentaires est majorée.

Le taux de majoration dépend des accords ou des conventions collectives mais ne peut pas être inférieur à 10 %. Lorsque rien n'est prévu, c'est le taux légal qui s'applique : **majoration de 25 % pour les 8 premières heures supplémentaires hebdomadaires, de 50 % pour les heures suivantes.**

2. La base de calcul des heures supplémentaires

La rémunération des heures supplémentaires est calculée sur le **salaire effectif du salarié**, c'est-à-dire sur une moyenne horaire obtenue en ajoutant au salaire de base tous les éléments **liés à la nature du travail**. Par exemple : prime de froid, de danger, de salubrité, de rendement si directement liée au travail du salarié… En revanche, sont exclus les primes d'ancienneté ou les remboursements de frais. C'est à voir au cas par cas car certains éléments du salaire font débat. Par exemple, les primes d'assiduité ne sont pas à prendre en compte selon l'administration fiscale alors qu'elles le sont selon la jurisprudence…

IV Les repos liés aux heures supplémentaires

1. Le repos compensateur de remplacement (RCR)

Le repos compensateur de remplacement est une contrepartie en repos qui **se substitue au paiement des heures supplémentaires.** Ainsi, les heures travaillées au-delà de l'horaire habituel, et compensées par du repos, ne seront pas comptabilisées sur le contingent d'heures supplémentaires. On peut choisir d'attribuer un repos compensateur pour compenser la rémunération de l'heure supplémentaire **et** sa majoration, l'heure supplémentaire seule, la majoration seule.

2. Le repos compensateur obligatoire (RCO)

En plus des majorations des heures supplémentaires (non compensées par du repos de remplacement), un repos compensateur légal est attribué aux salariés qui font **plus de 220 heures supplémentaires par an** (sauf autre contingent fixé par accord collectif). Il est obligatoire.

À défaut d'accord collectif, le RCO est fixé à 50 % des heures supplémentaires accomplies au-delà de 220 heures pour les entreprises jusqu'à 20 salariés, et à 100 % de ces mêmes heures pour les entreprises de plus de 20 salariés.

Ce repos **ne peut être payé par l'employeur.** Il doit être un arrêt effectif.

Dès que le cumul des heures de RCO acquises atteint un total de 7, le salarié doit prendre le repos dans les deux mois. Il doit formuler sa demande 7 jours au minimum avant la date à laquelle il souhaite prendre le repos. Il doit préciser la date et la durée du repos.

Ce repos compensateur ne peut être accolé aux congés payés annuels et ne peut être pris entre le 1er juillet et le 31 août.

L'employeur doit faire apparaître les repos compensateurs sur le bulletin de salaire ou un document annexe.

L'essentiel en une question

Quels sont les deux moyens de rémunérer des heures supplémentaires ?

Consultez le corrigé
liennathan.fr/ytv2wp

FICHE RESSOURCE 3

Les heures supplémentaires structurelles

I La notion d'heure supplémentaire structurelle

Toute heure accomplie au-delà des 35 heures légales est une heure supplémentaire. Ces heures sont généralement aléatoires, c'est pourquoi elles nécessitent d'être décomptées chaque mois de façon précise. En revanche, lorsqu'un salarié effectue régulièrement un même nombre d'heures supplémentaires, prévues dans son contrat de travail, on parle d'heures supplémentaires structurelles.

> Exemple
>
> Certaines entreprises restent soumises au régime des 39 heures. Dans ce cas, les salariés réalisent chaque semaine, et toute l'année, 4 heures supplémentaires structurelles.

Les heures supplémentaires structurelles participent au contingent annuel des heures supplémentaires.

> Exemple (suite)
>
> 4 heures × 52 semaines = 208 heures. Il ne reste que 12 heures supplémentaires possible avant d'atteindre la limite du contingent de 220 heures. Par conséquent, les salariés ne pourront pratiquement pas être amenés à réaliser des heures supplémentaires aléatoires en cours d'année.

II La rémunération des heures supplémentaires structurelles

Il n'est pas nécessaire d'en faire un décompte précis, ces heures sont **mensualisées.**

> Exemple (suite)
>
> 4 heures × 52 semaines/12 mois = 17,33 heures par mois.

Elles apparaissent distinctement dans le salaire brut et sont majorées comme des heures supplémentaires classiques, donc à 25 % en cas d'absence d'accord.

III Le cas particulier de la réduction du temps de travail (RTT)

1. Le principe des RTT

L'entreprise peut faire le choix de mettre en place le système des jours de RTT à la place de la rémunération des heures supplémentaires structurelles.

La RTT est un dispositif qui prévoit d'attribuer des journées ou des demi-journées de repos à un salarié dont la durée hebdomadaire de travail **se situe entre 35 et 39 heures** (durée **inscrite au contrat de travail**). Le nombre de jours de RTT varie donc selon l'horaire hebdomadaire des salariés.

Ainsi, si le salarié travaille 35 heures par semaine, il ne bénéficie pas de jour de RTT. S'il travaille 39 heures par semaine, il bénéficie de 4 heures de RTT par semaine, soit 0,5 jour. Dans ce cas, ces 4 heures ne sont pas considérées, ni payées, comme des heures supplémentaires.

2. Le calcul du nombre de jours de RTT

Le nombre de jours à prendre n'est pas fixé par la loi mais par des accords de branche ou conventions collectives. Il dépend du nombre de jours **effectivement** travaillés, qui est variable selon l'année.

> Exemple
>
> Sur l'année N, un salarié aux 39 heures travaille 230 jours. Ordre de grandeur des jours de RTT dus :
> – nombre de semaines travaillées = 230/5 = 46 semaines ;
> – nombre moyen d'heures de travail par jour = 39/5 = 7,8 heures ;
> – nombre de jours de RTT acquis = (46 × 4)/7,8 = 24 jours de RTT, soit environ 3 semaines.

Un jour de RTT non pris par le salarié dans l'année civile est « perdu ». Il ne peut pas être payé. Cette situation peut arriver lorsqu'un salarié quitte l'entreprise.

? L'essentiel en une question

Quelles sont les deux possibilités offertes aux entreprises qui sont encore dans le système des 39 heures pour rémunérer leurs salariés ?

Consultez le corrigé
liennathan.fr/bg2y85

FICHE RESSOURCE 4

Les heures complémentaires

Les heures complémentaires sont les heures de travail accomplies par un salarié à temps partiel au-delà de la durée de travail prévue dans son contrat.

I Les conditions de mise en œuvre

L'utilisation d'heures complémentaires est soumise aux règles suivantes :

1. Une quantité limitée

Le nombre d'heures complémentaires accomplies par un salarié à temps partiel au cours d'une même semaine ne peut être supérieur **au dixième de la durée hebdomadaire de travail** prévue dans son contrat.

Un accord d'entreprise peut cependant augmenter le nombre d'heures complémentaires (jusqu'à un tiers de la durée prévue au contrat). Les heures complémentaires ne peuvent avoir pour effet de porter la durée du travail accompli au niveau de la durée légale.

2. Des droits pour le salarié

Les limites dans lesquelles des heures complémentaires peuvent être demandées au salarié doivent être mentionnées dans son contrat. Le salarié peut refuser, sans risquer une sanction ou un licenciement, d'effectuer des heures complémentaires au-delà des limites prévues par son contrat de travail.

II La majoration du taux horaire

Le taux de majoration des heures complémentaires est fixé par l'accord de branche ou la convention collective à un niveau qui ne peut être inférieur à 10 %.

En l'absence d'accord, le taux de majoration est de **10 % pour les heures complémentaires réalisées, dans la limite** d'un dixième de la durée du contrat. Il est de 25 % pour les heures réalisées au-delà de cette limite. Le paiement des heures complémentaires n'est plus soumis à cotisation sociale depuis le 1er janvier 2019.

Les heures complémentaires n'ouvrent aucun droit à un repos compensateur.

Exemple

Bertrand Barel est animateur employé par la société Anim'plus. Celle-ci gère l'accueil périscolaire de la ville, suite à une délégation de service public. Elle est donc soumise à la convention collective de l'animation qui prévoit qu'un salarié peut effectuer des heures complémentaires dans la limite de 1/3 de la durée de son contrat. Le contrat de Bertrand est à temps partiel pour une durée de 25 heures par semaine. Voici le décompte de ses heures pour le mois de juin :

Semaine	Date	Décompte des heures effectuées	Heures complémentaires	À 10 %	À 25 %
1	31/05 au 05/06	27	2	2	
2	06/06 au 12/06	29	4	2,5	1,5
3	13/06 au 19/06	26	1	1	
4	20/06 au 26/06	28	3	2,5	0,5
5	27/06 au 03/07	Report sur le mois de juillet			

L'essentiel en une question

Dans quelles conditions est-il impossible pour un salarié de refuser d'effectuer des heures complémentaires ?

Consultez le corrigé
liennathan.fr/9tuy36

APPLICATIONS

EXOS FLASH

EXO 1 Quiz interactif

Testez vos connaissances sur ce chapitre avec le quiz en ligne.

liennathan.fr/uz5ro1

Votre score ....

EXO 2 Calculer les heures de repos compensateur obligatoire

Au cours de l'année N, les cinq salariés de la société Jordine ont effectué un certain nombre d'heures supplémentaires (annexe 1).

- **Calculez le nombre de repos auquel chaque salarié a droit et précisez à quelle date ces repos doivent être pris.**

ANNEXE 1 **Cumul des heures supplémentaires effectuées en année N**

SALARIÉS	M. Dourte	Y. Whabi	L. Opret	Ch. Palot	D. Campon
TOTAL HS	53	234	116	281	255

EXO 3 Appliquer les conditions d'une convention collective en termes de rémunération des heures supplémentaires

Michel Marquet travaille au Cinéma Le Majestic à Paris 15e.

- **À l'aide des annexes 1 et 2, calculez ses droits liés aux heures supplémentaires effectuées en février.**

ANNEXE 1 **Extraits de la convention collective nationale de l'exploitation cinématographique (IDCC 1307)**

- **Article 37 :** les majorations de taux horaire en cas d'heures **supplémentaires = majorations légales.**
- **Article 44 :** pour les entreprises de plus de 9 salariés, « les heures supplémentaires accomplies au-delà de 42 heures par semaine ouvrent droit à un repos compensateur dont la durée est égale à 20 % du temps accompli en heures supplémentaires au-delà de la 42e heure ».

ANNEXE 2 **Informations sur le salarié Michel Marquet**

- Embauché à temps plein
- 35 h/semaine
- Salaire mensuel de base = 2 150 €

Relevé des HS de février :

– Semaine 1 : 0
– Semaine 2 : 4
– Semaine 3 : 9
– Semaine 4 : 1
– Semaine 5 : se termine en mars

APPLICATIONS

ENTRAÎNEMENT AU BTS 1 Décompte et paiement d'heures supplémentaires

★☆☆

M. Richard Macau est salarié en CDI d'une entreprise de bijouterie, la SA Perlor. Il fabrique des bijoux pour cette société depuis plusieurs années. Dans son métier, le mois d'octobre est souvent assez chargé en heures de travail pour préparer les bijoux qui seront vendus pour les fêtes de Noël.

Il vient de recevoir son bulletin de paie d'octobre (annexe 1) et, un peu surpris du montant de son salaire correspondant à ce pic d'activité, il a demandé un décompte de ses heures (annexe 2). Il a aussi consulté la convention collective nationale de la bijouterie, joaillerie et orfèvrerie (annexe 3).

1. **Effectuez le décompte des heures supplémentaires de M. Macau.**
2. **Les heures décomptées sur son bulletin sont-elles correctes ?**
3. **Calculez le taux horaire pour le mois d'octobre.**
4. **Valorisez les heures supplémentaires du mois.**
5. **Le bulletin reçu par M. Macau était-il correct ?**
6. **Préparez un tableau contenant les éléments corrigés du bulletin de paie d'octobre N pour M. Macau.**

ANNEXE 1 **En-tête du bulletin de paie d'octobre N**

Éléments	Nombre d'heures	Taux	Montant
Salaire de base	151,67	14,00	2 123,38
Avantage en nature (repas)			102,30
Prime de rendement			150,00
Prime d'ancienneté			95,00
Heures supplémentaires à 25 %	30	17,50	525,00
SALAIRE BRUT			2 995,68

ANNEXE 2 **Décompte des heures d'octobre N**

Semaine	Date	Décompte des heures effectuées
1	28/09 au 04/10	39
2	05/10 au 11/10	40
3	12/10 au 18/10	45
4	19/10 au 25/10	46
5	26/10 au 01/11	44

ANNEXE 3 **Extrait de la Convention collective nationale de la bijouterie, joaillerie et orfèvrerie**

Durée du travail

Article 12 – En vigueur étendu

Pour la réglementation de la durée du travail et des heures supplémentaires, les parties se réfèrent aux lois et décrets en vigueur.

ENTRAÎNEMENT AU BTS 2 Décompte d'heures supplémentaires avec jours fériés ★★☆

M. Jean Martinez est employé comme vigile par la société Martingale qui gère des casinos dans la région savoyarde. Il travaille dans l'établissement d'Annemasse. Son contrat prévoit une durée de travail de 35 heures réparties sur 5 jours (du lundi au vendredi) à raison de 7 heures par jour. Son salaire de base est de 2 150 €.

Le décompte de ses heures du mois d'avril vous est fourni (annexe 1). Le comptable se pose des questions sur le traitement des jours fériés dans le décompte des heures supplémentaires : la convention collective des casinos ne traite pas de ce problème.

1 **En semaine 2, Jean Martinez doit être payé 41 heures. Justifiez.**

2 **Calculez le salaire brut du mois d'avril en tenant compte de la règle de base.**

3 **Calculez le salaire brut du mois d'avril dans la situation où l'employeur choisit de réaliser un décompte plus favorable pour le salarié.**

ANNEXE 1 Décompte de M. Martinez pour le mois d'avril

Semaine	Date	Décompte des heures effectuées
1	30/03 au 05/04	38
2	06/04 au 12/04*	34
3	13/04 au 19/04	39
4	20/04 au 26/04	37
5	27/04 au 03/05*	37

* Le lundi 6 avril (lundi de Pâques) et le vendredi 1er mai sont des jours fériés chômés par l'entreprise.

ANNEXE 2 L'incidence d'un jour férié sur le calcul des heures supplémentaires

Quelle est l'incidence d'un jour férié ou des congés dans le décompte des heures supplémentaires ?

Sauf dispositions conventionnelles ou usages prévus dans l'entreprise, **les heures non effectuées du fait d'un jour férié ou d'un jour de congé ne sont pas assimilées** à du temps de travail effectif **pour le décompte des heures supplémentaires.**

Cela signifie que, si le salarié a été absent une partie de la semaine (jour férié ou jour de congé) et qu'il a fait plus de 35 heures dans cette semaine (soit la durée légale hebdomadaire du travail), il n'a pas effectué d'heures supplémentaires.

Les heures effectuées au-delà de la 35e heure ne sont pas majorées et sont payées au taux normal dans ce cas.

Exemple :

Un salarié travaille 35 heures par semaine, du lundi au vendredi, à raison de 7 heures par jour. Il effectue les horaires suivants : lundi 8 heures, mardi 8 heures, mercredi jour férié (habituellement, le salarié travaille 7 heures), jeudi 8 heures, vendredi 8 heures. On décompte alors 39 heures (32 heures + 7 heures au titre du jour férié) réparties en 35 heures à taux normal (soit la durée légale hebdomadaire du travail)+ 4 heures non supplémentaires à taux normal. L'employeur peut toutefois appliquer un décompte plus favorable au salarié en considérant ces 4 dernières heures comme étant des heures supplémentaires.

ENTRAÎNEMENT AU BTS 3 Numérisation du décompte des heures et du calcul des majorations ★★☆

La SARL CRÉAPRO existe depuis 2014, elle est spécialisée dans la création de sites Web. C'est une jeune entreprise en plein essor mais qui a parfois du mal à faire face à la demande croissante. Ses douze salariés sont embauchés aux 35 heures en CDI. Ils ne bénéficient pas de primes et travaillent du lundi au vendredi. Les horaires sont libres mais ils font par moment beaucoup d'heures supplémentaires.

P7 **1** **Pour faciliter la gestion de la paie, vous êtes chargé(e) d'automatiser le décompte des heures supplémentaires effectuées par Mme Vergneau en septembre N (annexes 1 et 2).**

2 **Déduisez-en son salaire brut.**

ANNEXE 1 Manipuler les heures sur tableur

Un tableur gère des jours ou des fractions de jours, et non des heures. Par défaut, une cellule de format « Heure » affiche les heures comme le cadran d'une montre, c'est-à-dire seulement de 0 à 24 heures.

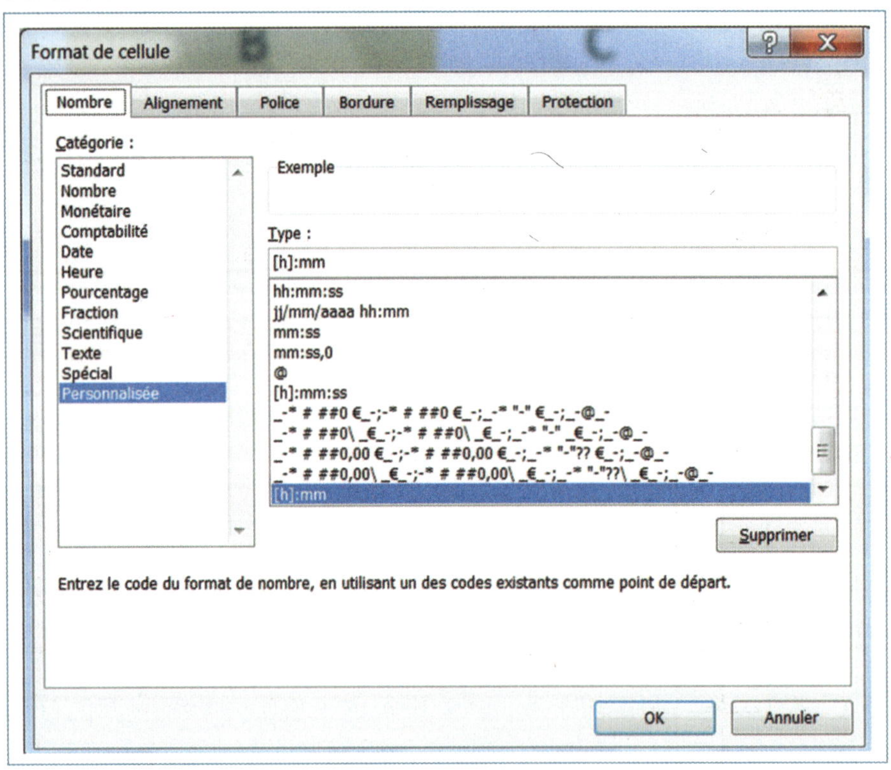

Lorsque vous réalisez des calculs dont le résultat est de plus de 24 heures, il faut donc personnaliser le format des cellules afin que le tableur ne change pas de jour en recommençant à 1 mais tienne bien compte de toutes les heures écoulées.

Exemple **:** pour un salarié qui aura travaillé 25 h, par défaut, le tableur affichera 1:00. Avec le format personnalisé ([h]:mm), il affichera 25:00 soit 25 heures de travail.

Attention **:** pour utiliser les heures dans les calculs, il faudra multiplier le résultat par 24 (heures). De la même manière, on multipliera par 60 pour manipuler des minutes.

B3 | =B2*C2*24

	A	B	C
1		Nbre d'heures	Taux
2		25:00	23,00 €
3	Coût	575 €	

ANNEXE 2 **Extrait de la pointeuse**

Planning du 29/08/N au 30/09/N

Mois : **Septembre N**

Nom : **Vergneau** Prénom : **Séverine** Poste : **Graphiste**

	Heures	Taux	Salaire
Salaire de base :	151,67	15,40	**2 335,72**

SEPTEMBRE

Lu				Ma				Me				Je				Ve			
T1	T2	T3	T4	T1	T2	T3	T4	T1	T2	T3	T4	T1	T2	T3	T4	T1	T2	T3	T4
29				30				31				1				2			
9h	12h	14h	18h30	9h	12h30	14h10	19h	9h30	12h	13h	20h30	8h45	12h15	13h30	18h	9h	12h30	13h30	19h45
5				6				7				8				9			
8h	12h15	14h	18h30	9h	12h30	14h10	18h	9h30	12h	13h	20h30	9h	12h	14h	19h	9h	12h30	13h30	19h45
12				13				14				15				16			
9h	12h	13h30	18h30	9h	12h30	14h10	19h	9h30	12h	14h	20h30	8h45	12h15	13h30	18h	9h	12h30	13h30	18h
19				20				21				22				23			
9h	12h	14h	18h30	8h20	12h30	14h10	19h	9h30	12h	13h	20h30	8h45	12h15	13h30	19h45	9h	12h30	13h30	19h45
26				27				28				29				30			
9h	13h	14h	18h30	9h	12h30	14h10	19h	9h30	12h	13h	20h30	8h45	12h15	13h30	20h30	9h	12h30	13h30	19h45

Planning de septembre à télécharger
liennathan.fr/1b7i3l

ENTRAÎNEMENT AU BTS 4 Décompte et calcul d'heures complémentaires

★☆☆

Mme Lorette Chambon est salariée du supermarché PetitsPrix en tant qu'hôtesse de caisse. Son contrat est à temps partiel : il prévoit une durée hebdomadaire de 25 heures. Comme l'autorise la convention collective, le contrat prévoit la possibilité d'effectuer 8 heures complémentaires par semaine, soit un tiers de la durée hebdomadaire de son contrat.

Le responsable des ressources humaines prépare le décompte des heures du mois de septembre N (annexe 1) et transmet à Mme Chambon son planning pour décembre N (annexe 2), avec deux mois d'avance.

1 **Combien d'heures complémentaires seront payées à Mme Chambon en septembre et à quel taux ?**

2 **Du fait de l'affluence prévisible pour les fêtes de Noël, son planning de décembre est chargé. Qu'en pensez-vous ?**

ANNEXE 1 Décompte de Mme Chambon pour le mois de septembre

Semaine	Lundi	Mardi	Mercredi	Jeudi	Vendredi	Samedi	Total
29/08 au 04/09	5	2	6	6	7	0	**26**
05/09 au 11/09	0	6	7	4	8	7	**32**
12/09 au 18/09	4	6	4	6	5	0	**25**
19/09 au 25/09	0	5	5	7	8	8	**33**
26/09 au 02/10	0	5	4	6	2	8	**25**

ANNEXE 2 Planning de Mme Chambon pour le mois de décembre

Semaine	Lundi	Mardi	Mercredi	Jeudi	Vendredi	Samedi	Total
28/11 au 04/12	2	4	8	5	6	0	**25**
05/12 au 11/12	0	5	7	8	8	4	**32**
12/12 au 18/12	8	7	6	8	6	0	**35**
19/12 au 25/12	0	8	9	5	6	9	**37**
26/12 au 01/01	0	6	4	4	5	6	**25**

ENTRAÎNEMENT AU BTS 5 Heures supplémentaires et contrepartie obligatoire en repos ★★☆

La société Boldair est une société anonyme au capital de 700 000 €. Elle exerce son activité de production dans la Sarthe, aux environs du Mans. Elle emploie cinquante-sept personnes. La durée hebdomadaire du travail au sein de l'entreprise est de 35 heures. L'horaire de travail est réparti sur 5 jours, du lundi au vendredi (cinq journées de 7 heures).

Son objet social est la réalisation de travaux d'imprimerie : affiches, tracts, cartes de visite, dépliants publicitaires, livres... Sa clientèle est composée de particuliers, d'entreprises et de collectivités publiques (mairies, lycées, etc.).

Vous êtes assistant(e) comptable dans l'entreprise.
Mme Lecourt, chef comptable, vous confie le dossier de M. Alfred Uramo, mécanicien (annexe 1).

1. **Présentez le décompte des heures supplémentaires effectuées par M. Uramo en décembre N en complétant l'annexe 1.**
2. **Calculez le nombre d'heures de contrepartie obligatoire en repos (COR) auquel a droit M. Uramo au titre du mois de décembre.**
3. **Sachant que M. Uramo a obtenu quatre heures de COR en novembre N, peut-il bénéficier de jours de repos ? Justifiez votre réponse.**
4. **Quelles sont les informations que doit communiquer l'entreprise au salarié lorsque celui-ci peut prétendre à une contrepartie obligatoire en repos ?**

ANNEXE 1 Fiche salarié de Monsieur Alfred URAMO

Contrat de travail : CDI à temps plein (35 h par semaine)
Date d'entrée dans la société : 18/12/N-12
Salaire mensuel brut depuis le 1er septembre N-2 : 1 650 €
Adresse : 56, rue des Grivelles – 61970 Clouville

État des heures effectuées en décembre N

Semaine	Lundi	Mardi	Mercredi	Jeudi	Vendredi	Total semaine	HS 25 %	HS 50 %
49	8	8	8	7	7			
50	9	8	9	10	10			
51	7	10	8	10	7			
52	7	8	8	7	Férié			
53	8	7	8	9	Férié			
						TOTAL	....	....

Le contingent annuel de 220 heures par an a été atteint dans le courant du mois de novembre.
M. Uramo totalise 224 heures supplémentaires à la date du 30/11.
Les jours fériés légaux sont chômés et payés.

ANNEXE 2 Traitement des heures supplémentaires

[...] Les jours fériés [...] ne peuvent être assimilés à du temps de travail effectif [...]. En l'absence d'un usage contraire en vigueur dans l'entreprise, [...] les jours fériés chômés et de congés payés ne [peuvent] être pris en compte dans la détermination de l'assiette de calcul des droits à majoration et bonification en repos pour heures supplémentaires ; [...]

Arrêt n° 02-21304 du 1er décembre 2004, Cour de cassation, chambre sociale

SYNTHÈSE

Synthèse audio
liennathan.fr/gm3luq

La durée du travail

1 La durée du travail, les temps de repos et les contraintes de planning

La durée hebdomadaire

Durée légale de travail effectif
= **35 h hebdomadaires**

L'aménagement

- Temps partiel
- Heures supplémentaires
- Heures complémentaires
- Astreintes

Le repos

35 h consécutives de repos par semaine

La durée journalière

Durée de travail effectif
≤ 10 h par jour

L'organisation

- Amplitude ≤ 13 h
- Pause : 20 min toutes les 6 h
- Pause déjeuner

Le repos

11 h consécutives entre deux journées de travail

2 La gestion des heures supplémentaires (HS)

Le décompte

Calculées **par semaine**

Les semaines sont prises en compte le mois où elles se terminent.

→ **Les HS structurelles**

HS régulières et inscrites au contrat de travail.

Elles sont mensualisées ou compensées par des RTT.

Les limites

< 48 h/semaine ou < 44 h/semaine en moyenne sur 12 semaines consécutives

Contingent : 220 h/an

La rémunération

Sauf disposition spécifique :
- majoration de 25 % pour les 8 premières heures, 50 % pour les suivantes

OU
- repos compensateur de remplacement

Le repos compensateur obligatoire

(issu des limites et de la rémunération)

- Lorsque le contingent annuel est dépassé, un repos compensateur est obligatoire, en plus de la rémunération des HS.
- Il équivaut à 50 % (effectif ≤ 20 salariés) ou à 100 % (effectif > 20 salariés) des heures accomplies au delà de 220 h.

3 Le temps partiel

Les limites de durée

< 35 h/semaine ≥ 24 h/semaine
sauf disposition spécifique

→ **Les heures complémentaires**

- Jusqu'à 10 % du temps contractuel de travail : heures majorées de 10 %
- Au-delà : heures majorées de 25 %
- Pas de repos compensateur

CHAPITRE

5

Le suivi des absences et des congés

Activité
4.2. Préparation des formalités administratives de gestion du personnel et information des salariés

Composante d'activité
4.2.3. Recueil des informations relatives au suivi des absences et des congés

Compétence
Assurer le suivi des absences et des congés dans le respect de la réglementation en vigueur

P7
Une utilisation du tableur adaptée aux besoins de l'utilisateur avec la mise à jour des tableaux de suivi ou du module paie d'un progiciel de gestion intégré ou d'un logiciel spécialisé

Vers Pix
1.2. Gérer des données
1.3. Traiter des données

SITUATION PROFESSIONNELLE

La SAS Esthétique&Santé a développé un concept original de soins personnels et de coaching. L'établissement de Bordeaux poursuit son activité avec succès et d'autres ouvertures sont en prévision. Les salariés sont tous à 35 heures hebdomadaires réparties sur 5 jours, à raison de 7 heures par jour.
La gestion courante de l'entreprise amène M. Lange, le dirigeant fondateur, à s'intéresser aux absences des salariés. Il faut traiter quelques absences de courte durée pour certains salariés : M. Paget, qui a perdu sa mère, et Mme Isidori, qui déménage.
De plus, la préparation des congés payés doit être réalisée, ainsi que le calcul de leur durée. Il faut aussi résoudre des problèmes de planning de congés et de rémunération pendant cette période. Enfin, il arrive aux salariés de tomber malades. Il faut alors faire le nécessaire suite à ces absences.

VOS MISSIONS

Mme Karine se charge de la gestion des absences, ainsi que des congés des salariés de l'établissement de Bordeaux. Elle souhaite que vous l'assistiez dans les travaux concernant les absences, les congés payés et les arrêts pour maladie.

MISSION 1 **Distinguer les différents types de congés** ▸ Fiche ressource 1

MISSION 2 **Gérer les congés payés** ▸ Fiches ressource 2 et 3

MISSION 3 **Gérer une absence pour maladie** ▸ Fiches ressource 4 et 5

VOS MISSIONS

MISSION 1 Distinguer les différents types de congés

1. Observez les motifs d'absence des salariés pour le mois de janvier. Quelles absences seront rémunérées ? indemnisées ? sans solde ? Détaillez vos éléments de réponse.
   ▶ Annexes 1, 2 et 3 ▶ Fiche ressource 1
2. Le contrat de Maria Isidori prévoit un salaire mensuel de 1 840 € pour un temps plein. Ce mois de janvier N compte 147 heures de travail réel. Estimez la retenue à effectuer sur son salaire.
3. À l'aide de vos connaissances ou d'une recherche, présentez les conséquences d'une absence sans solde ou indemnisée mais non considérée comme du travail effectif.

MISSION 2 Gérer les congés payés

Discutons-en !
Les jours de RTT sont-ils des congés payés ?

4. Calculez le nombre de jours de congés payés auxquels les trois salariés peuvent prétendre à partir du 1er juin N (l'entreprise raisonne en jours ouvrables).
   ▶ Annexes 4 et 5 ▶ Fiche ressource 2
5. Observez les demandes de congés inscrites au planning. Étudiez la faisabilité pour chaque salarié. Commentez.
   ▶ Annexe 6
6. De combien de jours de congé Jeanne disposera-t-elle encore après le 7 novembre N ?

La question de l'expert
Michelle Bueno a finalement pris ses congés du 25 juillet au 21 août, soit 3 semaines complètes en août. Calculez son salaire brut du mois d'août avec la méthode du 10e. Que remarquez-vous ? Expliquez.
▶ Annexe 7 ▶ Fiche ressource 3

L'autocorrection en vidéo
liennathan.fr/x4h11q

MISSION 3 Gérer une absence pour maladie

7. Comment Michelle Bueno va-t-elle informer son employeur de son absence pour maladie ? Que devra aussitôt faire l'employeur ? Pourquoi ?
8. Observez le tableau de calcul des temps d'absence pour Michelle. Pourquoi les périodes d'absence, d'indemnisation par la Sécurité sociale et d'indemnisation employeur ne sont-elles pas de la même durée ?
   ▶ Annexe 8 ▶ Fiche ressource 4
9. Quel sera le montant de la retenue sur son salaire de septembre ?
   ▶ Fiche ressource 5
10. Quel sera le total des indemnités journalières versées par la SS ?

Besoin d'aide ?
liennathan.fr/0gacoj

Besoin d'aide ?
liennathan.fr/xt3yl4

La question de l'expert
Calculez le montant de l'indemnité complémentaire, sachant que Michelle remplit les conditions pour une indemnisation à 90 %. Isolez, dans cette indemnité, le montant qui correspondra aux IJSS de la période.

L'autocorrection en vidéo
liennathan.fr/kd3rwf

DONNÉES DE LA SITUATION

ANNEXE 1 Récapitulatif des absences du mois de janvier N

	Joachim Paget	Maria Isidori	Michelle Bueno	Jeanne Karine
			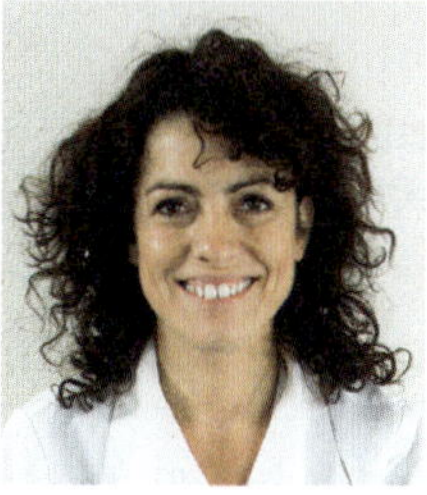	
Date embauche	15/01/N	01/11/N-3	12/06/N-4	05/03/N-4
Motif d'absence	Décès de sa maman	Déménagement	Congé payé	Arrêt maladie

ANNEXE 2 Articles L. 3142-1 à L. 3142-5 du Code du travail

Le salarié a droit, sur justification, à un congé :

1° Pour son mariage ou pour la conclusion d'un pacte civil de solidarité (4 jours) ;

2° Pour le mariage d'un enfant (1 jour) ;

3° Pour chaque naissance survenue à son foyer ou pour l'arrivée d'un enfant placé en vue de son adoption (3 jours). Ces jours d'absence ne se cumulent pas avec les congés accordés pour ce même enfant dans le cadre du congé de maternité ;

4° Pour le décès d'un enfant (5 jours), du conjoint, du concubin ou du partenaire lié par un PACS, du père, de la mère, du beau-père, de la belle-mère, d'un frère ou d'une sœur (3 jours) ;

5° Pour l'annonce de la survenue d'un handicap chez un enfant (2 jours).

La durée peut être déterminée par une convention ou un accord collectif d'entreprise ou, à défaut, une convention ou un accord de branche, mais sans être inférieure aux durées ci-dessus. Ces congés n'entraînent pas de réduction de la rémunération et sont assimilés à du temps de travail effectif pour la détermination de la durée du congé payé annuel.

ANNEXE 3 Extrait de la convention collective de l'esthétique-cosmétique

Article 10

4. Absences et congés

4.2. Congés exceptionnels

Un congé exceptionnel de 4 jours ouvrables sera accordé au salarié, sans condition d'ancienneté, à l'occasion de son mariage. Un congé exceptionnel de 1 jour ouvrable sera accordé au salarié, sans condition d'ancienneté, à la conclusion d'un Pacs.

Un congé exceptionnel de 3 jours ouvrables sera accordé au salarié en cas de décès de son conjoint, de son partenaire de Pacs, de son père, de sa mère ou d'un enfant.

Un congé exceptionnel de 1 jour ouvrable sera accordé au salarié en cas de mariage d'un enfant.

Un congé exceptionnel de 1 jour ouvrable sera accordé au salarié en cas du décès du grand-père, de la grand-mère, du beau-père, de la belle-mère, du frère, de la sœur, du beau-frère, de la belle-sœur, du gendre ou de la belle-fille, la nièce et le neveu.

Conformément aux dispositions légales en vigueur, un congé de 3 jours sera accordé en cas de naissance ou d'arrivée au foyer d'un enfant adopté.

Un congé exceptionnel payé hors quota de congés payés d'une durée de 35 heures sera accordé aux jeunes en alternance lors de la période de révision prévue dans le calendrier de formation précédant la première épreuve d'examen validant un diplôme reconnu par la branche de l'esthétique.

Les salariés bénéficieront, à l'occasion de leur déménagement et à leur demande, d'un congé exceptionnel non payé de 1 journée sur présentation d'un justificatif.

ANNEXE 4 Éléments de calcul des congés payés

	Joachim Paget	Michelle Bueno	Jeanne Karine
Date embauche	15/01/N	12/06/N-4	05/03/N-4
Nbre jours absence (travail non effectif) du 01/06/N-1 au 31/05/N (prospective)	0	0	Du 01/12/N-1 au 15/01/N 7 semaines

ANNEXE 5 Le décompte des jours de CP acquis en cas d'absence

À défaut de dispositions plus favorables mentionnées dans les conventions collectives, les articles suivants du Code du travail sont à connaître pour calculer les droits aux congés payés.

- Art. L. 3141-3 : chaque salarié a droit à 2,5 jours ouvrables de congé par mois de travail effectif dans la même entreprise. La durée totale du congé ne pouvant être supérieure à 30 jours ouvrables.
- Art. L. 3141-4 : pour déterminer la durée du congé, 4 semaines de travail ou 24 jours sont équivalents à un mois de travail effectif.
- Art. L. 3141-6 : les absences ne peuvent avoir pour effet d'entraîner une réduction des droits à congé plus que proportionnelle à la durée de ces absences.
- Art. L. 3141-7 : si le nombre de jours calculé n'est pas un nombre entier, la durée du congé est portée au nombre entier immédiatement supérieur.

ANNEXE 6 Les demandes de congés payés entre le 01/06/N et le 31/12/N

Année N (du … au …)	20/06 26/06	…	25/07 31/07	01/08 07/08	08/08 14/08	15/08 21/08	22/08 28/08	…	24/10 30/10	…	31/10 06/11	Total
Joachim Paget												1 s.
Michelle Bueno												5 s.
Jeanne Karine												4 s.

Remarque 1 : l'entreprise ferme chaque année 1 semaine (6 jours ouvrables) pendant la période de Noël.

Remarque 2 : la convention collective de l'esthétique prévoit qu'un congé fractionné donne droit à 1 jour de congé supplémentaire (si report de 1 à 5 jours hors période légale) ou 2 jours de congé supplémentaires (si report de 6 jours et plus au-delà de la période légale).

ANNEXE 7 Éléments de calcul de la paie pour Michelle Bueno

Michelle Bueno travaille en CDI à temps plein. Son salaire mensuel est de 2 120 € pour 151,67 heures mensualisées. Au cours de la période de référence (juin N-1 à mai N), le total de son salaire brut est de 26 120 €, dont 680 € de prime annuelle sur objectif.

ANNEXE 8 Arrêt maladie de Michelle Bueno

Au cours du mois de septembre N, Michelle Bueno a été arrêtée par son médecin pour cause de grippe.

Septembre N	M	J	V	S	D	L	M	M	J	V	S	D	L	M	M	J	V	S	D	L	M	M	J	V	S	D	L	M	M	J	Total j.	Total h.
	1	2	3	4	5	6	7	8	9	10	11	12	13	14	15	16	17	18	19	20	21	22	23	24	25	26	27	28	29	30		
Absence Michelle Bueno															x	x	x	x	x	x	x	x	x	x	x	x					12	
Jours IJSS															C	C	C	IJ	IJ	IJ	IJ	IJ	IJ	IJ	IJ	IJ					9	
Jours et heures non travaillés															7h	7h	7h			7h	7h	7h	7h	7h							8	56
Jours indemnisation employeur															C	C	C	C	C	C	C	7h	7h	7h							3	21
Jours IJSS à retraiter																						IJ	IJ	IJ	IJ	IJ					5	

Mois de septembre N : total horaire réel de travail à effectuer = 154 heures (22 jours ouvrés × 7 heures)

FICHE RESSOURCE 1

Les motifs d'absence des salariés

Les salariés sont susceptibles de s'absenter pour de nombreux motifs. Lors de son absence, le salarié se voit appliquer une retenue sur salaire. Dans certains cas, celle-ci sera compensée par une indemnité (absence rémunérée).

I Les absences rémunérées par l'employeur

Elles sont considérées comme du **travail effectif** et sont variées.

1. Les congés payés

Chaque salarié peut cumuler un droit à 5 semaines de congés payés par année de travail.

2. Les jours fériés

Le calendrier compte 11 jours fériés : 1er janvier, lundi de Pâques, 1er mai, 8 mai, Ascension, lundi de Pentecôte, 14 juillet, 15 août, Toussaint, 11 novembre et 25 décembre. Ils peuvent être chômés ou travaillés selon les entreprises. Sauf si un accord collectif y déroge, le principe est que, s'ils sont chômés, ils sont payés normalement. Mais s'ils sont travaillés, aucune majoration de salaire n'est imposée.

Le 1er mai est particulier : il est obligatoirement chômé et payé. S'il est travaillé, il doit être payé double.

3. Les évènements familiaux

Certains évènements donnent droit à des jours de congés rémunérés. Il s'agit principalement du mariage, du Pacs, du décès des plus proches parents, de la paternité ou de l'adoption d'un enfant. La durée de ces congés doit être fixée par un accord collectif ; à défaut, la loi prévoit des durées plancher.

> Exemple
>
> Jean Squivalquer est salarié d'une agence immobilière. Il va se marier et souhaite bénéficier des jours de congé prévus pour cet évènement. La loi accorde 4 jours au salarié qui se marie, mais la convention collective de l'immobilier lui est plus favorable : elle accorde 6 jours.

II Les absences non rémunérées par l'employeur

Certaines absences ne sont pas rémunérées par l'employeur, sauf si un accord collectif le prévoit.

1. Les absences indemnisées

Certaines absences donnent droit à des indemnités de la Sécurité sociale : maternité, maladie ordinaire, maladie professionnelle ou accident du travail. Certaines sont considérées comme du travail effectif (accident du travail, maladie professionnelle), d'autres non (maladie simple).

2. Les absences non indemnisées

D'autres congés n'ouvrent droit à aucune indemnité (sauf dans certains accords collectifs) : congé parental d'éducation, congé pour enfant malade, congé de solidarité familiale, congé pour convenance personnelle…

> Exemple
>
> Le congé pour enfant malade est, en principe, d'une durée de 3 jours par an non rémunérés. La convention collective des ingénieurs et cadres de la métallurgie accorde 4 jours avec une indemnité correspondante à la moitié de leur salaire (si le salarié a au moins 1 an d'ancienneté).

? L'essentiel en une question

Proposez trois exemples d'absence : rémunérée comme un travail effectif, indemnisée mais non comptée en travail effectif, non rémunérée (selon la loi).

Consultez le corrigé
liennathan.fr/9raets

FICHE RESSOURCE 2

L'organisation des congés payés

I Les droits et obligations liés aux congés payés

Tous les travailleurs salariés ou assimilés (Code du travail, art. L. 3141-1) qui **justifient d'un contrat de travail ont droit aux congés payés**. Cinq semaines obligatoires sont fixées par le Code du travail. Il s'agit là d'un minimum : le contrat de travail, les conventions collectives ou les usages peuvent toujours prévoir des dispositions plus favorables pour les salariés.

Les obligations de l'employeur	Les obligations du salarié
L'employeur a l'obligation **d'accorder des congés payés** à un salarié. S'il fait obstacle à la prise de congés payés, il peut être condamné à réparer le préjudice subi par le salarié.	Le salarié a deux obligations : l'obligation **de prendre du repos** et l'obligation **d'exercer son droit chaque année**.
L'employeur doit **organiser les congés** de ses salariés : il fixe la période de congés et, s'il y a des conflits entre les salariés, l'ordre des départs en congé des salariés. L'ordre et la date des congés doivent être communiqués aux salariés et affichés au moins 2 mois à l'avance.	Il ne peut pas demander d'indemnité en échange de jours de congé non pris (sauf cas très précis : départ du salarié par exemple).
Il est **interdit à un employeur d'embaucher** un salarié qui serait en période de congé. La sanction serait une condamnation à des dommages-intérêts envers le régime d'assurance chômage.	Il est **interdit à un salarié de travailler pour un autre employeur** pendant ses congés payés. La jurisprudence n'a pas clairement tranché la question de savoir si un tel comportement constituerait une faute du salarié, cause réelle et sérieuse de licenciement.

II Les périodes d'acquisition et de prise de congés payés

1. La période de référence ou d'acquisition

La période de référence est la période pendant laquelle le salarié doit **avoir travaillé** pour bénéficier des droits à congé. Elle est comprise généralement entre le 1er juin de l'année précédente et le 31 mai de l'année en cours. Pendant cette période, des jours de congé sont acquis chaque mois :
- soit 2,5 **jours ouvrables**/mois ; total = 30 jours ouvrables (12 × 2,5) ;
- soit 2,08 **jours ouvrés**/mois ; total = 25 jours ouvrés (12 × 2,08).

2. La période de prise de congés

La période de prise des congés payés est fixée par la convention collective ou, à défaut, par l'employeur. Elle est en général comprise entre le 1er mai de l'année en cours et le 31 mai de l'année suivante.

La période de prise des congés payés doit inclure la **période légale**, fixée du 1er mai au 31 octobre, au cours de laquelle doit être pris théoriquement le **congé principal** de quatre semaines. Tout ou partie de ce congé principal doit être pris de façon « continue » (semaines à la suite) : au minimum **12 jours ouvrables** (soit deux semaines) et au **maximum 24 jours** (soit quatre semaines).

La cinquième semaine peut être placée dans cette période légale, mais pas à la suite du congé principal (elle doit être discontinue). Elle peut aussi être prise hors période légale.

Si tous les jours du congé principal (quatre semaines) n'ont pas été pris pendant la période légale, le solde se reporte hors période légale. Dans ce cas, on parle de **fractionnement**. Ce fractionnement donne droit au salarié à un **congé supplémentaire** d'un ou deux jours selon le cas (sauf si c'est lui qui en a fait la demande et que son employeur lui a fait signer une renonciation).

? L'essentiel en une question

Quelle différence faites-vous entre la période de référence et la période de prise de congés payés ?

Consultez le corrigé
liennathan.fr/i351bj

FICHE RESSOURCE 3

L'impact des congés payés sur le bulletin de salaire

Lorsqu'un salarié est en congé, il continue à recevoir une rémunération. Cependant, on doit distinguer, au niveau du salaire brut, deux éléments qui se compensent (pour tout ou pour partie) :
– la **retenue sur salaire** liée à l'absence ;
– l'**indemnité de congés payés** qui a pour but de compenser.

I La retenue sur salaire

En pratique, les absences pour congés payés (CP) sont très souvent calculées à la journée, en jours ouvrables ou ouvrés selon la méthode retenue par l'entreprise pour calculer les jours de congé acquis.

Retenue sur salaire = base de calcul/26 × nbre de jours pris

- base de calcul : Salaire de base + éléments réguliers chaque mois (ex. : prime d'ancienneté mais pas primes variables d'un mois sur l'autre, HS seulement si contractuelles…)
- 26 : 6 × 52/12 = 26 jours ouvrables en moyenne par mois
- nbre de jours pris : 1 semaine = 6 jours ouvrables

Si calcul réalisé en jours ouvrés :
• division par 22 (5 × 52/12 = 22)
• 1 semaine = 5 jours d'absence

> **Exemple**
> L'entreprise gère les congés en jours ouvrables. Joseph prend 2 semaines de congés au mois de septembre, soit 12 jours (2 × 6). Retenue sur salaire = 2 400/26 × 12 = 1 107,69 €.
> L'entreprise gère les congés en jours ouvrés. Lucien prend 2 semaines de congés au mois de septembre, soit 10 jours (2 × 5). Retenue sur salaire = 2 400/22 × 10 = 1 090,91 €.

II L'indemnité de congés payés

Tous les salariés ont droit à une indemnité annuelle totale de CP égale à **10 % du total des salaires de référence reçus entre le 1er juin et le 31 mai de la période de référence**. Cette indemnité est versée par partie, à chaque fois qu'un congé est pris sur un mois.

Il existe deux méthodes de calcul de l'indemnité de CP.

• Méthode 1 : la méthode du 10e

Indemnité = salaire de référence × 10 % × nbre de jours pris/30

- salaire de référence × 10 % : Indemnité annuelle
- nbre de jours pris/30 : Versement progressif

Total des salaires versés du 01/06 N-1 au 31/05 N :
salaire de base + HS (y compris contractuelles) + primes (y compris variables)…
Exclus : 13e mois, prime annuelle, intéressement, remboursements de frais professionnels…
La base de calcul de l'indemnité est souvent plus élevée que celle de la retenue sur salaire.

Si calcul en jours ouvrables :
5 × 6 = 30 jours dus
Si calcul en jours ouvrés :
5 × 5 = 25 jours dus

• Méthode 2 : la méthode du maintien du salaire

Il existe différentes méthodes de calcul, là encore, mais en pratique de nombreuses entreprises se contentent de réintégrer le montant exact de la retenue sur salaire. C'est le plus simple.

En revanche, à la fin de la période de prise de congés, il faut **procéder à une régularisation** : comparer les indemnités versées à chaque prise de congés avec les 10 % dus sur le total du salaire de référence.

? L'essentiel en une question

Pourquoi la prise de congés payés est-elle mentionnée sur deux lignes distinctes dans le bulletin de salaire ?

Consultez le corrigé
liennathan.fr/1ti59o

FICHE RESSOURCE 4

Les jours d'absence pour maladie

I Les obligations du salarié et de l'employeur

Les obligations du salarié	Les obligations de l'employeur
Le médecin du salarié doit lui avoir prescrit un arrêt de travail. Cela se matérialise par un **document Cerfa** en trois exemplaires (n° 50069#05). Le salarié dispose ensuite d'un **délai de 48 heures** suivant la date de son arrêt de travail pour : • adresser les volets 1 et 2 au service médical de sa caisse d'Assurance maladie ; • adresser le volet 3 à l'employeur (celui-ci ne comporte aucune mention de la maladie afin de respecter le secret médical).	À la réception du volet 3 de l'avis d'arrêt de travail, l'employeur doit établir une **attestation de salaire**. Ce document permet à la caisse d'Assurance maladie de déterminer les droits à indemnité journalière pour le salarié. Cette attestation est **transmise *via* la DSN**. Si l'arrêt de travail se prolonge au-delà de 6 mois, une nouvelle attestation est à transmettre. La date de reprise du travail doit être transmise dans la DSN mensuelle. Si la reprise a été anticipée, l'employeur a 5 jours pour la déclarer.

II Le décompte des jours d'arrêt et des jours ou heures à indemniser

Lorsqu'un salarié est en arrêt maladie, son absence n'est pas rémunérée mais elle est « indemnisée ». Les éléments de calcul de la paie sont complexes car il faut tenir compte des jours et heures d'absence, des jours ouvrés, des jours de carence… Il est donc indispensable de commencer par repérer ces éléments dans un calendrier.

Exemple

Raoul est salarié à temps plein : 35 h/semaine, 7 h/jour. Raoul est arrêté pour maladie 8 au 23 septembre.

Septembre	M	J	V	S	D	L	M	M	J	V	S	D	L	M	M	J	V	S	D	L	M	M	J	V	S	D	L	M	M	J	Total	Total
	1	2	3	4	5	6	7	8	9	10	11	12	13	14	15	16	17	18	19	20	21	22	23	24	25	26	27	28	29	30	j.	h.
Jours absence du salarié ❶								x	x	x	x	x	x	x	x	x	x	x	x	x	x	x	x								16	
Jours IJSS ❷								C	C	C	IJ	IJ	IJ	IJ	IJ	IJ	IJ	IJ	IJ	IJ	IJ	IJ	IJ								13	
Jours et heures non travaillés ❸								7h	7h	7h			7h	7h	7h	7h	7h			7h	7h	7h	7h								12	84
Jours indemnisation employeur ❹								C	C	C	C	C	C	C	7h	7h	7h			7h	7h	7h	7h								7	49
Jours IJSS à retraiter ❺															*IJ*	*IJ*	*IJ*	*IJ*	*IJ*	*IJ*	*IJ*	*IJ*	*IJ*								9	

❶ **Période d'absence du salarié** : du 8 au 23 septembre inclus = 16 **jours calendaires** (samedis et dimanches inclus). Ce calcul des jours calendaires est la base de calcul pour la Sécurité sociale.

❷ **Période d'indemnisation de la Sécurité sociale (SS)** : du 11 au 23 septembre. La SS va indemniser le salarié chaque jour d'absence après un délai de **carence de 3 jours calendaires**, pendant 13 jours dans le cas de Raoul. On parle d'**IJSS** : indemnités journalières de la Sécurité sociale.

❸ Les temps d'**absence professionnelle** du salarié sont placés sur le calendrier. Pour l'arrêt de Raoul, cela représente 12 **jours ouvrés, soit 84 h** (12 × 7 = 84) d'absence.

❹ **Période d'indemnisation employeur** : du 15 au 23 septembre. L'employeur va verser au salarié un **complément de salaire**, calculé sur les jours professionnels d'absence (donc sur les jours ouvrés), après un délai de **carence de 7 jours calendaires** (carence comptée aussi sur les samedis ou dimanches). L'employeur de Raoul va verser un complément pour 7 jours ouvrés non travaillés, soit 49 h (7 × 7 = 49).

❺ Pendant la période d'indemnisation par l'employeur (ici 7 jours ouvrés ou 9 jours calendaires), le salarié serait indemnisé à la fois par l'employeur et par la Sécurité sociale. Il faudra ajuster dans le bulletin de salaire.

L'essentiel en une question

Citez trois périodes de décompte de jours qui auront des durées différentes et expliquez pourquoi.

Consultez le corrigé
liennathan.fr/mdavi2

FICHE RESSOURCE 5

L'impact des absences maladie sur le bulletin de salaire

La paie doit tenir compte à la fois d'une retenue sur salaire et d'indemnités versées pour partie par la Sécurité sociale et pour partie par l'employeur.

I La retenue sur salaire

La loi ne définit précisément aucune méthode de calcul des retenues sur salaires. Dans la pratique, de nombreuses méthodes de calcul sont donc apparues (horaire réel, horaire moyen, jours ouvrés, jours ouvrables, jours calendaires…). La Cour de cassation préconise la **méthode de l'horaire réel**. Mais ce qui est important, c'est d'appliquer la même méthode à tous les salariés.

Retenue = (salaire mensuel/heures mensuelles) × nbre d'heures non travaillées

- salaire mensuel : Salaire brut de référence (avec éléments de salaire liés au temps de présence du salarié…)
- heures mensuelles : Méthode de l'horaire réel : décompte des heures à travailler dans le mois ; jours fériés non inclus (si méthode de l'horaire moyen, alors division par 151,67)

> Exemple (suite)
> **Période d'absence** de Raoul : du 8 au 23 septembre = 12 jours ouvrés ou 84 h d'absence.
> Salaire de base : 1 950,00 €/mois. Prime d'ancienneté : 3 %.
> Salaire de référence à retenir : **1 950 €** (on ne rajoute pas la prime d'ancienneté car elle n'est pas liée au travail effectif mais à la durée de travail dans l'entreprise).
> Nombre d'heures réelles du mois de septembre : 22 jours ouvrés × 7 = **154 heures** (il faut compter les jours ouvrés réels à l'aide du calendrier ; *voir Fiche ressource 4*).
> **Retenue sur salaire** = 1 950/154 × 84 = **1 063,63 €**.

II Les indemnités journalières de la Sécurité sociale (IJSS)

Pour compenser la perte de salaire liée à la rupture du contrat de travail, l'Assurance maladie verse une indemnité journalière aux salariés en arrêt pour maladie, maternité, accident du travail ou maladie professionnelle s'ils respectent certaines conditions en termes de durée d'affiliation. L'indemnité est **due chaque jour de la semaine**, y compris les samedis et dimanches (calcul calendaire).

1. Le calcul des IJSS pour arrêt maladie

IJSS brutes = nbre de jours d'indemnisation × (salaire journalier de base × 50 %)

- salaire journalier de base : Moyenne : (somme des salaires bruts des 3 mois précédant l'arrêt maladie)/91,25
  En 3 mois, on compte en moyenne 91,25 jours calendaires : 365/12 × 3 = 91,25

Cette indemnité est calculée après un délai de **carence de trois jours calendaires** et limitée à un **plafond journalier calculé sur 1,8 fois le SMIC journalier** en vigueur le dernier jour du mois précédant l'interruption de travail.

> Exemple (suite)
> Période d'absence : du 8 au 23 septembre. Salaire de base : 1 950,00 €/mois, idem depuis 12 mois.
> **Période d'indemnisation SS** : du 11 au 23 septembre (3 jours de carence), soit 13 jours calendaires.
> Salaire journalier de base (SJB) : 1 950 × 3/91,25 = **64,11 €**.
> **Total des IJSS à recevoir pour cette période** = 13 × (64,11 × 0,5) = **416,71 €**.

2. Le versement des IJSS

Les IJSS peuvent être versées directement par la Sécurité sociale au salarié, pour leur montant net, tous les 14 jours. Dans ce cas, elles n'apparaissent pas sur le bulletin de salaire.

Les IJSS peuvent être versées à l'employeur qui les transmettra une fois par mois au salarié avec sa paie. Ce principe s'appelle la **subrogation**. Elles apparaissent alors, nettes de cotisation, en bas du bulletin de paie. La subrogation permet au salarié de percevoir un seul et unique paiement, et à l'entreprise de limiter le risque d'erreurs de calcul et de simplifier la gestion comptable.

III Les indemnités employeur

1. Le calcul de l'indemnité à verser par l'employeur

Durant un arrêt maladie, accident du travail ou maladie professionnelle, la loi prévoit que le salarié peut bénéficier, sous certaines conditions, **d'indemnités complémentaires aux indemnités journalières versées par la SS**. Elles sont versées par l'employeur, sous condition d'ancienneté, pour une durée limitée et d'un montant variable en fonction de la situation du salarié. Ainsi, bien que le salarié soit absent de l'entreprise, l'employeur verse une part de rémunération.

Dans le cas d'un **arrêt maladie**, ce complément employeur est calculé sur les **jours ouvrés non travaillés** après déduction de **7 jours calendaires de carence**.

Par exemple, pour un salarié ayant entre un an et cinq ans d'ancienneté, le complément a pour objectif de **porter sa rémunération (IJSS + complément) à 90 % de son salaire** sur les 30 premiers jours d'arrêt, à 66,66 % pour les jours suivants.

Les conventions collectives peuvent prévoir des dispositions plus favorables au salarié, par exemple un **complément** de salaire supérieur à 90 %, un **maintien** sur le net, des délais de **carence** plus courts, des **durées** d'indemnisation plus longues… à voir au cas par cas.

Indemnité = salaire mensuel/heures mensuelles × nbre d'heures non travaillées × 0,9

Exemple (suite)

Période d'indemnisation employeur : 15-23 septembre (7 j. de carence), soit 7 jours ouvrés ou 49 h.

Indemnité employeur : (1 950/154 heures réelles) × 49 × 0,90 = **558,41 €**

Remarque : si le calcul de la retenue est basé sur la méthode de l'horaire réel, le calcul de l'indemnité doit suivre la même méthode.

2. La part des IJSS dans l'indemnité

La règle est de présenter sur une ligne du bulletin de salaire l'indemnité employeur pour son montant global (voir calcul ci-dessus). Mais comme, sur cette période, le salarié encaisse par ailleurs des IJSS qui lui sont versées par la Sécurité sociale, l'employeur doit déduire, sur une autre ligne du bulletin, une partie des IJSS (pour éviter le cumul). Ainsi, il faut calculer le montant des IJSS à percevoir par le salarié sur cette période employeur et les déduire du salaire brut.

Exemple (suite)

Période d'indemnisation complémentaire par l'employeur : du 15 au 23 septembre = **558,41 €**.

Calcul des IJSS sur la période d'indemnisation employeur : 9 jours × 64,11 × 0,5 = **288,50 €**. Ce montant est considéré comme inclus dans le complément de 558,41 €.

IV Présentation du bulletin de salaire dans une situation d'arrêt maladie

Exemple (suite)

Extrait salaire septembre Raoul	Base	Taux	Montant
Salaire de base	151,67	12,86	1 950,00
Prime ancienneté		3,00	58,50
– Retenues absence maladie	84,00	12,66	–1 063,64
Indemnités complémentaires (1)	49,00	11,40	558,41
– IJSS période employeur	9,00	32,05	–288,49
Total brut			**1 214,78**
…			
(Reversement à rajouter au salaire en cas de subrogation)			
IJSS nettes (2)	13	29,91	**388,79**

Du point de vue de Raoul :
- perte sur salaire : 1 063,64 €
- indemnisations : 269,92 € en brut + 388,79 € en net

(1) Indemnisation à la charge de l'employeur : 558,41 – 288,49 = 269,92 €

(2) IJSS brutes (416,71 €) – 6,7 % de charges = 388,79 € nets (on acceptera ce calcul)

L'essentiel en une question

Lors d'une absence maladie, quatre calculs sont à effectuer. Citez-les.

Consultez le corrigé liennathan.fr/1vgftg

EXOS FLASH

EXO 1 Quiz interactif

Testez vos connaissances sur ce chapitre avec le quiz en ligne.

liennathan.fr/y02z9i

Votre score ....

EXO 2 Comprendre les compteurs de congés payés placés en bas du bulletin

Pierre Fauvel a été embauché au poste d'assistant informatique le 01/04/N. Au 30/06/N, il observe les compteurs présentés en bas de sa fiche de paie pour faire un point sur les droits aux congés payés qu'il a acquis.

- **Expliquez à Pierre combien de jours de congé il va pouvoir demander cet été (N).**

ANNEXE **Extrait du bulletin de Pierre Fauvel**

CONGÉS PAYÉS AU 30/06/N	
Acquis N-1	5,00
Pris	0,00
Reste N-1	5,00
Acquis période	2,50
Pris période	0,00
Reste	**7,50**

EXO 3 Comparer deux méthodes de calcul de retenue sur salaire pour CP

- **Calculez la retenue pour absence de John et de Mathieu selon la méthode des jours ouvrés puis selon celle des jours ouvrables.**
- **Peut-on dire qu'une méthode est plus favorable aux salariés qu'une autre ?**

ANNEXE **Informations salariés**

JOHN ROLICK	Temps plein 35 h	Salaire brut mensuel : 1 860 €	Congés pris en octobre : 2 semaines
MATHIEU SAURANT	Temps plein 35 h	Salaire brut mensuel : 1 860 €	Congés pris en octobre : 3 jours

EXO 4 Calculer un salaire brut en cas d'arrêt maladie

Pavlo est embauché à temps plein et rémunéré 1 950 € par mois depuis neuf mois. Il a été en arrêt deux semaines entières, du lundi 5 au dimanche 18 mars inclus. Au cours du mois de mars, on décompte 161 h de travail réel à pourvoir.

- **Calculez son salaire brut de mars.**

ENTRAÎNEMENT AU BTS 1 Prise de congés payés

La SARL Au bon burger est un fast-food installé dans la banlieue de Marseille depuis 15 ans. M. Martinez en est le gérant. Il est en conflit avec un de ses salariés, M. Pisaro, au sujet de ses congés payés. Ce salarié, présent dans l'entreprise depuis 4 ans, a cumulé 30 jours ouvrables de congés pour l'année N. Il a déposé une demande de prise de congés (annexe 1). Cette demande ne convient pas à M. Martinez qui veut lui imposer un autre planning (annexe 2).

1 **La demande de M. Pisaro est-elle conforme à la règlementation sur la prise des congés ? Pourquoi ?**

2 **M. Martinez peut-il imposer des dates de départ en congés payés ?**

3 **En application de la convention collective (annexe 3), quel droit M. Pisaro peut-il faire valoir à propos des dates qui lui sont imposées ?**

ANNEXE 1 Demande de congés de M. Pisaro

Détail des périodes de congés demandées :
- Du lundi 18 au dimanche 24 avril
- Du lundi 23 au dimanche 29 mai
- Du lundi 18 au dimanche 24 juillet
- Du lundi 22 au dimanche 28 août
- Du lundi 19 au dimanche 25 septembre

ANNEXE 2 Planning de congés imposé par M. Martinez

Période de congés de M. Pisaro pour l'année N :
- Du lundi 23 au dimanche 29 mai
- Du lundi 18 au dimanche 31 juillet
- Du lundi 21 novembre au dimanche 4 décembre

ANNEXE 3 Extrait de la Convention collective de la restauration rapide

ARTICLE 37 : CONGÉS ANNUELS

Les droits aux congés annuels sont déterminés par la réglementation en vigueur. L'affichage des congés payés doit être effectué au plus tard le 1er avril.

Le congé principal de 24 jours ouvrables peut être fractionné par l'employeur avec l'agrément du salarié, étant précisé que :

- 12 jours ouvrables de ce congé (ou 10 jours ouvrés), compris entre deux repos hebdomadaires, sont obligatoirement pris en une seule fois, dans la période comprise entre le 1er mai et le 31 octobre ;
- les jours restants de ce même congé principal pris dans la période comprise entre le 1er novembre et le 30 avril ne donnent pas lieu à des jours supplémentaires pour fractionnement en application de la dérogation prévue à l'article L. 223-8 du Code du travail, 4e alinéa, sauf si l'employeur a été amené à refuser au salarié de les prendre, par fraction ou en totalité, dans la période comprise entre le 1er mai et le 31 octobre. Si tel est le cas, il est attribué 2 jours ouvrables de congé supplémentaire lorsque le nombre de jours de congé principal est au moins égal à 6 et un seul lorsqu'il est compris entre 3 et 5 jours.

ENTRAÎNEMENT AU BTS 2 Indemnité de congés payés ★☆☆

La société DB emploie Mme Tom Major depuis plus de 15 ans en tant que secrétaire de direction. Au cours de la période de référence légale (N-1/N), elle a été absente trois semaines pour maladie ordinaire et cinq semaines pour des congés payés.

Pendant la période de référence, elle a perçu un salaire total de 22 000 €, augmenté de 3 000 € d'heures supplémentaires. Elle prend 18 jours ouvrables de congés payés en juillet N. Suite à une augmentation, son salaire mensuel est alors fixé à 2 000 € bruts.

1. **Décomptez les jours de congés payés acquis au titre de l'année N.**
2. **Calculez la retenue sur salaire pour les congés pris en juillet N (méthode des jours ouvrables).**
3. **Calculez l'indemnité à verser selon la méthode du 10e puis le salaire brut du mois de juillet.**
4. **Rappelez la règle sur le montant des indemnités à verser au salarié et présentez l'intérêt de calculer l'indemnité selon la méthode du 10e plutôt que selon celle du maintien du salaire.**

ENTRAÎNEMENT AU BTS 3 Calcul des compensations financières en cas de congé maladie (d'après sujet d'examen) ★☆☆

Mme Jantot gère l'ensemble de la comptabilité de la société I3C, située à Aubagne, dans les Bouches-du-Rhône. Elle vous confie la mise à jour du dossier de M. Regas. Celui-ci est dessinateur projeteur dans la société depuis N-3, avec un salaire brut de 2 228,03 € mensuel (ce salaire n'a pas évolué pendant l'année).

M. Regas s'est absenté quelques jours pour maladie du vendredi 5 au jeudi 11 décembre inclus.

1. **Rappelez les obligations du salarié malade vis-à-vis de la Sécurité sociale pour être indemnisé.**
2. **Calculez le montant de l'indemnité journalière de Sécurité sociale (IJSS).**
3. **Calculez le montant total des indemnités versées par la Sécurité sociale.**
4. **Déterminez le pourcentage d'appointements bruts auquel M. Regas a droit, au regard de l'indemnisation prévue par la convention collective applicable à la société (annexe). Justifiez votre réponse.**

ANNEXE **Extrait de la Convention collective nationale applicable au personnel des bureaux d'études techniques**

Article 41 – Absences maladie

Les appointements seront maintenus à l'intéressé tant qu'il sera malade dans les limites prévues ci-après à l'article 43 ETAM (Employés, Techniciens et Agents de Maîtrise).

Article 43 – ETAM – Incapacité temporaire de travail

En cas de maladie ou d'accident dûment constatés par certificat médical et contre-visite s'il y a lieu, les ETAM recevront les allocations maladie nécessaires pour compléter, jusqu'à concurrence des appointements les sommes qu'ils percevront à titre d'indemnité, d'une part en application des lois sur les accidents du travail et les maladies professionnelles et des lois sur l'assurance maladie…

Dans le cas d'incapacité par suite d'accident du travail ou de maladie professionnelle survenus au service de l'employeur, les allocations prévues ci-dessous sont garanties dès le premier jour de présence, alors que dans les autres cas de maladie ou d'accident elles ne sont acquises qu'après un an d'ancienneté.

Dans les autres cas de maladie ou d'accident :

- Pour l'ETAM ayant plus d'un an d'ancienneté et moins de cinq ans :
  - un mois à 100 % d'appointements bruts ;
  - les deux mois suivants : 80 % de ses appointements bruts.
- Pour l'ETAM ayant plus de cinq ans d'ancienneté :
  - deux mois à 100 % d'appointements bruts ;
  - le mois suivant : 80 % de ses appointements bruts.

Il est précisé que l'employeur ne devra verser que les sommes nécessaires pour compléter ce que verse la Sécurité sociale…

ENTRAÎNEMENT AU BTS 4 Indemnités complémentaires employeur ★★☆

Vous êtes assistant comptable dans la société Résonances, spécialisée dans le coaching professionnel. Coralie Valette, assistante marketing depuis six ans dans l'entreprise, vient de faire parvenir un arrêt de travail. Il court du 5 au 21 octobre. Inquiète quant à sa rémunération à venir, elle vous demande d'évaluer sa situation en termes d'indemnisation (indemnités de Sécurité sociale et indemnités complémentaires à verser par l'entreprise).

1. **Vous avez calculé que Coralie a droit à des IJSS de 34,03 € par jour. Cela correspond à 50 % de sa rémunération journalière moyenne habituelle. Coralie en conclut qu'elle va perdre environ 50 % de son salaire pendant cette période. Que pouvez-vous lui dire ?**
2. **Compte tenu de son ancienneté et de la durée de son arrêt de travail, quel pourcentage de son salaire brut Coralie Valette devra-t-elle recevoir ?**
3. **Sur quelles bases seront calculées les indemnités employeur ? Quelles différences avec le calcul des IJSS ?**
4. **À partir de quelle date Coralie pourra-t-elle bénéficier de cette indemnité employeur ?**
5. **L'entreprise pratique la subrogation. Quelle sera la conséquence pour Coralie Valette ?**

ANNEXE **Convention collective (extrait) : dispositions maladie**

[…] Complétant les prestations journalières de la Sécurité sociale et des assurances maladie et accident du travail ou maladie professionnelle des entreprises et des tiers responsables jusqu'à compléter le salaire **à 90 % pendant une période d'un mois et demi** […].

Après cinq ans de présence dans l'établissement, la durée de ces périodes sera portée à deux mois.

En tout état de cause, ce complément sera payé aux mêmes époques que le salaire.

Carence employeur : **cinq jours pour l'arrêt maladie**, pas de carence pour l'accident de travail ou la maladie professionnelle.

ENTRAÎNEMENT AU BTS 5 Calcul du salaire brut dans un cas d'arrêt maladie ★★☆

Mélanie Rigal est salariée au poste d'assistante de gestion dans l'entreprise ConnectIT, spécialisée dans la réparation d'objets connectés. Au cours du mois de juin, elle a été arrêtée du 7 au 17 pour maladie. Vous préparez les éléments du salaire brut de juin de Mélanie.

1 **Calculez le salaire journalier de base de Mélanie.**

2 **Calculez le montant des IJSS à verser à Mélanie au mois de juin puis le montant de l'indemnité de la période employeur. Détaillez et justifiez vos calculs.**

3 **Calculez le montant de la retenue sur salaire en détaillant vos calculs. Quelle différence faites-vous avec la méthode de calcul des IJSS ?**

4 **Calculez le montant de l'indemnité employeur.**

5 **Calculez le salaire brut de Mélanie pour le mois de juin.**

ANNEXE 1 Fiche salariée Mélanie Rigal

Contrat : CDI depuis le 15/01/N-20
Temps partiel : 86,67 heures
Salaire de base : 1 077,12 €
Prime d'ancienneté (mensuelle) : 140,03 €

ANNEXE 2 Récapitulatif des absences de Mélanie au cours du mois de juin

Juin	M	J	V	S	D	L	M	M	J	V	S	D	L	M	M	J	V	S	D	L	M	M	J	V	S	D	L	M	M	J
	1	2	3	4	5	6	7	8	9	10	11	12	13	14	15	16	17	18	19	20	21	22	23	24	25	26	27	28	29	30
Absences							M	M	M	M	M	M	M	M	M	M	M													

ANNEXE 3 Extrait de la convention collective

[…] Le complément de l'employeur intervient, à condition que le salarié justifie d'une ancienneté minimale d'un an, en respectant un délai de carence de cinq jours.

Il est fixé à 90 % du salaire brut pendant 30 jours, puis 2/3 pendant 30 jours supplémentaires. Il est calculé déduction faite des IJSS versées par la Sécurité sociale.

Pendant l'arrêt de travail, le contrat de travail est réputé suspendu, et les jours de congés payés ne s'acquièrent pas.

SYNTHÈSE

Synthèse audio
liennathan.fr/s1vckc

Le suivi des absences et des congés

1 Les différents types de congés

Absence = travail effectif

Absences rémunérées par l'employeur
Ex. : *congés payés, jours fériés, certains évènements familiaux*

Absence ≠ travail effectif

Absences indemnisées ou sans solde
Ex. : *maladie (indemnisée), congé pour convenance personnelle (sans solde)*

2 La gestion des congés payés

Contraintes légales

5 semaines ou **30 jours ouvrables** ou **25 jours ouvrés** organisés par l'employeur

Période d'acquisition des droits :
01/06/N-1 → 31/05/N

Périodes de prise des congés acquis :
01/05/N → 31/05/N+1

→

Impact sur le salaire

- **Retenue sur salaire :** proportionnelle au nombre de jours ouvrables pris
- **Indemnité de CP :** enveloppe de 10 % du salaire annuel de référence, distribuée au fur et à mesure de la prise de CP

3 La gestion des absences pour maladie

Calcul des jours d'absence

Période d'absence :
durée de l'arrêt de travail

Période IJSS :
arrêt de travail – 3 jours de carence
Calculée en jours calendaires

Période employeur :
arrêt de travail – 7 jours de carence
Calculée en jours ouvrés et heures de travail

→

Impact sur le salaire

- **Retenue sur salaire :** proportionnelle aux heures non travaillées
- **Indemnité complémentaire :** complément apporté par l'employeur pour porter la période employeur à 90 % du salaire

IJSS versées par la Sécurité sociale ou sur le salaire net si **subrogation**

CHAPITRE 6

L'élaboration des bulletins de paie : la détermination du salaire brut

Activité
4.3. Gestion comptable de la paie et information des salariés

Composantes d'activité
4.3.1. Prise en compte des éléments collectifs nécessaires à l'élaboration des bulletins de paie
4.3.2. Prise en compte des éléments personnels nécessaires à l'élaboration des bulletins de paie

Compétences
– Identifier les mentions, rubriques et montants figurant sur le bulletin de paie afin de préparer et de contrôler la validité des paramètres de paie
– Renseigner les éléments personnels de la paie et en vérifier la cohérence

P7
La mise à jour et le contrôle des données du module paie d'un progiciel de gestion intégré ou d'un logiciel spécialisé

Vers Pix
1.1. Mener une recherche et une veille d'information
1.2. Gérer les données
1.3. Traiter les données
3.1. Développer des documents textuels
3.3. Adapter les dossiers à leur finalité
5.2. Construire un environnement numérique

SITUATION PROFESSIONNELLE

La croissance de la SAS Esthétique&Santé conduit à augmenter ses effectifs : elle compte aujourd'hui 11 salariés. Afin de faire face à la diversité des situations de son personnel et pour faciliter le suivi de chaque salarié, Mme Karine a décidé de sécuriser le système de paie. Certains dysfonctionnements sont apparus dans le traitement, tels que des heures supplémentaires réalisées et payées le mois suivant, ou des retards dans le virement des salaires dus à un oubli de transfert des sommes à la banque…
Mme Karine est convaincue qu'il est nécessaire, dans un souci d'efficacité et de contrôle, de développer les usages du progiciel de gestion intégré (PGI) dans le domaine social. En effet, le PGI va lui permettre de prendre en charge la gestion administrative du personnel et l'organisation de la paie, dans le respect de la législation et des conventions en vigueur.
La SAS Esthétique&Santé donne les bulletins de paye aux salariés le 30 de chaque mois. Il est temps de les préparer *via* le PGI, il faudra bien vérifier tous les éléments collectifs concernant la paye.

VOS MISSIONS

Plusieurs salariés ont soulevé des questions sur leur dernier salaire brut et sur les éléments pris en compte. Alertée, Mme Karine fait appel à vous pour l'aider à améliorer la gestion de la paie, et notamment le contrôle des composantes du salaire brut.

MISSION 1 **Contrôler le respect du cadre légal de la paie** ▶ Fiche ressource 1

MISSION 2 **Contrôler la validité du bulletin de paie** ▶ Fiches ressource 1 et 2

MISSION 3 **Contrôler les composantes de la rémunération brute** ▶ Fiches ressource 3 et 4

VOS MISSIONS

MISSION 1 Contrôler le respect du cadre légal de la paie

1. Quels éléments de la convention collective et de l'accord collectif vont affecter le salaire de base ? Quels sont ceux qui sont plus favorables aux salariés de la SAS Esthétique&Santé que le droit commun ?
▶ Annexes 1 et 2 ▶ Fiche ressource 1

2. À partir du cadre légal et de la Convention nationale de l'esthétique-cosmétique, déterminez le salaire de base de Mme Busquet, nouvelle hôtesse d'accueil embauchée le 1er avril.
▶ Annexes 2 et 3

MISSION 2 Contrôler la validité du bulletin de paie

3. Le bulletin de paie présenté page 104 respecte-t-il, dans sa forme et dans son contenu, le cadre légal, la convention collective et les accords collectifs auxquels Esthétique&Santé est soumise ?
▶ Annexes 1, 2 et 3 ▶ Fiches ressource 1 et 2

4. Qu'appelle-t-on « salaire de base » ? Quels éléments le distinguent du salaire brut ?

Discutons-en !
Pourquoi le bulletin de paie simplifié n'est-il pas la référence pour toutes les parties prenantes de l'entreprise ?

Besoin d'aide ?
liennathan.fr/xqzt8s

MISSION 3 Contrôler les composantes de la rémunération brute

5. Les six salariés présentés peuvent-ils bénéficier d'une prime d'ancienneté ? Si oui, de quel montant ?
▶ Annexes 2 et 4 ▶ Fiche ressource 3

6. Répondez aux questions de M. Paget au sujet de son véhicule de fonction.
▶ Annexes 4, 5, 6 et 7 ▶ Fiche ressource 4

7. Contrôlez les salaires bruts de M. Paget, de Mme Blandin, de Mme Karine et de M. Mesnier en les décomposant ligne par ligne. L'entreprise utilise la méthode de l'horaire réel pour valoriser les absences des salariés.
▶ Annexes 4 à 11

La question de l'expert
Un salarié a bénéficié de remboursements de frais professionnels supérieurs de 100 € à ceux prévus par les limites fixées par l'administration fiscale. À quoi va être assimilé ce supplément de remboursement et quel impact aura-t-il sur sa fiche de paie ?
▶ Fiche ressource 3

L'autocorrection en vidéo
liennathan.fr/36iooz

DONNÉES DE LA SITUATION

ANNEXE 1 Convention collective nationale de l'esthétique-cosmétique (extraits)

ART. 10 – 1.2. Contingent d'heures supplémentaires

Le contingent annuel d'heures supplémentaires est fixé à 200 heures. Par principe, les heures supplémentaires sont rémunérées. Pour chaque heure supplémentaire, le taux sera majoré :
- de 25 % de la 36e heure à la 43e heure de travail effectif au cours d'une semaine ;
- de 50 % à partir de la 44e heure de travail au cours d'une semaine.

ART. 10 – 1.3. Institution d'un repos compensateur de remplacement (RCR)

[...] Les partenaires sociaux conviennent qu'il est possible d'adopter un repos compensateur en remplacement [...] de tout ou partie du paiement des heures supplémentaires. [...]

ART. 11 – 2. Prime d'ancienneté

[...] La prime d'ancienneté est fixée selon le barème suivant :
- après 3 ans d'ancienneté : 38,00 € ;
- après 6 ans d'ancienneté : 69,00 € ;
- après 9 ans d'ancienneté : 105,00 € ;
- après 12 ans d'ancienneté : 137,00 € ;
- après 15 ans d'ancienneté : 173,00 € ;
- après 25 ans d'ancienneté : 200,00 €.

Cette prime d'ancienneté est indépendante du salaire brut de base proprement dit et s'ajoute, dans tous les cas, au salaire brut. Elle figure sur une ligne distincte du bulletin de paie.

La prime d'ancienneté sera portée à la négociation chaque année.

ANNEXE 2 Accord collectif signé fin N-1 (extrait)

Article 1 – Les salaires minima

Les partenaires sociaux sont convenus d'un accord sur les salaires minima, fixés selon la grille ci-après.

Coefficient	Salaire minimal brut mensuel	Coefficient	Salaire minimal brut mensuel
140	1 820 €	200	2 600 €
150	1 950 €	230	2 990 €
160	2 080 €	250	3 250 €
175	2 275 €	300	3 800 €
180	2 340 €	350	4 500 €

Si, pour un coefficient, le salaire minimal brut mensuel devenait inférieur au Smic, alors le salaire minimal serait celui du Smic.

Les partenaires sociaux s'engagent également à renégocier les salaires, dans les deux mois qui suivent, en cas d'augmentation :
- du Smic, si celui-ci devient supérieur au salaire minimal du coefficient 140 ;
- du plafond de la Sécurité sociale, si celui-ci devient supérieur au minimum du coefficient 350.

Article 2 – La prime d'ancienneté

- Après 3 ans : 3 %
- Après 6 ans : 6 %
- Après 9 ans : 9 %
- Après 12 ans : 12 %
- Après 15 ans : 15 %

ANNEXE 3 Grille de rémunération de la convention collective

Coefficients du personnel des services administratifs et des services généraux (extrait)

EMPLOI RELATIF AUX INSTITUTS	DÉFINITION	COEFFICIENT
Personnel d'entretien qualifié	Personnel titulaire d'une certification de niveau V (titre professionnel ou diplôme) capable d'effectuer des tâches prévues au référentiel d'activités.	150
Secrétaire-hôtesse d'accueil diplômée	Personnel capable d'effectuer des activités définies dans les référentiels de niveau V (titre professionnel ou diplôme).	150
Aide comptable	Personnel capable d'effectuer des activités définies dans les référentiels de niveau V (titre professionnel ou diplôme).	155
Comptable	Personnel capable d'effectuer des activités identifiées dans les référentiels de niveau III (titres professionnels ou diplômes) et justifiant d'une expérience professionnelle lui permettant de remplir lesdites fonctions.	200

ANNEXE 4 Extraits du fichier des salariés

Nom	PAGET	**Date d'embauche**	15/01/N
Nom de naissance	PAGET	**Numéro de matricule**	15
Prénom	Joachim	**Emploi**	Cadre dirigeant
Date de naissance	12/05/1981	**Type de contrat**	CDI
Lieu de naissance	Istres (13), France	**Nature du contrat**	Temps plein
Nationalité	Française	**Heures mensuelles**	151,67 h
N° de Sécurité sociale	181051304728925	**Coefficient hiérarchique**	300
Adresse	10 rue des Palmiers	**Salaire mensuel**	3 800,00 €
Code postal	06000	**Domiciliation bancaire**	BNP Nice
Ville	Nice	**Code agence**	1140
Situation familiale	Marié	**N° de compte**	5580798851
Nombre d'enfants	0	**Mode de paiement**	Virement

Nom	BLANDIN	**Date d'embauche**	01/03/N-8
Nom de naissance	SUEUR	**Numéro de matricule**	04
Prénom	Isabelle	**Emploi**	Hôtesse d'accueil
Date de naissance	29/06/1985	**Type de contrat**	CDI
Lieu de naissance	Avignon (84), France	**Nature du contrat**	Temps plein
Nationalité	Française	**Heures mensuelles**	151,67 h
N° de Sécurité sociale	285068412578793	**Coefficient hiérarchique**	150
Adresse	8 rue de Paris	**Salaire mensuel**	1 950 €
Code postal	06000	**Domiciliation bancaire**	CK Nice
Ville	Nice	**Code agence**	18135
Situation familiale	Pacsée	**N° de compte**	04094663506
Nombre d'enfants	2	**Mode de paiement**	Virement

Nom	KARINE	**Date d'embauche**	15/03/N-7
Nom de naissance	KARINE	**Numéro de matricule**	06
Prénom	Jeanne	**Emploi**	Resp. administrative
Date de naissance	25/07/1982	**Type de contrat**	CDI
Lieu de naissance	Paris (75), France	**Nature du contrat**	Temps plein
Nationalité	Française	**Heures mensuelles**	151,67 h
N° de Sécurité sociale	282077514533367	**Coefficient hiérarchique**	195
Adresse	2 place Chapelet	**Salaire mensuel**	2 560,00 €
Code postal	33700	**Domiciliation bancaire**	Boursorama Banque
Ville	Mérignac	**Code agence**	40518
Situation familiale	Célibataire	**N° de compte**	000402802411
Nombre d'enfants	0	**Mode de paiement**	Virement

ANNEXE 4 (suite)

Nom	MESNIER	Date d'embauche	29/06/N-4
Nom de naissance	MESNIER	Numéro de matricule	11
Prénom	Alexandre	Emploi	Coach sportif
Date de naissance	28/01/1985	Type de contrat	CDI
Lieu de naissance	Nice (06), France	Nature du contrat	Temps plein
Nationalité	Française	Heures mensuelles	151,67 h
N° de Sécurité sociale	185010638104020	Coefficient hiérarchique	175
Adresse	10 rue A. Daudet	Salaire mensuel	2 275,05 €
Code postal	33200	Domiciliation bancaire	Crédit Mutuel 33
Ville	Bordeaux	Code agence	06398
Situation familiale	Marié	N° de compte	00020381301
Nombre d'enfants	2	Mode de paiement	Virement

Nom	VANCOVENBERG	Date d'embauche	01/01/N-2
Nom de naissance	VANCOVENBERG	Numéro de matricule	09
Prénom	Agathe	Emploi	Esthéticienne
Date de naissance	25/11/1983	Type de contrat	CDI
Lieu de naissance	Marzhan, Allemagne	Nature du contrat	Temps plein
Nationalité	Allemande	Heures mensuelles	151,67 h
N° de Sécurité sociale	283119910978964	Coefficient hiérarchique	160
Adresse	2 chemin des Chaus	Salaire mensuel	2 080,00 €
Code postal	33610	Domiciliation bancaire	CIC Cestas
Ville	Cestas	Code agence	10057
Situation familiale	Célibataire	N° de compte	07917610007
Nombre d'enfants	1	Mode de paiement	Virement

Nom	BUENO	Date d'embauche	29/06/N-4
Nom de naissance	SERRA	Numéro de matricule	01
Prénom	Michelle	Emploi	Esthéticienne
Date de naissance	06/07/1977	Type de contrat	CDI
Lieu de naissance	Bordeaux (33), France	Nature du contrat	Temps plein
Nationalité	Française	Heures mensuelles	151,67 h
N° de Sécurité sociale	277073314588613	Coefficient hiérarchique	170
Adresse	100 rue Chevalier	Salaire mensuel	2 120,00 €
Code postal	33000	Domiciliation bancaire	Hellobank Paris
Ville	Bordeaux	Code agence	03102
Situation familiale	Divorcée	N° de compte	00008741802
Nombre d'enfants	4	Mode de paiement	Virement

ANNEXE 5 Informations complémentaires – avril N

- Le mois d'avril N comporte 22 jours ouvrés et 26 jours ouvrables.
- Dans l'accord signé fin N-1, applicable au 1er janvier N, apparaît également un nouvel élément collectif de rémunération. Il s'agit d'une prime d'assiduité de 10 %, du salaire de base et proportionnelle au temps de présence. Tout salarié ayant trois mois d'ancienneté au minimum est éligible à cette prime.
- Éléments individuels à prendre en compte pour le contrôle des salaires bruts du mois d'avril N :

– M. PAGET bénéficie d'un véhicule dont l'entreprise est propriétaire. Pendant le congé principal de quatre semaines, le véhicule est restitué. Ainsi, l'avantage en nature n'est pas attribué.

– Mme KARINE bénéficie de deux avantages en nature NTIC (ordinateur portable et téléphone mobile). Ce mois-ci, elle a effectué huit heures supplémentaires à 25 % et deux heures supplémentaires à 50 %.

– Mme BLANDIN a été absente pour convenance personnelle.

– M. MESNIER a posé une semaine de congés payés. Sur la période de référence précédente, il a perçu un salaire brut annuel de 30 125,12 €. Ce mois-ci il a également réalisé 4h supplémentaires.

ANNEXE 6 Courriel de M. Paget reçu le 2 avril

Nouveau message

À jeanne.karine@esthetiqueetsante.fr

Objet Avantage en nature « véhicule »

Madame,

Je souhaite obtenir des précisions quant à l'utilisation du véhicule de fonction qui m'a été attribué. Pourriez-vous répondre par courriel à mes interrogations sur les trois points suivants :

1. L'avantage en nature « véhicule » est-il un élément de ma rémunération ? Est-il soumis à cotisations sociales ?
2. Quel est le mode de calcul utilisé par la société pour déterminer le montant dû à titre privé lors de l'utilisation de la Peugeot 208 qui m'a été affectée ?
3. Puis-je utiliser ce véhicule lors de mes congés payés ?

Merci de vos réponses.
Cordialement.

M. Joachim Paget
Responsable du site de Nice

ANNEXE 7 Fiche relative à l'avantage en nature véhicule de M. Paget

Immatriculation : DD 426 ND

Année d'acquisition : 01/04/N

Kilométrage annuel parcouru : 18 200

Mise à disposition de : S020

Carburant non pris en charge par l'entreprise

Marque : Peugeot 208

Coût d'achat TTC : 19 500 €

Kilométrage privé annuel parcouru : 6 400

Nom : PAGET Joachim

Durée avantage en mois : 11

Méthode de valorisation de l'avantage en nature véhicule : selon les dépenses réelles

Exercice N	Assurance	Entretien
Dépenses TTC réelles cumulées	960 €	1 240 €

ANNEXE 8 **Clause de mise à disposition d'un ordinateur portable (signée le 01/04/N et annexée au contrat de travail)**

Un ordinateur portable d'une valeur de 850 € TTC appartenant à la société SAS Esthétique&Santé est mis à la disposition de Mme Karine Jeanne dans le cadre du présent contrat de travail.

Mme Karine Jeanne peut utiliser ce matériel à titre personnel et en dehors des heures de travail à condition que cet usage respecte le cadre légal en vigueur et ne porte pas atteinte à la sécurité informatique du matériel informatique et des données de la société.

Mme Karine Jeanne accepte toute vérification de son ordinateur portable et de son/ses disque(s) dur(s) à la première demande de la société.

Mme Karine Jeanne reconnaît avoir pris connaissance de la charte informatique de la société et s'interdit notamment d'installer et/ou de télécharger tout programme informatique à l'exception de ceux qui seraient préalablement et expressément autorisés par la société.

De même, Mme Karine Jeanne s'interdit la copie et/ou téléchargement de fichiers illicite (notamment images ou vidéo).

Mme Karine Jeanne s'interdit d'effectuer toute copie, à titre personnel, des données et des logiciels présents sur le disque dur de ce matériel.

Mme Karine Jeanne est entièrement responsable de ce matériel qu'elle devra restituer, en bon état d'apparence et de fonctionnement, à la société SAS Esthétique&Santé, en cas de suspension et/ou de rupture du présent contrat de travail, pour quelque cause que ce soit.

Un forfait annuel de 10 % du coût d'achat est intégré à la rémunération du salarié au titre d'un avantage en nature et conformément à la réglementation en vigueur. L'employeur pourra décider à tout moment d'opter pour l'évaluation réelle sans que le salarié puisse s'y opposer.

ANNEXE 9 **Clause de mise à disposition d'un téléphone mobile (signée le 01/04/N et annexée au contrat de travail)**

Un téléphone mobile est mis à la disposition de Mme Jeanne Karine, qui l'utilise dans le cadre de l'exécution de ses fonctions.
Celui-ci devra être restitué à la société SAS Esthétique&Santé à la première demande et notamment en cas de suspension et/ou de résiliation du contrat de travail, pour quelque cause que ce soit.
La société SAS Esthétique&Santé prend en charge la facturation afférente à la ligne de téléphonie mobile ainsi mise à la disposition du salarié (abonnement mensuel Orange de 60 € TTC).
La ligne de téléphonie mobile peut faire l'objet d'un usage personnel de la part de Mme Karine Jeanne. Partant de ce principe, 10 % du coût de l'abonnement est forfaitairement intégré à la rémunération de Mme Karine Jeanne au titre d'un avantage en nature et conformément à la réglementation en vigueur. L'employeur pourra décider à tout moment d'opter pour l'évaluation réelle sans que le salarié puisse s'y opposer.
Cette clause devra être adaptée par les parties, en cas de modification de la réglementation sur les frais professionnels et les avantages en nature.

ANNEXE 10 Formulaire de demande de congés

SAS Esthétique&Santé
158, cours de la Guadeloupe – 33000 BORDEAUX

Demande de congé n° 27

Nom : MESNIER Alexandre

Motif : Congés payés

Date de début de congé : 01/04/N
Date de fin de congé : 07/04/N inclus
Date et visa d'acceptation : le 28/03/N
NB : le 7 avril N est un dimanche.

SAS Esthétique&Santé
158, cours de la Guadeloupe – 33000 BORDEAUX

Demande de congé n° 28

Nom : BLANDIN Isabelle

Motif : Congé pour convenance personnelle

Date de début de congé : 12/04/N
Date de fin de congé : 17/04/N inclus
Date et visa d'acceptation : le 04/04/N
NB : le 14 avril N est un dimanche.

ANNEXE 11 Extraits des bulletins de salaire du mois d'avril N

PAGET

Salaire de base	3 800,00
Heures supplémentaires à 25 %	
Heures supplémentaires à 50 %	
Prime d'ancienneté	
Prime d'assiduité	380,00
Avantages en nature	195,00
Retenue pour absence	
Indemnité	
SALAIRE BRUT	4 375,00

KARINE

Salaire de base	2 560,00
Heures supplémentaires à 25 %	168,79
Heures supplémentaires à 50 %	50,64
Prime d'ancienneté	153,60
Prime d'assiduité	256,00
Avantages en nature	13,08
Retenue pour absence	
Indemnité	
SALAIRE BRUT	3 202,11

MESNIER

Salaire de base	2 275,05
Heures supplémentaires à 25 %	75,00
Heures supplémentaires à 50 %	
Prime d'ancienneté	45,50
Prime d'assiduité	227,51
Avantages en nature	
Retenue pour absence	– 517,06
Indemnité	602,50
SALAIRE BRUT	2 708,46

BLANDIN

Salaire de base	1 950,00
Heures supplémentaires à 25 %	
Heures supplémentaires à 50 %	
Prime d'ancienneté	117,00
Prime d'assiduité	159,55
Avantages en nature	
Retenue pour absence	– 354,55
Indemnité	
SALAIRE BRUT	1 872,00

BUENO

Salaire de base	2 120,00
Heures supplémentaires à 25 %	
Heures supplémentaires à 50 %	
Prime d'ancienneté	127,20
Prime d'assiduité	212,00
Avantages en nature	
Retenue pour absence	
Indemnité	
SALAIRE BRUT	2 459,20

VANCOVENBERG

Salaire de base	2 050,00
Heures supplémentaires à 25 %	
Heures supplémentaires à 50 %	
Prime d'ancienneté	
Prime d'assiduité	205,00
Avantages en nature	
Retenue pour absence	
Indemnité	
SALAIRE BRUT	2 255,00

Le cadre légal de la rémunération

La rémunération prend en compte la complexité des tâches effectuées par les salariés, mais également les conditions de travail, le cadre conceptuel légal et les conventions collectives, les performances de la société et des salariés, les situations professionnelles des salariés et leur niveau de responsabilité.

I La fixation du salaire

Le salaire est la contrepartie du travail fourni par le salarié lié à un employeur par un contrat de travail. Le salaire est théoriquement négocié librement entre l'employeur et le salarié. En pratique, l'employeur fixe le salaire en respectant les règles légales et conventionnelles.

Dans tous les cas doivent être respectés :
- les règles relatives au Smic ;
- les salaires minimaux prévus par les conventions collectives ou par les accords d'entreprise ;
- le principe d'égalité de rémunération entre hommes et femmes et la non-discrimination.

1. Le salaire minimum interprofessionnel de croissance (Smic)

Le Smic a pour objet de garantir aux salariés dont les rémunérations sont les plus faibles le maintien de leur pouvoir d'achat (article L3231-2 du Code du travail).

Depuis le 1er novembre 2024, le smic est de 11,88 € pour une heure de travail. Le Smic mensuel est de 1 801,80 € pour 35 heures de travail par semaine.

Le Smic est généralement revalorisé chaque année au 1er janvier sur la base de trois mécanismes :
- le niveau général des prix ;
- l'évolution de la croissance économique ;
- l'augmentation facultative : le gouvernement peut augmenter le Smic en cours d'année après avis de la Commission nationale de la négociation collective.

Aller plus loin

Informations sur le montant du Smic – URSSAF
liennathan.fr/im6wqe

Un salarié ne peut pas être payé en dessous du Smic sauf s'il a moins de 18 ans, ou si le contrat est un contrat d'apprentissage et de professionnalisation, auquel cas des abattements sont prévus.

2. Les conventions collectives ou accords collectifs

Une convention collective nationale de travail (CCN) est un texte réglementaire qui définit les statuts des employés d'une branche professionnelle, après une négociation passée entre les organisations représentant les employeurs et les organisations représentant les salariés, c'est-à-dire les syndicats ou les membres du comité social et économique (CSE). Chaque année, les représentants des salariés et des employeurs doivent négocier l'augmentation éventuelle des salaires.

Les salaires définis au niveau de la branche professionnelle peuvent être modifiés au niveau de l'entreprise s'ils sont plus favorables aux salariés.

> **Exemple**
> Pour une durée de travail hebdomadaire de 35 heures, la loi prévoit un Smic de 1 801,80 € brut. La convention collective prévoit un salaire minimum de 1 880 € brut. Dans l'entreprise, il existe un accord fixant le salaire minimum d'un employé à 1 910 € brut. Le salaire minimum du salarié majeur travaillant 35 heures sera de 1 910 € brut, car l'accord d'entreprise est le plus avantageux.

3. « À travail égal, salaire égal »

La jurisprudence a introduit le principe « à travail égal, salaire égal ». Ce principe impose à l'employeur d'être en mesure de justifier des écarts entre les personnes qui effectuent un travail identique par des raisons objectives et matériellement vérifiables.

4. Le principe de non-discrimination et l'égalité de rémunération entre femmes et hommes

Il est interdit de faire de la discrimination en fonction de l'âge, de l'implication syndicale ou du sexe. L'égalité entre hommes et femmes doit être respectée. Que ce soient les promotions, les critères de classification ou autres bases de calcul, tous les salariés doivent être égaux.

II Les grilles de rémunération

Les entreprises disposent d'une **grille de salaire**, qui est une sorte de trame grâce à laquelle elles définissent le niveau de rémunération de leurs employés.

1. Définition

La grille de salaire se présente sous la forme d'un tableau qui définit les règles de rémunération du salarié en fonction de son échelon et de son statut. Elle est élaborée par l'entreprise : la direction générale, la direction des ressources humaines, mais aussi les représentants du personnel participent à l'élaboration de la grille de salaire. Elle doit tenir compte des minima imposés par le Smic et de la convention collective. L'entreprise prend plusieurs critères en compte :

- les salaires moyens de la branche concernée au niveau national ;
- le niveau d'études requis pour le poste ;
- les niveaux de salaire existants dans la même branche d'activité, mais aussi sur le marché du travail en général ;
- le coût de la vie.

La grille de salaire permet de définir un salaire minimal en fonction du statut, du niveau et du coefficient hiérarchique. Le coefficient de base est égal à 100.

> Exemple
> Extrait de la grille des salaires minimaux dans la société Laser Découpe Rémois, spécialisée dans la découpe des métaux et du bois.

Statut	Ouvriers/employés			Cadres		
Niveau	I	II	III	VI	VII	VIII
Coefficient	140	155	170	280	330	420
Salaire de base	1 850,00 €	1 925,00 €	2 050,00 €	2 500,00 €	3 050,00 €	3 800,00 €

2. L'utilité des grilles de salaire

a. En général

Les grilles de salaire servent à établir une **échelle des salaires** en vigueur dans l'entreprise. Elles tiennent compte de la classification propre à l'entreprise, cette classification devant apparaître sur le bulletin de salaire.

b. Pour l'entreprise

Elles permettent à l'entreprise d'avoir une politique salariale compréhensible, claire et logique afin de réduire les conflits, les situations d'injustice, d'éviter le favoritisme et la démotivation des salariés.

c. Pour les salariés

La grille de salaire permet au nouveau salarié d'avoir une idée de sa rémunération à l'embauche puis de son évolution possible. Elle lui permet de comprendre les différences de salaire selon des critères définis propres à chaque poste.

> Exemples
> Critères souvent retenus : l'ancienneté, le niveau de formation.
> À un poste d'exécution qui n'exige pas beaucoup de diplômes, le salaire sera moins élevé. Plus le niveau d'étude sera élevé, plus les responsabilités seront importantes et plus le salaire sera élevé.

L'essentiel en une question

À partir de quelles sources l'entreprise détermine-t-elle les salaires minimaux qu'elle doit appliquer ?

Consultez le corrigé
liennathan.fr/a7ylzl

FICHE RESSOURCE 2

Le bulletin de paie

I Les obligations de l'employeur et du salarié

- **Obligation de délivrance.**

Le bulletin de paie doit être remis au salarié **par voie électronique**. Il est à ce titre nécessaire de veiller à ce que les données qu'il contient restent confidentielles et que le salarié y ait accès suffisamment longtemps. La délivrance du bulletin doit être simultanée au paiement de la rémunération.

- **Obligations de conservation et de disponibilité.**

Le bulletin de salaire est à conserver :
- par le salarié, sans limitation de durée (au même titre que ses contrats et certificats de travail) ;
- par l'employeur, au minimum 5 ans sous format papier, 50 ans ou jusqu'aux 75 ans du salarié s'il est dématérialisé.

II Les différents éléments mentionnés

1. Les mentions obligatoires dans l'en-tête du bulletin de paie

Des mentions permettent d'identifier les parties :
- le nom et l'adresse de l'employeur ;
- l'activité principale de l'entreprise avec son code APE/NAF de l'Insee ;
- la convention collective (CCN) dont dépend l'entreprise ;
- le nom et l'adresse du salarié, son emploi occupé et son grade et/ou son échelon et/ou le coefficient de rémunération selon la convention ;
- la période de paie, la date de mise en paiement et le mode de paiement.

La date de rémunération est libre mais encadrée par deux conditions : être similaire d'un mois à l'autre, intervenir tous les 30 jours.

2. Les éléments obligatoires dans le corps du bulletin de paie

Apparaissent obligatoirement dans le corps du bulletin de paie les informations suivantes :
- le nombre d'heures travaillées ;
- le détail et le total du salaire brut ;
- les cotisations sociales salariales (assiettes, taux, montants) ;
- les montants des cotisations sociales patronales ;
- le salaire net à payer au salarié ;
- la date de paiement.

3. Les éléments obligatoires dans le pied du bulletin de paie

- Le montant total des cotisations sociales réunies au sein de cinq rubriques (Santé, Accidents du travail et maladies professionnelles, Retraite, Famille et Chômage) ;
- le montant total des exonérations et exemptions de cotisations et contributions sociales ;
- le montant total versé par l'employeur (rémunération brute versée au salarié, cotisations et contributions à la charge de l'employeur, déduction faite des exonérations et allégements de charges sociales) ;
- le montant des heures supplémentaires et complémentaires exonérées ;
- le net social ;
- le net à payer avant impôt sur le revenu ;
- le net imposable et le montant du prélèvement à la source (PAS) de l'impôt sur le revenu ;
- le net à payer après impôt sur le revenu ;
- divers cumuls : nets imposables, impôt sur le revenu prélevé, heures supplémentaires et complémentaires exonérées ;
- une information sur les congés payés ;
- la mention incitant le salarié à conserver le bulletin de paie sans limitation de durée ;
- une information précisant la rubrique dédiée au bulletin de paie sur le portail service-public.fr.

4. Les mentions interdites

Aucune mention relative à l'exercice du droit de grève et à l'activité de représentation des salariés ne doit figurer sur le bulletin de paie.

III La présentation du document

Esthétique&Santé — **BULLETIN DE PAIE**

SARL au capital de 7 500 €
SIRET 514 944 099 00019 — NAF : 9604Z
189 cours de la Guadeloupe — 33000 Bordeaux
Tél. : 09 94 83 87 00 — Fax : 09 94 83 87 01
Convention collective : 3032 Esthétique-Cosmétique

NOM :	KARINE Joanne
Adresse :	2 place chapelet 33 700 Mérignac
N° de SS :	282077514533367
Emploi :	Responsable administrative
Date d'entrée :	15/03/N-7
Statut :	Non cadre

ÉLÉMENTS DE SALAIRE	Bases	Taux horaire	Montant brut
Salaire de base mensuel	151,67	16,8788	2 560,00
Heures supplémentaires à 125 %	8,00	21,0985	168,79
Heures supplémentaires à 150 %	2,00	25,3182	50,64
Prime d'ancienneté	2 560,00	6,00%	153,60
Prime d'assiduité	2 560,00	10,00%	256,00
Avantages en nature			13,08
SALAIRE BRUT			**3 202,11**

Période : du 01 avril N au 30 avril N
Paiement : le 30 avril N par virement
Plafond SS 3 925,00

Intitulés des cotisations sociales	Base et taux des cotisations salariales		Cotisations salariales	Cotisations patronales
SANTÉ				
Sécurité sociale - Maladie-maternité-invalidité - Décès				224,15 €
Assurance décès obligatoire des cadres				- €
Complémentaire Incapacité Invalidité - Décès Tranche 1	-	-	- €	- €
Complémentaire Incapacité Invalidité - Décès Tranche 2	-	-	- €	- €
Complémentaire Santé (Mutuelle)	3 428,00	0,50%	17,14 €	17,14 €
ACCIDENTS DU TRAVAIL - MALADIES	-	-	- €	99,27 €
RETRAITE				
Sécurité sociale plafonnée	3 202,11	6,90%	220,95 €	273,78 €
Sécurité sociale déplafonnée	3 202,11	0,40%	12,81 €	64,68 €
Complémentaire AGIRC-ARRCO et CEG Tranche 1	3 202,11	4,01%	128,40 €	192,45 €
Complémentaire AGIRC-ARRCO et CEG Tranche 2	-	9,72%	- €	- €
CET	-	0,14%	- €	- €
FAMILLE	-	-	- €	110,47 €
ASSURANCE CHÔMAGE				
Chômage et AGS-FNGS				136,09 €
APEC (Assurance Pour l'Emploi des Cadres)	-	-	- €	- €
AUTRES CONTRIBUTIONS DUES PAR L'EMPLOYEUR	-	-	- €	141,41 €
CSG déductible de l'impôt sur le revenu	3 163,21	6,80%	215,10 €	- €
CSG et CRDS imposables à l'impôt sur le revenu	2 947,63	2,90%	85,48 €	- €
CSG et CRDS non déductibles / heures sup exonérées	215,58	2,90%	6,25 €	
EXONÉRATIONS DE COTISATIONS EMPLOYEUR	-	-	- €	- €
Exonérations des cotisations sur heures sup.	219,42	11,31%	- 24,82 €	- 5,00 €
	TOTAL DES COTISATIONS		**661,31 €**	**1 254,43 €**

NET SOCIAL	2 557,94 €	**TOTAL VERSÉ PAR L'EMPLOYEUR**	**4 456,54 €**
SALAIRE NET	**2 540,80 €**		
Indemnités	- €	**SALAIRE IMPOSABLE**	**2 423,99 €**
Avance, acompte	- €	CUMUL IMPOSABLE	9 695,97 €
Opposition	- €		

SALAIRE NET AVANT PAS DE L'IR* **2 540,80 €**

- IMPÔT SUR LE REVENU PRÉLEVÉ À LA SOURCE	2 423,99 €	7,50%	181,80 €

SALAIRE NET A PAYER APRES PAS de l'IR **2 359,00 €**

Congés payés	Acquis	Posés	Solde	Posés ce mois
Période du 1er juin N-2 au 31 mai N-1	30,00	30,00	0,00	*Aucun*
Période du 1er juin N-1 au 31 mai N	27,50	0,00	27,50	

Ce bulletin de paie est à conserver sans limitation de durée.
Pour davantage d'informations voir la rubrique dédiée au bulletin de paie sur www.service-public.fr

Bulletin de paie à télécharger
liennathan.fr/pi6m2p

Depuis 2018, toutes les entreprises ont l'obligation de fournir un bulletin de paie clarifié ou simplifié. Cependant, la version détaillée telle qu'elle est présentée dans cette fiche doit être maîtrisée par le comptable.

La clarification est basée sur un regroupement des cotisations en 8 rubriques :
- Santé
- Accident du travail, maladie professionnelle
- Retraite
- Famille, Sécurité sociale
- Assurance chômage
- Autres contributions dues par l'employeur
- CSG et CRDS
- Exonération et réduction des cotisations.

Le bulletin peut également être allégé des lignes sans montants pour en simplifier la lecture.

? L'essentiel en une question

Le bulletin de paie papier ou dématérialisé est-il normalisé ?

Consultez le corrigé
liennathan.fr/52md1d

FICHE RESSOURCE 3

Les composantes de la rémunération brute

I Le salaire de base

Le salaire de base est fixé librement entre l'employeur et le salarié, soit par contrat de travail, soit par décision de l'employeur (usages, directives, barème d'entreprise, notes d'information…) sous réserve du respect de certaines règles légales et conventionnelles.

Plusieurs modes de fixation sont possibles :

- au temps, en fonction de la durée de travail effectif qui est le mode le plus courant ;

> Exemple
>
> Un salarié travaille à temps partiel (24 heures par semaine) et est payé 15 € de l'heure. Son salaire de base sera calculé de la manière suivante : (15,00 × 24 × 52) / 12 = 1 560,00 €

- au rendement, en fonction des normes définies préalablement comme le travail aux pièces ;
- au forfait : une convention de forfait entre le salarié (le plus souvent cadre) et l'employeur est alors obligatoirement conclue par écrit. Elle doit être précise et quantifiée ;

> Exemple
>
> Monsieur Dubois, cadre ingénieur au sein de l'entreprise E2V, a un salaire de 2 500 € qui correspond à un forfait de 218 jours travaillés.

- en fonction du salaire minimum garanti par la convention collective.

> Exemple (suite)
>
> La convention collective de l'entreprise E2V (100 salariés) prévoit un salaire brut de 1 950 € pour un comptable de niveau II ayant un bac + 2 et effectuant 35 heures par semaine.
>
> Mlle Rossi, embauchée le 10 mars N et titulaire d'un BTS CG, ne pourra pas se voir proposer un salaire inférieur à 1 950 €.

II Les éléments financiers modificatifs du salaire de base

1. Les heures supplémentaires et complémentaires

Toute heure effectuée au-delà de la durée légale ou conventionnelle de travail est assimilée à une heure supplémentaire. Les heures supplémentaires ouvrent droit à une majoration de salaire de 25 % les huit premières heures et à une majoration de 50 % les heures suivantes (*voir chapitre 4, Fiche ressource 2*).

Ces heures sont défiscalisées (dans la limite d'un plafond de 7 500 €) et exonérées de cotisations sociales salariales d'assurance vieillesse dans la limite de 11,31 %.

2. Les primes

La plupart des primes sont imposées par les conventions et accords collectifs, ce sont des primes « contractuelles ». D'autres sont facultatives ou résultent d'un dispositif mis en place par l'État. Elles peuvent être collectives ou individuelles.

Les primes prévues par une convention ou un accord collectif de branche ou d'entreprise font partie du salaire et sont, à ce titre, incluses dans la base de la rémunération qui est majorée en cas d'heures supplémentaires. Ces primes ne peuvent pas être modifiées ou supprimées unilatéralement par l'employeur. Elles sont attribuées :

- pour tenir compte de conditions de travail particulières (prime de pénibilité, de travail de nuit…) ;
- pour récompenser ou motiver une collectivité de salariés (prime de rendement, d'ancienneté…) ;
- à l'occasion d'un événement familial (prime de mariage, de naissance…).

Certaines primes peuvent être liées à un événement périodique générateur du versement (prime de vacances, treizième mois en fin d'année civile).

3. Les absences

L'entreprise doit tenir compte des périodes d'absence des salariés. Ces absences peuvent être des absences pour raisons personnelles, pour maladie ou pour congés payés.

Quel que soit le motif de l'absence, une retenue sur salaire doit être effectuée par l'employeur, proportionnellement à la durée de l'absence. Dans certains cas, cette retenue sera compensée par une indemnité (absence rémunérée – *voir chapitre 5, Fiche ressource 1*).

a. Les absences non rémunérées par l'employeur

Ces absences n'ouvrent droit à aucune indemnité, sauf si un accord collectif le prévoit.

> Exemples
> Il s'agit du congé parental d'éducation, du congé pour enfant malade, du congé de solidarité familiale, du congé pour convenance personnelle…

b. Les absences rémunérées par l'employeur

Ces absences justifient le versement d'une indemnité.

> Exemples
> Il s'agit d'absences pour maladie en cas de subrogation, congés de maternité ou paternité, maladie professionnelle ou accident du travail, congés payés, jours fériés ou événements familiaux.

c. Les indemnités de maladie et les indemnités de congés payés

Les indemnités journalières de Sécurité sociale (IJSS) et le complément employeur ont été traités au chapitre 5, Fiche ressource 5.

L'indemnité de congés payés a été traitée au chapitre 5, Fiche ressource 3.

4. Les avantages en nature

Une partie de la rémunération peut se faire sous la forme de repas gratuit, de fourniture d'un logement, de l'usage d'un véhicule de fonction ou de TIC (technologie de la communication et de l'information) comme un téléphone portable ou un ordinateur.

Exemples

Type d'avantage en nature	Description
Nourriture	L'employeur nourrit gratuitement ou pour un prix modique le salarié. Cet avantage est évalué à 5,45 € par repas et par jour travaillé.
Logement	Lorsque l'employeur fournit un logement au salarié, gratuitement ou pour un loyer très faible.
Véhicule	Lorsque le salarié peut utiliser à titre privé un véhicule professionnel en dehors de son temps de travail. L'avantage en nature peut être évalué soit sur la base des dépenses réelles soit sur la base d'un forfait annuel.
« Nouvelles technologies de l'information et de la communication »	Lorsque le salarié utilise à titre privé des outils issus des TIC, que l'employeur a mis à sa disposition de façon permanente pour son activité professionnelle, il bénéficie d'un avantage en nature qui est évalué soit en fonction des dépenses réelles soit par un forfait de 10 % du coût d'achat ou de l'abonnement.

5. Les dépassements des seuils d'exonération

Certains avantages sont exonérés de cotisations sociales. Ces avantages peuvent être des indemnités, des primes, des remboursements de frais ou des titres-restaurants.

Comme il ne s'agit pas de salaires soumis à cotisations sociales, ils ne sont pas à inclure dans le calcul du salaire brut. Cependant, si l'employeur verse au salarié plus que la limite admise par l'administration fiscale, ce surplus de versement est considéré comme un élément de rémunération et est donc à intégrer au salaire brut.

L'essentiel en une question

L'affirmation « le salaire brut peut être égal, supérieur ou inférieur au salaire de base » est-elle vraie ?

Consultez le corrigé
liennathan.fr/v6606d

FICHE RESSOURCE 4

Les avantages en nature

Les avantages en nature sont des prestations fournies gratuitement ou à un coût inférieur à la valeur réelle du bien par l'employeur au salarié. L'avantage en nature constitue malgré tout un élément financier du salaire car son coût doit être évalué afin d'intégrer la rémunération et ainsi :
– être soumis aux cotisations sociales en tant qu'élément de rémunération ;
– être inclus dans la base de calcul de l'indemnité de congés payés.

En revanche, à la différence des autres éléments majorant le salaire de base, il sera déduit une fois les cotisations sociales calculées afin de déterminer le salaire net.

Les avantages en nature sont évalués soit forfaitairement, soit en fonction des dépenses engagées. Les avantages en nature ne doivent pas être confondus avec les frais professionnels.

I L'avantage en nature – véhicule

L'employeur met à la disposition permanente du salarié un véhicule dont il est propriétaire ou locataire. L'utilisation privée qui en est faite représente alors un avantage en nature soumis à cotisation.
L'avantage en nature « véhicule » devra être évalué par l'employeur, soit sur la base des dépenses réelles engagées, soit sur la base d'un forfait selon le barème ci-après.

Évaluation de l'avantage en nature véhicule : forfait ou réel (pour les véhicules mis à disposition à compter de février 2025)

	VÉHICULE ACHETÉ		VÉHICULE EN LOCATION
	Moins de 5 ans	Plus de 5 ans	
FORFAIT ANNUEL (sans prise en charge par l'employeur du carburant)	15 % du coût d'achat du véhicule (prix TTC)	10 % du coût d'achat du véhicule (prix TTC)	5 % du coût global annuel (location, entretien, assurance)
FORFAIT ANNUEL (avec prise en charge par l'employeur du carburant)	20 % du coût d'achat	15 % du coût d'achat	67 % du coût global annuel (location, entretien, assurance)
DÉPENSES RÉELLES	– 20 % du coût d'achat – l'assurance – les frais d'entretien – le cas échéant, le carburant	– 10 % du coût d'achat – l'assurance – les frais d'entretien – le cas échéant, le carburant	– coût global annuel location – l'assurance – les frais d'entretien – le cas échéant, le carburant
	Pour évaluer l'avantage en nature selon les dépenses réelles : $\frac{\text{Résultat obtenu} \times \text{Nbre de km parcourus annuellement* à titre privé}}{\text{Total des km parcourus par le véhicule annuellement}}$ * ou pendant la durée de mise à disposition au cours de l'année		

Pour une évaluation mensuelle, on proratise le coût annuel divisé par le nombre de mois d'utilisation.

Exemple

La société RBS, spécialisée en rénovation de toitures, met à la disposition de son commercial, M. Rivat, un véhicule de moins de 5 ans acheté 21 000,00 € TTC. Les dépenses annuelles d'entretien s'élèvent à 900 € et la prime annuelle d'assurance à 870 €. Le carburant est pris en charge par l'employeur.

Cas 1 – L'employeur choisit la valorisation forfaitaire à raison de 15 % du coût d'achat, soit :
21 000,00 € × 15 % = 3 150,00 € pour l'année N.

Cas 2 – L'employeur choisit la valorisation réelle, soit : 900 + 870 + (21 000,00 × 20 %) = 5 970,00 € pour l'année N. Ce total sera ramené au prorata du nombre de kilomètres parcourus dans l'année N à titre privé.

Au cours de l'année N, M. Rivat a parcouru 28 000 km dont 8 600 à titre privé. La valeur de l'avantage en nature pour le salarié sera donc de : 5 970 € × 8 600 / 28 000 = 1 833,64 €, somme à laquelle il faudra ajouter le carburant utilisé à titre personnel.

II L'avantage en nature – logement

Lorsque l'employeur fournit le logement à son salarié, cet avantage est valorisé sur la base d'un forfait mensuel selon un barème intégrant les avantages accessoires tels que l'eau, l'électricité, le chauffage, le garage et éventuellement la taxe d'habitation.

Barème de l'avantage en nature « logement », montants au 1er janvier 2025

Rémunération brute mensuelle	Pour une pièce	Par pièce principale si plusieurs pièces
Inférieure à 1 962,50 €	78,70 €	42,10 €
De 1 962,50 € à 2 354,99 €	91,80 €	58,90 €
De 2 355 € à 2 747,49 €	104,80 €	78,70 €
De 2 747,50 € à 3 532,49 €	117,90 €	98,20 €
De 3 532,50 € à 4 317,49 €	144,50 €	124,50 €
De 4 317,50 € à 5 102,49 €	170,40 €	150,40 €
De 5 102,50 € à 5 887,49 €	196,80 €	183,30 €
Supérieure ou égale à 5 887,50 €	222,70 €	209,60 €

www.urssaf.fr

> Exemple
>
> Mme Didier, concierge d'une résidence hôtelière, est logée gratuitement dans un appartement de 3 pièces. Son salaire est de 2 100 € bruts. Le montant de l'avantage en nature « logement » est de : (3 × 58,90 €) = 176,70 €. Ce montant sera rajouté au salaire brut puis déduit du salaire net.

III L'avantage en nature – repas

Lorsque l'employeur fournit la nourriture, cet avantage en nature est évalué forfaitairement et calculé par rapport au nombre de jours travaillés. Pour 2025, le montant de l'avantage en nature est fixé par l'Urssaf à 5,45 € par repas soit 10,90 € par jour (pour deux repas).

> Exemple
>
> M. Fournier est chauffeur-livreur au sein de l'entreprise Pomonin ; il travaille 35 heures par semaine sur 5 jours (soit en moyenne 22 jours ouvrés par mois). Le repas du déjeuner est pris en charge par l'employeur à titre gratuit. Le montant de l'avantage en nature « repas » est de : (22 × 5,45) = 119,90 €.
> Ce montant sera rajouté au salaire brut puis déduit du salaire net.

IV L'avantage en nature – outils de communication

L'employeur peut mettre à la disposition permanente du salarié des outils issus des nouvelles technologies de l'information et de la communication. Le fait de pouvoir les utiliser en partie à titre privé constitue un avantage en nature. L'évaluation de cet avantage est calculée sur la base d'un forfait annuel estimé à 10 % de son coût d'achat, ou le cas échéant, de son abonnement TTC ou sur la base des dépenses réelles.

> Exemple
>
> L'entreprise Alpha Stores a acheté un ordinateur pour la salariée Mme Duplomb, commerciale, pour un montant de 780 €, qu'elle met à disposition permanente de la salariée. Le montant de l'avantage en nature « outils de communication » est de : 780 × 10 % = 78 €. Ce montant divisé par 12 mois (soit 6,50 €) sera rajouté au salaire brut puis déduit du salaire net.

? L'essentiel en une question

Pourquoi les avantages en nature font-ils partie de la rémunération alors qu'ils sont déjà donnés « en nature » ?

Consultez le corrigé liennathan.fr/7gdorw

APPLICATIONS

EXOS FLASH

EXO 1 Quiz interactif

Testez vos connaissances sur ce chapitre avec le quiz en ligne.

liennathan.fr/asph9d

Votre score ....

EXO 2 Déterminer les droits (en pourcentage) à une prime

- **Pour la période de paie au 30 avril N, déterminez le pourcentage de prime auquel ont droit les salariés Candice, Hugo, Margaux, Michel et Sofiane.**

ANNEXE Données de la situation

Dates d'embauche (source : fichier du personnel)	Pourcentages de primes selon l'ancienneté (source : accord d'entreprise)
– Candice : embauchée le 02/01/N-17. – Hugo : embauché le 02/01/N-9. – Margaux : embauchée le 01/04/N-5. – Michel : embauché le 14/04/N-4 (cadre). – Sofiane : embauché le 18/04/N-2.	– De 2 à 4 ans révolus : 3 % du salaire de base ; – de 4 à 8 ans révolus : 6 % du salaire de base ; – de 8 à 16 ans révolus : 9 % du salaire de base ; – au-delà de 16 ans : 12 % du salaire de base.

L'accord d'entreprise sur la prime d'ancienneté stipule que l'entreprise tient compte dans le calcul des années le mois de paie concerné seulement si la date d'anniversaire de l'embauche intervient lors de la première quinzaine du mois.

EXO 3 Déterminer le salaire brut

Louis a été embauché comme mécanicien le 2 janvier N-7.
Son salaire de base au 1er janvier N est de 2 184,05 €.

- **Pour la période de paie au 31 janvier N, calculez le salaire brut de Louis.**

ANNEXE 1 Décompte des heures effectuées en janvier N

	Lu	Ma	Me	Je	Ve	Sa	Di
S1				1	2	3	4
S2	5	6	7	8	9	10	11
S3	12	13	14	15	16	17	18
S4	19	20	21	22	23	24	25
S5	26	27	28	29	30	31	

Informations complémentaires pour Louis

- Semaine 1 : rien à signaler
- Semaine 2 : trois heures supplémentaires
- Semaine 3 : rien à signaler
- Semaine 4 : rien à signaler
- Semaine 5 : absence pour convenance personnelle du 27/01 au 30/01 inclus

ANNEXE 2 Primes

- D'ancienneté : 2 % toutes les 2 années révolues, sur le salaire de base.
- D'assiduité : 8 % par mois, proportionnellement aux heures travaillées.
- De salissure : 0,18 € par heure travaillée.
- De 13e mois : versée mensuellement et prévue sur le salaire de base annuel.

EXO 4 Déterminer le salaire brut

Antoine, chef de rayon au supermarché du Soleil, a supervisé en janvier l'inventaire des stocks N-1. Il a réalisé 20 heures supplémentaires en travaillant deux nuits de 21 heures à 7 heures sur deux semaines différentes.
Niveau VII, son salaire de base est de 2 730,06 € et, en janvier, un accord d'entreprise prévoit que lui soit versé le bonus « objectif Noël » de 500 €. Il a également droit à 1/12e de la prime annuelle.

- **Pour la période de paie au 31 janvier N, calculez le salaire brut d'Antoine.**

ANNEXE **Convention collective du commerce de détail et de gros (IDCC 2216)**

Majorations de salaire – Toute heure accomplie entre 22 heures et 5 heures donne lieu à une majoration de 20 % du salaire horaire de base. Toute heure accomplie entre 21 heures et 22 heures donne lieu à une majoration de 5 % du salaire horaire de base. […]

Prime annuelle – […] Le montant de la prime […] est égal à 100 % du salaire mensuel de base de novembre […].

EXO 5 Déterminer le salaire brut

Andréa, commerciale, a été embauchée le 15 mars N-2. Son salaire de base est de 1 000,00 € auxquels s'ajoutent 10 % du montant des ventes réalisées le mois précédent.

- **Pour la période de paie au 31 octobre N, calculez le salaire brut d'Andréa.**

ANNEXE **Informations complémentaires**

Chiffre d'affaires hors taxes réalisé en septembre : 9 000 € HT.
Prime d'ancienneté : 2 % toutes les 2 années révolues, sur le salaire de base plus les comissions.
Avantage en nature véhicule : coût global annuel de la location : 6000 € avec carburant de 1 250 € (valorisé au forfait avec essence prise en charge).
Avantage en nature ordinateur portable : valeur d'achat de 1 390 €.
Avantage en nature téléphone portable : abonnement annuel de 480 €.

EXO 6 Déterminer le salaire brut

Théo est concierge dans une copropriété de 83 lots. En poste depuis le 1er septembre N-11, il est aujourd'hui catégorie A avec un coefficient hiérarchique de 660. Son logement a une superficie de 60 m² et est composé de quatre pièces principales.

- **Pour la période de paie au 31 octobre N, calculez le salaire brut de Théo.**

ANNEXE **Convention collective des gardiens, concierges et employés d'immeubles (IDCC 1043)**

Salaire :	[(coefficient hiérarchique × 1,4) + 800]
Primes :	– d'ancienneté : 9 % après 9 ans de service ; 12 % après 12 ans – d'astreinte : 170 € par mois – de tri sélectif : 1,20 € par lot principal avec un minimum de 24 € et un maximum de 192 € par mois
Avantages en nature :	– électricité : 365 kWh à 0,1740 € le kilowattheure – téléphone portable : abonnement annuel de 360 € – logement : montant le plus faible entre l'avantage en nature issu de la formule [(superficie du logement × 3,269 €) + (estimation consommation d'électricité en kWh × 0,1740)] et l'avantage en nature calculé selon le barème URSSAF en tenant compte d'un abattement de 30 %

ENTRAÎNEMENT AU BTS 1 Le calcul des salaires bruts avec primes, HS et avantages en nature ★★☆

Vous êtes convoqué(e) à un entretien d'embauche pour un poste de comptable rattaché à la DRH de la société Duroy, basée à Nantes.

À titre de test, la DRH vous demande d'apporter des réponses aux situations de différents salariés (annexe).

1 Présentez les calculs déterminant le salaire brut de Mme Annabelle Delafosse pour le mois de mars N.

2 Présentez les calculs déterminant le salaire brut de M. Romain Cholley pour le mois de mars N.

3 Présentez les calculs déterminant le salaire brut de Mme Roxanne Joubert pour le mois de mars N.

La DRH vous interroge ensuite sur plusieurs points de gestion sociale.

4 Quelles sont les mentions obligatoires du bulletin de paie ?

5 Si la PME veut opter pour la dématérialisation du bulletin de paie, doit-elle demander l'accord des salariés ?

6 Un salarié a fait grève une journée au mois N. L'absence retenue doit-elle mentionner le motif ?

ANNEXE Données entreprise et salariés

Salarié	Nombre d'heures travaillées	Taux horaire	Salaire mensuel / annuel	Primes et avantages
Delafosse Annabelle	151,67	12,00 €		Rendement : 200,00 €
Cholley Romain	181		1 895,83 € mensuel	Ancienneté : 7 % du salaire de base
Joubert Roxanne			24 000,00 € annuel	Voiture de fonction : montant de l'avantage : 150 €

Pour le mois de mars N, les heures travaillées de M. Cholley se répartissent de la façon suivante :
- 1re semaine : 35 heures (du lundi au vendredi)
- 2e semaine : 38 heures (du lundi au vendredi)
- 3e semaine : 45 heures (du lundi au vendredi)
- 4e semaine : 40 heures (du lundi au vendredi)
- 5e semaine : 23 heures (du lundi au mercredi)

Mme Joubert travaille dans l'entreprise depuis le 1er février N.

L'horaire normal est de 35 heures par semaine et les heures supplémentaires sont payées selon la législation en vigueur.

ENTRAÎNEMENT AU BTS 2 Le calcul des salaires bruts avec avantages en nature et frais professionnels

★★☆

Mme Beaumarchais est collaboratrice comptable au sein du cabinet d'expertise comptable Cegeca de Draguignan. La clientèle du cabinet est composée essentiellement de commerçants et de PME/PMI réparties dans le Var et les Alpes-de-Haute-Provence.

Mme Beaumarchais se déplace régulièrement chez ses clients et déjeune le midi dans des brasseries. Elle dispose d'une voiture (Renault Clio) de moins de cinq ans, fournie par le cabinet d'expertise comptable, qu'elle peut utiliser à titre privé, d'un ordinateur portable et d'un téléphone mobile.

Le cabinet d'expertise comptable prend en charge le carburant et a opté pour l'évaluation au forfait.

1. **Listez les éléments qui majorent la rémunération de Mme Beaumarchais.**
2. **Calculez les montants des avantages en nature « véhicule » et « ordinateur portable ».**
3. **Quelle est la méthode retenue par le cabinet d'expertise comptable pour le remboursement des repas pris dans les brasseries ?**
4. **Calculez le salaire brut de Mme Beaumarchais pour le mois de février N.**

ANNEXE 1 Fiche du véhicule Renault Clio

Coût d'achat	21 840 € TTC
Date d'achat	01/09/N-2
Entretien annuel	720 €
Essence	2 160 €
Km parcourus en N	38 000 dont 10 000 à titre privé
Assurance	560 €

ANNEXE 2 Renseignements divers

L'évaluation de l'avantage « ordinateur » est calculée sur la base d'un forfait annuel estimé à 10 % de son coût d'achat.
Le coût d'achat de cet ordinateur est de 1 200 € TTC.

L'abonnement SFR du téléphone mobile est de 19,90 € TTC.

ANNEXE 3 Extrait de la fiche de Mme Beaumarchais

Éléments	Montant
Salaire de base	2 000,00 €
Prime d'objectif	150,00 €
Nombre de repas pris à l'extérieur	12 à 20,20 €

ENTRAÎNEMENT AU BTS 3 Le calcul des salaires bruts avec CP ★★★

L'entreprise Korpo propose à ses clients des objets publicitaires et des cadeaux d'entreprise afin de soutenir leur communication auprès de leurs propres clients.

La clientèle de Korpo est surtout composée d'entreprises mais des associations et des collectivités locales se montrent intéressées par le large choix d'objets (agendas, porte-clés, casquettes, épicerie fine, etc.). Pour démarcher ces cibles potentielles, Korpo dispose d'une équipe de 12 commerciaux, dont Mme Zohar.

1 **Citez les éléments de paie propres à Mme Zohar et ceux collectifs qui s'appliquent à l'ensemble du personnel de l'entreprise Korpo.**

2 **Calculez le salaire brut de Mme Zohar pour le mois de décembre N.**

ANNEXE 1 Contrat de travail de Mme Zohar (extraits)

Article I : Engagement

La société Korpo engage Mme Zohar à compter du 1er juillet N-9 dans le cadre d'un contrat à durée indéterminée, sous réserve des résultats de la visite d'information et de prévention, en qualité de commerciale.

Article II : Durée du travail

Le temps de travail est établi sur une base moyenne de 151,67 h par mois, soit 35 h par semaine, réparties de manière égale du lundi au vendredi inclus. [...]

Article III : Rémunération fixe et variable

En contrepartie de ses fonctions, Mme Zohar perçoit un salaire de base mensuel fixe de 1 100 €. [...] À ce fixe s'ajoutera une commission variable de 5 % du chiffre d'affaires réalisé sur le mois précédent.

Article IV : Avantages en nature

Mme Zohar dispose d'un téléphone portable, d'un ordinateur portable et d'un véhicule commercial. Les conditions d'octroi et d'utilisation de ces avantages font l'objet de documents annexés au contrat car ils sont amenés à varier périodiquement.

Article V : Primes

Une gratification « de 13e mois » est accordée à tout salarié de plus de 3 mois d'ancienneté. Elle est calculée comme suit : moyenne du dernier mois de salaire N-1 et des 11 premiers salaires perçus durant l'année (salaires de base + commissions), dans la limite de 3,5 salaires de base. Elle est versée en décembre.

ANNEXE 2 Informations diverses

■ Un accord prévoit une prime d'ancienneté de :
- 100 € après 4 ans d'ancienneté ;
- 175 € après 8 ans d'ancienneté ;
- 250 € après 12 ans d'ancienneté ;
- 300 € après 16 ans d'ancienneté.

■ Concernant les avantages en nature, les annexes au contrat de Mme Zohar mentionnent :
- un téléphone portable de marque Samsung auquel est rattaché un abonnement mensuel auprès d'Orange pour un montant de 29,99 € ;
- un ordinateur portable Dell de prêt d'une valeur de 1 299 € ;
- un véhicule Peugeot 208 de type commercial acquis par l'entreprise neuf le 15/03/N-2 pour un prix de 22 900,00 € ; les frais de carburant sont pris en charge en totalité par l'employeur.

■ De décembre N-1 à novembre N, Mme Zohar a réalisé un chiffre d'affaires (vente auprès des clients) de 39 035,15 €, dont 3 412,10 € pour le seul mois de novembre.

SYNTHÈSE

Synthèse audio
liennathan.fr/xqs5km

L'élaboration des bulletins de paie : la détermination du salaire brut

1 Le cadre légal de la rémunération

Le droit du travail
Ensemble des lois et règlements qui fixent un socle commun minimal national

La convention collective
Ensemble des règles qui modifient le Code du travail pour l'adapter à un secteur d'activité

Le droit négocié
Issu de la négociation entre les représentants sociaux, il peut être interprofessionnel, de branche ou d'entreprise.

2 Le bulletin de salaire

Les mentions obligatoires
- Mentions qualitatives sur l'entreprise, le salarié, la période de paie, etc.
- Mentions quantitatives relatives à la paie du salarié, aux cotisations sociales et aux congés

Les mentions interdites
- Mentions sur les jours de grève
- Mentions sur l'appartenance à un organe représentatif du personnel

Les obligations diverses
- Pour le salarié : conservation
- Pour l'employeur : paiement, délivrance, disponibilité, conservation

3 La détermination du salaire brut

Les éléments financiers
- Heures supplémentaires et complémentaires
- Primes
- Retenues pour absence : maladie, congés, convenance personnelle
- Indemnités : de congés payés, de maladie

Les éléments en nature
- Les différents avantages en nature :
  - véhicule
  - logement
  - repas
  - NTIC
- L'évaluation : au réel ou au forfait

Le salaire brut
= Salaire de base
+ ou – éléments financiers
+ éléments en nature évalués

CHAPITRE 7

L'élaboration des bulletins de paie : la détermination du salaire net à payer

Activité
4.3. Gestion comptable de la paie et information des salariés

Composante d'activité
4.3.1. Prise en compte des éléments collectifs nécessaires à l'élaboration des bulletins de paie
4.3.2. Prise en compte des éléments personnels nécessaires à l'élaboration des bulletins de paie

Compétences
– Identifier les mentions, rubriques et montants figurant sur le bulletin de paie afin de préparer et de contrôler la validité des paramètres de paie
– Renseigner les éléments personnels de la paie et en vérifier la cohérence

P7
L'utilisation du module paie d'un progiciel de gestion intégré ou d'un logiciel spécialisé pour mettre à jour les données personnelles de paie

Vers Pix
1.1. Mener une recherche et une veille d'information
1.2. Gérer les données
1.3. Traiter les données
3.1. Développer des documents textuels
3.3. Adapter les dossiers à leur finalité
5.2. Construire un environnement numérique

SITUATION PROFESSIONNELLE

La SAS Esthétique&Santé, spécialisée dans le coaching personnel et la santé, poursuit sa croissance. Les établissements de Bordeaux et de Nice affichent des indicateurs tout à fait positifs quant aux chiffres d'affaires réalisés. M. Lange, le fondateur de la société, veut mettre en place un système de management participatif, dans lequel chaque salarié est acteur de son propre développement. Pour lui, la politique de rémunération doit être avant tout motivante pour impliquer ses collaborateurs dans leur travail.

L'implantation du PGI a permis à la société d'optimiser la réalisation des tâches administratives de la paie et de réduire les dysfonctionnements qui étaient apparus ces derniers mois. Afin de finaliser la gestion opérationnelle de la rémunération, M. Lange confie à Mme Karine le soin de contrôler méticuleusement les éléments personnels de la paie de chaque salarié pour éviter les mécontentements liés aux erreurs, pour stimuler les efforts et associer la performance de chacun aux résultats de la société.

VOS MISSIONS

Pour continuer à améliorer la gestion de la paie, Mme Karine vous demande de l'aider à informer les salariés avant l'établissement de leurs prochaines paies. Les interrogations des uns et des autres sur le calcul des cotisations sociales et des salaires nets à payer doivent être expliquées et modélisées.

MISSION 1 **Contrôler les informations sur les cotisations sociales** ▶ Fiches ressource 1 et 2

MISSION 2 **Contrôler les composantes de la rémunération nette avant PAS de l'impôt** ▶ Fiche ressource 3

MISSION 3 **Contrôler les salaires nets après PAS de l'impôt** ▶ Fiche ressource 3

VOS MISSIONS

MISSION 1 Contrôler les informations sur les cotisations sociales

Discutons-en !
Qui supporte les cotisations sociales et qui en est redevable ?

1. Le nouveau montant du plafond de la Sécurité sociale va-t-il impacter les cotisations des salariés ?
   ▶ Annexe 1 ▶ Fiche ressource 1

2. Pour chaque salarié, déterminez les assiettes (bases de calcul) des cotisations sociales salariales suivantes : mutuelle, vieillesse déplafonnée, vieillesse plafonnée, complémentaire AGIRC-ARRCO, CSG déductible.
   ▶ Annexes 1 et 2

Besoin d'aide ? liennathan.fr/46dkpq

3. Quels salariés bénéficient d'une réduction de cotisations sociales salariales ? Calculez la réduction à laquelle ils ont droit.
   ▶ Annexe 1 ▶ Fiche ressource 2

4. L'entreprise bénéficie-t-elle de réduction(s) de cotisations sociales patronales ? Si oui, pour quel(s) montant(s) ?

MISSION 2 Contrôler les composantes de la rémunération nette avant PAS de l'impôt

5. Après avoir calculé la participation financière de chaque salarié pour l'acquisition d'un titre-restaurant, rédigez une note d'information à destination du personnel afin de présenter cet avantage, son fonctionnement et son coût.
   ▶ Annexe 3 ▶ Fiche ressource 3

6. Déterminez les retenues sur salaire résultant de la saisie sur rémunération et de l'avance sur salaire qui apparaîtront sur les prochains bulletins de paie de Mme Bueno (vous retiendrez un salaire de 2 120 €).
   Calculez la durée de ces remboursements.
   ▶ Annexes 2, 4 et 5

La question de l'expert
Lors de discussions avec les représentants du personnel, il a été évoqué la possibilité que l'entreprise Esthétique&Santé augmente sa participation sur les titres-restaurant. Quel sera l'impact sur les salaires bruts si la valeur faciale du titre-restaurant passe à 12 € avec une participation employeur de 60 % ?

L'autocorrection en vidéo liennathan.fr/f4n2o1

MISSION 3 Contrôler les salaires nets après PAS de l'impôt

7. Déterminez les salaires nets à payer avant prélèvement à la source (PAS) de l'impôt sur le revenu de chacun des salariés.
   ▶ Annexes 1 à 6

Besoin d'aide ? liennathan.fr/wklb4m

8. Pour chaque salarié, retrouvez le salaire imposable qui servira de base de calcul au prélèvement à la source de l'impôt sur son revenu.
   ▶ Annexe 7

9. Établissez les bulletins de paie à l'aide du fichier Excel à télécharger : liennathan.fr/3rj4j1

DONNÉES DE LA SITUATION

ANNEXE 1 Informations sur les salaires bruts d'avril N

Salariés	Salaires bruts	Commentaires
PAGET Joachim	4 375,00 €	Dont 195,00 € d'avantages en nature
BLANDIN Isabelle	1 594,85 €	
KARINE Jeanne	3 202,11 €	Dont 10 HS pour 219,43 € et 13,08 € d'avantages en nature
MESNIER Alexandre	2 646,46 €	Dont 4 HS pour 75,00 €
BUENO Michelle	2 459,20 €	

ANNEXE 2 Informations complémentaires

- Cotisation mutuelle santé : l'entreprise a conclu un contrat basé sur un panier de soins équivalent à une cotisation de 34,28 €, partagée équitablement entre le salarié et l'employeur.
- L'entreprise est soumise, de par sa localisation, à un taux de versement mobilité de 2 %.

ANNEXE 3 Mémo de M. Lange sur l'attribution des titres-restaurant

Dans le cadre de la nouvelle politique sociale, je désire mettre en place à compter du 01/04/N un système de titres-restaurant au sein de l'entreprise. Chaque salarié aura le droit à l'attribution d'un titre par repas compris dans son horaire journalier.

Ces titres-restaurant seront financés conjointement par Esthétique&Santé et par les salariés.

Ces titres-restaurant seront « vendus » à l'ensemble du personnel contre paiement d'une somme inférieure à la valeur nominale.

Après réflexion, j'ai décidé que la valeur faciale du titre sera de 9 € et la part de l'employeur sera de 60 % de cette valeur faciale.

Je vous remercie de votre diligence.

ANNEXE 4 Engagement de remboursement d'une avance sur salaire

Faisant suite à la demande de Mme Bueno Michelle, la société SAS Esthétique&Santé lui accorde, à titre individuel et exceptionnel, une avance sur salaire d'un montant de trois mille euros (3 000,00 €) remise ce jour par chèque n° 275 banque BPCA de Bordeaux.

Cette avance sur salaire est remboursable sans intérêts.

La société met en place un prélèvement sur salaire brut (règle du 1/10e) à chaque échéance de paie et ce jusqu'à extinction de la dette (prélèvement sur 19 mois). Le premier remboursement interviendra le mois suivant le versement de l'avance.

Mme Bueno Michelle pourra également se libérer par remboursements anticipés.

En cas de rupture du contrat pour quelque cause que ce soit, les sommes restant dues deviennent immédiatement exigibles et seront prélevées sur le bulletin de paie dans les limites mentionnées ci-dessus ou payées dans leur intégralité directement par le salarié.

Fait à Bordeaux, le 20 avril N, en deux exemplaires.

Signature du salarié — Signature de l'employeur

ANNEXE 5 Notification d'une saisie administrative à tiers détenteur sur rémunération

RÉPUBLIQUE FRANÇAISE
Liberté
Égalité
Fraternité

AVIS DE SAISIE ADMINISTRATIVE À TIERS DÉTENTEUR (SATD)

FINANCES PUBLIQUES

Coordonnées débiteur
Mme BUENO Michelle 100, rue Chevalier 33000 Bordeaux

SIP PESSAC-TALENCE
CITÉ ADMINISTRATIVE
RUE JULES FERRY
33000 BORDEAUX

SERVICE RH
ESTHÉTIQUE&SANTÉ

Le 19 mars N

Madame, Monsieur,

Mme **BUENO**, demeurant **100, rue Chevalier 33000 Bordeaux**,

est redevable à ma caisse d'un montant de **1 780 €** dont :

1 780 € garantis par le privilège du Trésor.

Vous êtes dépositaire, détenteur ou débiteur de sommes appartenant ou devant revenir à ce redevable.

En application de l'article L. 262 du Livre des procédures fiscales, je suis autorisé à recouvrer ces sommes dues par voie de saisie administrative à tiers détenteur (SATD).

Il vous appartient de remplir les obligations suivantes :

1) **me retourner l'accusé de réception** ci-joint dûment rempli dans les plus brefs délais [...] ;

2) **m'informer de la présence éventuelle** d'une saisie, cession des rémunérations, saisie administrative à tiers détenteur ou procédure de paiement direct de créances d'aliments en cours d'exécution (article L. 3252-9 du Code du travail) ;

3) **déterminer les revenus à affecter** en respectant la quotité saisissable (articles L. 3252-2, L. 3252-5 du Code du travail) [...].

4) **mettre en place le plan de prélèvement** dès la paie du mois qui suit ce courrier.

ANNEXE 6 Pièce comptable : acompte salaire

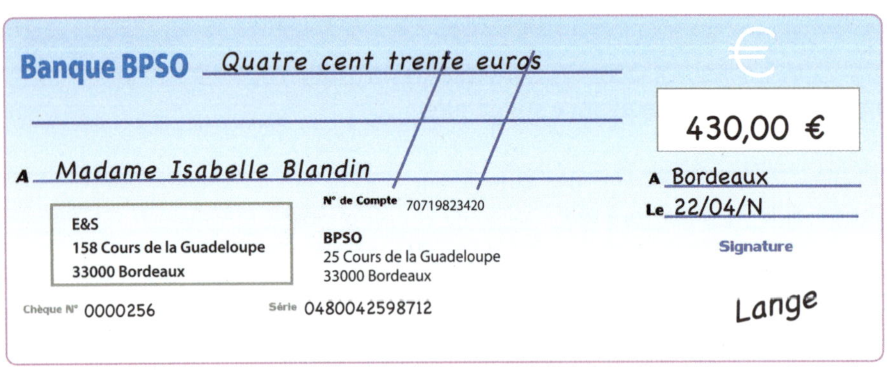
Banque BPSO *Quatre cent trente euros*

430,00 €

A *Madame Isabelle Blandin*

A *Bordeaux*
Le *22/04/N*

N° de Compte 70719823420

E&S
158 Cours de la Guadeloupe
33000 Bordeaux

BPSO
25 Cours de la Guadeloupe
33000 Bordeaux

Signature
Lange

Chèque N° 0000256
Série 0480042598712

ANNEXE 7 Taux individuels de prélèvement à la source

Salariés	PAS
PAGET Joachim	11,90 %
BLANDIN Isabelle	7,50 %
KARINE Jeanne	7,50 %
MESNIER Alexandre	7,50 %
BUENO Michelle	0 %

FICHE RESSOURCE 1

Les cotisations sociales sur les salaires

Les cotisations sociales sont des versements, calculés en pourcentage du salaire, qui permettent au salarié de bénéficier de prestations sociales lors d'éventuelles périodes de maladie, chômage, accident du travail, maternité et lors de son départ en retraite. Une part de ces cotisations est à la charge de l'employeur, et l'autre, à la charge du salarié.

I Les cotisations sociales salariales

Les cotisations salariales sont prélevées et versées directement par l'employeur, c'est le système du précompte. Elles se décomposent de la manière suivante :

- cotisations à l'Urssaf (Union de recouvrement de la Sécurité sociale et des allocations familiales) qui comprennent la Sécurité sociale, le FNAL (Fonds national d'aide au logement), CSG/CRDS (contribution sociale généralisée/contribution au remboursement de la dette sociale) et le forfait social ;
- cotisations aux caisses de retraite.

II L'assiette des cotisations : la notion de tranches

La base de calcul (ou assiette) des cotisations salariales dépend du salaire brut pour certaines cotisations, d'autres dépendent d'un plafond annuel fixé par la Sécurité sociale (PASS) ou du plafond mensuel (PMSS = PASS/12).

Au 1er janvier 2025, le PMSS est fixé à 3 925,00 €.

Aller plus loin

Plafonds de la Sécurité sociale
liennathan.fr/t3jv8s

On distingue plusieurs valeurs de l'assiette ou base de cotisations. Le salaire brut, les tranches 1 et 2, servent de base de calcul à certaines cotisations. Elles sont toujours définies en fonction du salaire brut, d'un pourcentage du salaire brut (CSG-CRDS), du plafond ou de tranches de plafond.

1. La tranche 1 de la rémunération des cadres et non-cadres

Elle sert de base aux cotisations suivantes :

- Assurance vieillesse plafonnée ;
- FNAL (Fonds national d'aide au logement) ;
- Assurance chômage et AGS (Assurance de garantie des salaires) ;
- Régime complémentaire de retraite AGIRC-ARRCO (tranche1) ;
- CEG (Contribution d'équilibre général) ;
- Régime complémentaire d'assurance décès obligatoire des cadres.

Lorsque le salarié perçoit un salaire inférieur au plafond, la tranche 1 est logiquement le salaire brut.

> **Exemple**
> M. Géraud est cadre et son salaire mensuel brut est de 4 000 €. La tranche 1 correspond au salaire soumis à cotisations limité au plafond de la Sécurité sociale, soit 3 925 €.

2. La tranche 2 de la rémunération des cadres et non-cadres

Elle sert de base aux cotisations suivantes :

- Régime complémentaire de retraite AGIRC-ARRCO (tranche 2) ;
- CEG (Contribution d'équilibre général) (tranche 2) ;
- CET (Contribution d'équilibre technique) pour la rémunération supérieure au PMSS.

> **Exemple**
> Mme Gaeli est salariée cadre. Son salaire mensuel brut est de 4 560 €. La tranche 1 de sa rémunération correspond au salaire soumis à cotisations limité au PMSS (3 925 €). La tranche 2 est égale au salaire brut, déduction faite de la tranche 1 et limité à 8 PMSS soit : 4 560 – 3 925 = 635 €.

III Le tableau récapitulatif des cotisations sociales sur salaires

Les charges sociales représentent un coût pour l'employeur et pour le salarié. Un tableau reprend l'ensemble des contributions, cotisations et taxes sur salaire pour l'année 2025.

FICHE RESSOURCE 1

*Données mises à jour en mai 2025

Cotisations par rubrique	Assiette ou base	% de CSS	% de CSP
SANTÉ			
• Maladie-maternité-invalidité (salaire < à 2,25 SMIC ❷)	Salaire total (salaire brut)	–	7,00
Maladie-maternité-invalidité (salaire > à 2,25 SMIC ❷)		–	13,00
• Prévoyance obligatoire des cadres	Plafond ❶	–	1,50
• Prévoyance facultative	Variable	Variable	Variable
• Mutuelle facultative ❸	Variable	Variable	Variable
ACCIDENTS DU TRAVAIL – MALADIES PROFESSIONNELLES			
• Accident du travail	Salaire total	–	Variable
RETRAITE			
• Vieillesse plafonnée	Plafond	6,90	8,55
Vieillesse déplafonnée	Salaire total	0,40	2,02
• Retraite complémentaire AGIRC-ARRCO Tranche 1	Plafond	3,15	4,72
Retraite complémentaire AGIRC-ARRCO Tranche 2	Entre 1 et 8 plafonds	8,64	12,95
• CEG (Contribution d'Équilibre Général) Tranche 1	Plafond	0,86	1,29
CEG (Contribution d'Équilibre Général) Tranche 2	Entre 1 et 8 plafonds	1,08	1,62
• CET (Contribution d'Équilibre Technique) sur salaires au plafond dès le 1er euro	Dans la limite de 8 plafonds	0,14	0,21
FAMILLE			
• Allocations familiales (salaire < à 3,3 SMIC)	Salaire total	–	3,45
Allocations familiales (salaire > à 3,3 SMIC)		–	5,25
CHÔMAGE			
• Assurance chômage	Dans la limite de 4 plafonds	–	4,00
• AGS-FNGS (Fonds National de Garantie des Salaires)	Dans la limite de 4 plafonds	–	0,25
• APEC (Assurance Pour l'Emploi des Cadres), chômage des cadres	Dans la limite de 4 plafonds	0,024	0,036
AUTRES CONTRIBUTIONS DUES PAR L'EMPLOYEUR			
• FNAL (Fonds National d'Aide au Logement) – Effectif < 50 salariés	Plafond	–	0,10
FNAL (Fonds National d'Aide au Logement) – Effectif ≥ 50 salariés	Salaire total	–	0,50
• CSA (Contribution Solidarité Autonomie)	Salaire total	–	0,30
Contribution au dialogue social	Salaire total	–	0,016
• Versement mobilité	Salaire total	–	Variable
CSG-CRDS			
• CSG (Contribution Sociale Généralisée) *D = Déductible / ND = Non Déductible*	98,25 % du salaire total + cotisations patronales de prévoyance et éventuellement de mutuelle	6,80 D	–
		2,40 ND	–
• CRDS (Contribution au Remboursement de la Dette Sociale)		0,50 ND	–
TAXES ET PARTICIPATIONS			
• Taxe sur les salaires (entreprises non assujetties à TVA)	Salaire total	–	4,25
• Participation à l'effort de construction (> 50 salariés)	Salaire total	–	0,45
• Taxe d'apprentissage	Salaire total	–	0,68
• Contribution OPCO : formation professionnelle et apprentissage – Effectif < 11 salariés	Salaire total	–	0,55
Contribution OPCO : formation professionnelle et apprentissage – Effectif ≥ 11 salariés			1,00

❶ Le plafond mensuel de la Sécurité sociale (PMSS) est une limite maximale de rémunération à prendre en compte pour le calcul de certaines cotisations. Les cotisations « plafonnées » sont généralement celles dont les avantages futurs de reversement éventuel sont eux-mêmes plafonnés.

❷ La « valeur » 2,25 SMIC est et restera à calculer sur le SMIC au 1er janvier 2025.

❸ L'adhésion à une mutuelle ou complémentaire santé est obligatoire pour l'employeur. Il est libre du choix de l'organisme assureur mais doit mettre en place une couverture collective au moins égale à un panier de soins minimal et prendre en charge 50 % de son financement. Le salarié peut refuser la mutuelle de son entreprise :
– s'il a déjà souscrit une complémentaire santé individuelle ;
– s'il est couvert en tant qu'ayant droit de la complémentaire santé de son conjoint ou d'un parent ;
– si le dispositif a été mis en place par décision unilatérale de l'employeur et qu'il ne satisfait pas le salarié.

La part versée par l'employeur doit être intégrée au salaire imposable du salarié car elle est considérée comme un avantage en nature. À l'inverse, la part versée par le salarié est non imposable.

L'essentiel en une question

Quels sont les deux éléments qui permettent de calculer une cotisation sociale ?

Consultez le corrigé
liennathan.fr/tr0k3e

FICHE RESSOURCE 2

Les exonérations et les réductions de cotisations sociales

I Les réductions sur les heures supplémentaires pour les salariés

La loi n° 2018-1213 du 24 décembre 2018 portant mesures d'urgence économiques et sociales prévoit l'exonération de charges salariales des heures supplémentaires. En 2022, l'exonération d'impôt sur le revenu a été portée à 7 500 €.

L'exonération de cotisations salariales sur les heures supplémentaires concerne l'essentiel des cotisations soit un total de 11,31 % environ de la rémunération brute perçue au titre des heures supplémentaires.

> Exemple
> Un salarié a effectué au cours du mois 14 heures supplémentaires pour un montant de 245 € (14 × 17,5) ; sa réduction de cotisations salariales sera égale à : 245 × 11,31 % = 27,71 €

II Les réductions sur les heures supplémentaires pour les employeurs

Pour les entreprises dont l'effectif est compris entre 50 et 249 salariés, une déduction forfaitaire des cotisations patronales est fixée à 0,50 € par heure supplémentaire.

> Exemple
> L'entreprise VN Composites a un effectif de 52 salariés. Au cours du mois de mars N, les salariés ont effectué 90 heures supplémentaires. La déduction forfaitaire des cotisations patronales sera de : 90 × 0,50 = 45 €.

III Les réductions des cotisations patronales sur les bas salaires

1. Le principe

Il s'agit d'une baisse des cotisations de Sécurité sociale et des allocations familiales sur les salaires inférieurs à 1,6 fois le Smic prévue par la LFSS 2019. Cette réduction (ex « réduction Fillon ») est calculée annuellement mais il est possible de la calculer mensuellement en procédant à une régularisation en fin d'année.

Sont concernés par cette réduction les salariés en CDI et en CDD au prorata de leur temps de présence au cours des 12 mois précédents.

2. Le coefficient et le calcul

Pour calculer le montant de la réduction, il faut multiplier la rémunération brute annuelle ou mensuel du salarié ou des salariés par un coefficient C selon la formule suivante :

Réduction annuelle = salaire brut annuel ou mensuel × coefficient à 4 décimales

Le coefficient s'obtient en appliquant le taux T fixé par la loi en fonction des effectifs :
T= 0,3193 pour les entreprises de moins de 50 salariés ;
T= 0,3233 pour les entreprises de plus de 50 salariés.

Coefficient C = (T / 0,6) × [(1,6 × Smic annuel ou mensuel / salaire annuel ou mensuel brut) – 1]

> Exemple
> Une entreprise a 4 salariés en CDI et à temps plein qui perçoivent chacun une rémunération mensuelle brute de 2 000 €. La rémunération annuelle brute est égale à : 2 000 × 12 mois × 4 salariés = 96 000 €.
> Le Smic annuel est de : 11,88 € × 1 820 heures × 4 = 86 486,40 €.
> Coefficient de réduction = 0,3193 / 0,6 × [1,6 × 86 486,40 / 96 000) –1] = 0,2349.
> Pour cette entreprise, la réduction annuelle est de : 0,2349 × 96 000 = 22 552,29 € pour l'ensemble des 4 salariés.

? L'essentiel en une question

Qui bénéficie de réductions et/ou déductions de cotisations sociales et pour quelles raisons ?

Consultez le corrigé
liennathan.fr/8ak4pf

FICHE RESSOURCE 3

La détermination du salaire net à payer

I Les remboursements des frais professionnels

Le salarié peut être amené à engager des dépenses dans le cadre de son activité professionnelle. Ces frais lui sont remboursés soit à l'euro près sur présentation d'un justificatif de la dépense réelle, soit sous forme forfaitaire selon un barème.

1. Les frais de véhicule

Les frais professionnels sont exonérés de cotisations sociales dans la limite fixée par le barème fiscal des indemnités kilométriques. Deux possibilités s'offrent à l'employeur pour rembourser ces frais :

- en cours de mois (ou en cours d'année) et ne pas les mentionner sur le bulletin de paie ;
- au moment du versement du salaire et, dans ce cas, les frais figureront sur le bulletin de paie.

Aller plus loin

Barème kilométrique

liennathan.fr/qbx7tv

2. Les frais de repas

Le remboursement de frais de repas est exonéré de cotisations pour le salarié :

- en déplacement professionnel et qui ne peut regagner sa résidence ;
- en déplacement sur un chantier et non contraint d'aller au restaurant ;
- contraint de prendre ses repas sur son lieu de travail en raison de sujétions particulières (travail en équipe, posté, continu, en horaire décalé, de nuit…).

L'indemnisation des frais professionnels liés aux repas peut s'effectuer sous la forme d'allocations forfaitaires ou en fonction des dépenses réellement engagées par le salarié.

Le Trésor public publie chaque année le barème des allocations forfaitaires exonérées de cotisations sociales en fonction des trois cas de figure. Si la convention collective prévoit un montant supplémentaire, le surplus sera soumis à cotisations.

Aller plus loin

Allocations forfaitaires repas

liennathan.fr/cfwr4m

II Les primes ou indemnités non soumises à cotisations

1. La participation obligatoire aux frais de transports publics

Tout employeur doit prendre en charge une partie de ces frais pour chaque salarié si :

– le moyen de transport est public (métro, tramway, bus, train, vélo loué) ;

– l'achat de ces titres de transport est réalisé sous forme d'abonnement périodique ou hebdomadaire.

Le remboursement se fait à hauteur de 50 % au minimum et proportionnellement au nombre d'heures travaillées. Il est versé par l'employeur le mois où les justificatifs sont reçus et doit apparaître sur le bulletin de salaire. Cette participation est totalement exonérée.

2. Le forfait « mobilités durables »

Les employeurs ont la possibilité de verser une indemnité aux salariés qui privilégient un moyen de transport dit « propre » pour réaliser leurs trajets domicile-travail. Ces moyens de transport peuvent revêtir différentes formes : vélo, covoiturage, deux ou trois-roues motorisés jusqu'à 125 cm^3… Le forfait mobilités durables a d'abord été étendu aux salariés qui utilisent leur véhicule personnel pour se rendre à l'entreprise et, plus récemment, à tous les salariés de l'entreprise.

Le forfait est totalement exonéré dans la limite de 700 € par an (800 € en cas de cumul avec les autres prises en charge des frais de transport).

3. La prise en charge facultative des frais de transport

Tout employeur a le loisir de mettre en place une « prime transport » pour couvrir une partie des frais de carburant du salarié. Dans ce cas, chaque salarié doit en être bénéficiaire si :

– son lieu d'habitation est hors de la région Île-de-France ;

– l'utilisation d'un véhicule personnel est indispensable, faute de transports publics existants.

Cette prime est exonérée de cotisations et contributions sociales dans la limite de 400 €.

III Les titres-restaurant

Les titres-restaurant font également partie des avantages financiers de la rémunération.

1. La règle d'attribution

La loi n'oblige pas les entreprises à mettre en place des titres-restaurant. Ceux-ci permettent une prise en charge partielle des repas. L'employeur qui met en place des titres-restaurant doit en revanche en attribuer également aux stagiaires (loi 2014-788 du 10/07/2014).

Un salarié à temps partiel a droit aux titres-restaurant pour les seuls repas compris dans son horaire de travail. Lorsque le salarié est en congé ou absent pour diverses raisons (ex. : maladie, dispense de préavis), l'employeur n'a pas à lui attribuer de titres-restaurant pour cette période.

Au 1er janvier 2025, le niveau maximal de la part patronale exonérée est de 7,26 €. Cette part patronale est exonérée tant qu'elle représente de 50 à 60 % de la valeur du titre-restaurant.

2. Le calcul sur le bulletin de paie

L'employeur doit retenir sur le salaire la part salariale due pour l'acquisition du titre. La retenue doit figurer sur une ligne à part du bulletin de salaire.

- La part de l'employeur soumise à cotisations apparaît sur le bulletin de paie dans le calcul du salaire brut puis est retranchée pour le calcul du salaire net à payer.
- La part du salarié est prélevée sur le bulletin avant le calcul du net à payer avant impôt sur le revenu.

IV Les retenues financières

1. L'acompte sur salaire

a. Définition

C'est le versement anticipé du salaire correspondant à un travail déjà effectué. La somme de l'acompte sur salaire est calculée en fonction des heures réalisées avant l'établissement du bulletin de paie.

Tous les salariés peuvent prétendre à un acompte sur salaire, quels que soient le contrat de travail et l'ancienneté dans l'entreprise.

b. L'impact sur le bulletin de paie et les charges sociales

Lors du versement de l'acompte, l'employeur ne doit pas déduire de cotisations sociales. Celles-ci seront calculées sur la totalité de la rémunération mensuelle, acompte compris.

Le montant de l'acompte apparaît avant la rubrique « net à payer avant impôt sur le revenu ».

2. L'avance sur salaire

a. Définition

L'avance sur salaire correspond à un prêt consenti par l'entreprise. En effet, la somme attribuée au salarié correspond à un travail non encore effectué.

L'employeur n'a pas l'obligation de répondre favorablement à une demande d'avance sur salaire.

Dans l'usage, il est préférable d'établir une convention venant à préciser le montant de l'avance, la date de versement ainsi que les modalités de remboursement.

b. La récupération de l'avance : la limite du 1/10e

L'employeur opère une retenue sur salaire qui ne peut excéder le 1/10e du salaire net exigible (Code du travail, art. L.3251-3). Tous les éléments de salaire sont compris pour le calcul du salaire net (indemnité de congés payés, indemnité de préavis, indemnité compensatrice de congés payés, primes, etc.).

3. La saisie sur rémunération

a. Définition

La saisie sur rémunération oblige l'employeur à retenir, par décision judiciaire et sous certaines conditions, une partie de la rémunération du salarié pour payer un créancier.

Le tribunal judiciaire envoie une lettre recommandée à l'employeur du salarié pour lui signifier qu'il doit procéder à une saisie sur salaire.

b. Le calcul et le barème

La fraction saisissable sur salaire est calculée à partir des rémunérations nettes annuelles des 12 derniers mois précédant la notification de la saisie déduction faite du prélèvement à la source (PAS).

La saisie sur salaire ne peut dépasser certains plafonds. Ces derniers sont calculés par tranche de rémunération annuelle selon un barème progressif.

Le montant de la saisie et son montant figurent sur le bulletin de paie. L'employeur adresse au secrétariat-greffe du tribunal judiciaire la somme prélevée sur le bulletin de paie du salarié.

> **Aller plus loin**
> **Barème saisie sur rémunération**
> liennathan.fr/991hwn

Les éléments entrant dans la base saisissables sont les suivants :
– le salaire de base et ses accessoires (primes, heures supplémentaires) ;
– les avantages en nature ;
– l'indemnité de congés payés ;
– les indemnités journalières de Sécurité sociale (IJSS).

V La détermination du salaire net avant impôt et du salaire imposable

Salaire brut – Cotisations sociales salariales	
+ Primes exonérées + Frais professionnels – Avantages en nature – Titres-restaurant – Acompte – Avance – Saisie sur rémunération	+ CSG/CRDS non déductibles + Participation patronale à la mutuelle complémentaire + Participation patronale à la prévoyance – Heures supplémentaires
= Salaire net à payer avant PAS de l'impôt sur le revenu (IR)	**= Salaire net imposable**

VI La détermination du salaire net après prélèvement à la source (PAS) de l'impôt sur le revenu (IR)

Salaire net à payer avant **PAS de l'IR – PAS = Salaire net à payer** après **PAS de l'IR**

Prélèvement à la source (PAS) : depuis 1er janvier 2019, l'employeur doit prélever l'impôt sur le revenu sur les salaires qu'il verse. Il n'a pas à être au courant de la situation fiscale du salarié, il applique juste le taux de prélèvement qui lui est fourni.

L'assiette de calcul est le salaire net imposable (voir plus haut). Le taux applicable est déterminé par l'administration fiscale pour chaque contribuable à partir de sa déclaration de revenus N-1.

La rémunération des stagiaires et des apprentis n'est pas soumise à l'impôt, donc pas de PAS.

> **? L'essentiel en une question**
> **Quel salaire net est représentatif de la paie « normale » du salarié en tant que rémunération de son travail ?**
> **Consultez le corrigé**
> liennathan.fr/dnluqj

APPLICATIONS

CHAPITRE 7

ATELIER PGI

Observer et modifier un bulletin de paie

Chapitres concernés

Chapitre 4 : La durée du travail

Chapitre 5 : Le suivi des absences et des congés

Chapitre 6 : L'élaboration des bulletins de paie : la détermination du salaire brut

Chapitre 7 : L'élaboration des bulletins de paie : la détermination du salaire net à payer

Fiche de travail à télécharger
liennathan.fr/kbetvt
PDF

EXOS FLASH

EXO 1 Quiz interactif

Testez vos connaissances sur ce chapitre avec le quiz en ligne.

liennathan.fr/0trg1m

Votre score ....

EXO 2 Calculer les cotisations sociales

En avril N, l'entreprise a mis en place une complémentaire santé.
Le contrat d'adhésion est signé seulement par Candice et Michel.

- **Calculez les cotisations de Candice, Hugo, Margaux, Michel et Sofiane pour l'ensemble des CSG-CRDS non déductibles.**

ANNEXE 1 **Salaires issus du fichier du personnel**

Candice	3 900 €	
Hugo	1 750 €	Heures supplémentaires pour 150 € en avril
Margaux	1 000 €	Temps partiel de 26 heures hebdomadaires
Michel	4 100 €	Cadre
Sofiane	55 % du SMIC mensuel brut	Contrat d'apprentissage

ANNEXE 2 **Extrait du contrat de mutuelle**

La base de calcul du contrat est un panier de soins évalué à 3 000 €. [...]
Une cotisation de 1,5 % est prise en charge à 2/3 par l'employeur.

EXO 3 Calculer le coût du travail

Augustine, cheffe d'une entreprise de huit salariés, désire renforcer son équipe. Elle envisage de recruter soit M. Gravier, menuisier aluminium, non-cadre, soit M. Dufond, responsable d'atelier, cadre.

- **Établissez un tableau permettant de comparer le coût du travail des deux candidats et faites ressortir l'écart global entre les deux.**

ANNEXE 1 Salaires bruts

M. Gravier	18 € de l'heure
M. Dufond	28 € de l'heure

ANNEXE 2 Extrait du contrat de mutuelle

La base de calcul du contrat est le salaire total pour les non-cadres et le salaire total limité au plafond mensuel de la Sécurité sociale pour les cadres. […] Une cotisation de 2 % pour les non-cadres et de 3 % pour les cadres est prise en charge à hauteur de 50 % par l'employeur.

EXO 4 Évaluer l'impact des titres-restaurant

Jean-Claude, chef d'entreprise, s'est réuni avec les représentants du CSE au sujet de la mise en place de titres-restaurant. Plusieurs options ont été envisagées : une valeur faciale de 10 € et une autre de 14 € : une prise en charge de 50 % ou de 60 %.

- **Pour ces quatre possibilités, calculez la part employeur et la part salarié et précisez l'impact sur les cotisations sociales salariales et patronales.**

EXO 5 Déterminer le salaire net à payer après IR

En tenant compte des résultats de vos calculs sur les cotisations de CSG-CRDS non déductibles dues par Candice, Hugo, Margaux, Michel et Sofiane en avril N (EXO 2), vous calculez leurs salaires nets à payer après impôt.

- **Déterminez les salaires nets après PAS de l'impôt sur le revenu pour les cinq salariés.**

Par simplification, vous tiendrez compte d'un taux de cotisations sociales salariales de 21,5 % pour tous les salariés sauf pour Sofiane (exonéré totalement de cotisations sociales en tant qu'apprenti).

ANNEXE 5 Taux de PAS transmis par l'administration fiscale

Candice	Hugo	Margaux	Michel	Sofiane
7,50 %	0,50 %	0,50 %	11,9 %	0 %

ENTRAÎNEMENT AU BTS 1 La réduction générale de cotisations patronales ★☆☆

L'entreprise SMAC est spécialisée dans la production de caoutchouc pour câbles éléctriques. Elle est située à Reims (51). Son e ffectif au 01/01/N est de 10 salariés. Elle est dirigée par M. Diez Ludovic, gérant salarié.

Vous effectuez votre stage de deuxième année au service de comptabilité de cette entreprise. Mme Martine Saintdidier dirige ce service. Elle vous demande de bien vouloir prendre en charge le calcul de la réduction générale de cotisations patronales afin qu'elle puisse établir les bulletins de paie des salariés pour le mois de janvier.

- **À l'aide du mémo laissé par Mme Saintdidier (annexe), déterminez le montant total de la réduction générale de charges patronales pour l'entreprise SMAC au titre du mois de janvier N.**

ANNEXE **Mémo de Martine Saintdidier**

Bonjour,

Je vous ai récapitulé dans le tableau suivant les éléments comptables qui vous permettront de déterminer la réduction :

Nom / Prénom salarié	Type de contrat	Nombre d'heures du contrat	Salaire de base	Emploi
Diez Ludovic	CDI à temps complet	151,67 heures	4 000,00 €	Gérant salarié
Saintdidier Martine	CDI à temps complet	151,67 heures	2 200,00 €	Responsable service comptable
Salomon Sébastien	CDI à temps complet	151,67 heures	2 047,55 €	Chef d'atelier
Lhote Xavier	CDI à temps partiel	120 heures	1 620,00 €	Ajusteur usineur
Gantelet Emmanuelle	CDD à temps complet	151,67 heures	1 895,83 €	Technicienne de production
Rossi Romain	CDD à mi-temps	75,835 heures	910,02 €	Technicien de production
Labbat André	CDI à temps partiel	96 heures	1 248,00 €	Technicien des méthodes
Dumont Jonathan	CDI à temps complet	151,67 heures	1 709,28 €	Ouvrier de fabrication
Franchetti Carole	CDI à 80 % du temps complet	121,336 heures	1 383,23 €	Secrétaire
Bouillon Nicolas	CDD à temps partiel	113,75 heures	1 592,50 €	Magasinier

Pour calculer le montant de la réduction, il faut multiplier la rémunération brute mensuelle de chaque salarié par le coefficient C selon la formule :

C = (T / 0,6) × [(1,6 × Smic mensuel / salaire mensuel brut) – 1]

T = 0,3193 pour les entreprises de moins de 50 salariés.

Cordialement,

Martine Saintdidier

ENTRAÎNEMENT AU BTS 2 Saisie sur rémunération

La SA Concept et Conditionnement, au capital de 38 112 €, est dirigée par M. Gérard Maire ; son siège social est en ZI de la Pilaterie 59700 Marcq-en-Barœul.Son activité est la production d'emballages pour l'industrie agroalimentaire. Son effectif est de 62 salariés.

Vous êtes l'assistant(e) comptable de M. Maire. Celui-ci a l'habitude de vous confier un certain nombre de dossiers à gérer. Pour cela, vous avez pris l'initiative de collecter les informations et de rechercher les documents nécessaires.

Le greffe du tribunal d'instance de Lille vient de transmettre à l'entreprise une notification de saisie sur rémunération concernant Pierre Lefèvre, conducteur de machines.
M. Maire vous demande de traiter ce dossier.

1 Calculez le montant de la saisie mensuelle maximale sur le salaire de M. Lefèvre sur la base d'un salaire mensuel de 1 850 € bruts. Présentez vos calculs sous forme de tableau.

2 Déterminez la durée de cette saisie sur rémunération.

ANNEXE 1 Fiche du salarié LEFÈVRE

Nom salarié(e)	LEFÈVRE	**Lieu de naissance**	Reims (51)
Prénom salarié(e)	Pierre	**Situation familiale**	Marié
Emploi	Conducteur de machines	**Nombre d'enfants**	3 enfants âgés de 13, 9 et 4 ans
Contrat à temps plein	Oui	**Salaire mensuel**	2 145 €
Type de contrat	CDI	**Nombre d'heures par mois**	151,67
Date de naissance	14/02/1965	**Prime d'ancienneté**	7 % du salaire de base
Date d'entrée société	12/06/N-8	**Prime de salissure**	120,00 €

ANNEXE 2 Barème de saisie

Barème de saisie de renumération
liennathan.fr/991hwn

ANNEXE 3 Courrier du Tribunal judiciaire de Lille

Le greffier en chef du tribunal judiciaire, procédant conformément à l'article R. 3252-7 du Code du travail, vous notifie en votre qualité d'employeur, que par ordonnance rendue par le juge du tribunal judiciaire le 4 décembre N-1, le créancier ci-dessus nommé et domicilié a été autorisé à faire pratiquer entre vos mains une saisie-arrêt des rémunérations du travail que vous êtes appelé à régler à votre employé ci-dessus qualifié : débiteur saisi.

Montant de la créance : 1 430,80 €.

Le juge du tribunal judiciaire — Le greffier en chef

ENTRAÎNEMENT AU BTS 3 Contrôle des données de paie ★★☆

La SARL Zerbini Paysages, située à Maisons-Alfort, est spécialisée dans la création et l'aménagement d'espaces verts. M. Femenias, salarié de l'entreprise depuis un an, y occupe la fonction de jardinier paysagiste. Intrigué par la dernière fiche de paie qu'il a reçue (annexe 2), il vous consulte afin de lui fournir de plus amples explications.

1 **À partir de l'annexe 1, vérifiez les montants en bleu dans les extraits du bulletin de paie (annexe 2).**

2 **Justifiez par le calcul le coût de M. Femenias pour son employeur en tenant compte d'un taux d'accident de travail de 1,834 %.**

ANNEXE 1 Informations concernant la situation de M. Femenias au 01/03/N

Éléments de rémunération : M. Femenias, salarié en CDI à temps plein, est rémunéré à partir d'un salaire de base mensuel de 2 000,00 € (hors primes). Par ailleurs, il bénéficie gracieusement d'un logement (deux pièces) appartenant à la société et d'un contrat mutuelle de 40 € par mois financés à 50 % par son employeur.

Trajets domicile/travail : M. Femenias se déplace en transport en commun (abonnement SNCF de 80 € par mois).

Déplacements professionnels : pour ses déplacements ponctuels en province (1 journée de déplacement à Nantes en février), les frais de déplacement et d'hébergement occasionnés sont d'abord déboursés par M. Femenias et remboursés intégralement par la société, sur justificatifs.

Repas : il n'y a pas de restaurant d'entreprise. M. Femenias bénéficie donc de titres-restaurant (20 titres en mars, valeur faciale : 10 €), qu'il achète 5 € l'unité à son employeur (qui finance le solde), par prélèvement direct sur son salaire.

Acomptes : un acompte sur son salaire de 400 € a été demandé le 15/03/N.

ANNEXE 2 Bulletin de paie de M. Femenias du mois de mars N (extraits)

DÉSIGNATION	BASE	PART SALARIALE		PART PATRONALE
		TAUX	MONTANT	MONTANT
Salaire de base	151,67	13,187 €	2 000,00 €	
Prime d'ancienneté			120,00 €	
Prime d'assiduité			77,80 €	
Avantages en nature logement			150,80 €	
Rémunération brute			2 348,60 €	
Tickets restaurant	20	5	– 100,00 €	
Avantages en nature logement			– 150,80 €	
Frais professionnels (hôtellerie)			200,00 €	
Remboursement frais transport en commun			40,00 €	
Avance sur salaire			– 400,00 €	
TOTAL DES COTISATIONS ET CONTRIBUTIONS			511,39 €	713,95 €
NET À PAYER AVANT IMPÔT SUR LE REVENU				

Impôt sur le revenu	**Base**			
Impôt sur le revenu prélevé à la source		**Taux personnalisé** 4,10 %	**Montant**	
Mode de règlement : Virement	**Net imposable**	**Net payé**		**Total versé par l'employeur** **3 062,55 €**

ENTRAÎNEMENT AU BTS 4 Établissement d'un bulletin de paie

★★☆

M. Michel Cardon est gardien au sein de la société Maisons Ripert, constructeur de maisons individuelles. La paie de M. Cardon pour le mois de janvier N se décompose de la manière suivante :
- salaire mensuel fixe : 1 850,00 € ;
- prime d'ancienneté : 5 % de son salaire de base ;
- prime de fonction : 56,20 € ;
- une avance de 250,00 € a été virée sur son compte bancaire le 10 du mois ;
- mutuelle obligatoire : 36,66 € (prise en charge employeur : 60 %).

M. Cardon occupe un appartement de trois pièces situé à l'entrée de la société. Il prend gratuitement ses repas de midi, du lundi au vendredi, à la cantine de la société. La comptable de la société enregistre en charge les avantages en nature accordés, à leur valeur fixée par la loi.

1 **Sachant que le mois de janvier N compte 21 jours de travail, évaluez la valeur des avantages en nature dont M. Cardon bénéficie.**

2 **Contrôlez la rémunération brute de M. Cardon.**

3 **Précisez la différence entre une avance et un acompte. Quelles sont les conséquences dans le calcul de la paie ?**

4 **Complétez le corps et le pied du bulletin de paie de M. Cardon en justifiant chaque rubrique.**

ANNEXE **Bulletin de paie simplifié**

	Salaire brut	2 277,40			
COTISATIONS SOCIALES	**Base**	**Cotisations salariales**		**Cotisations patronales**	
SANTÉ					
Sécurité sociale – Maladie-maternité-invalidité – Décès				7,00 %	
Complémentaire Incapacité Invalidité – Décès Tranche 1					
Complémentaire Santé (Mutuelle)			14,66		22,00
ACCIDENTS DU TRAVAIL – MALADIES PROFESSIONNELLES					
RETRAITE					
Sécurité sociale plafonnée		6,90 %		8,55 %	
Sécurité sociale déplafonnée		0,40 %		2,02 %	
Complémentaire AGIRC-ARRCO et CEG Tranche 1		4,01 %		6,01 %	
FAMILLE					
Famille				3,45 %	
ASSURANCE CHÔMAGE					
Chômage et AGS-FNGS				4,25 %	
AUTRES CONTRIBUTIONS DE L'EMPLOYEUR					93,28
CSG déductible de l'impôt sur le revenu		6,80 %			
CSG et CRDS imposables à l'impôt sur le revenu		2,90 %			
Exonérations et allègements des cotisations employeur					
Exonérations des cotisations sur heures sup. salarié					
TOTAL DES COTISATIONS ET CONTRIBUTIONS					

SALAIRE NET	1 785,99 €	**SALAIRE IMPOSABLE**	
Avance		**Taux personnalisé**	2,90%
Avantages en nature		**PAS de l'Impôt sur le revenu**	
SALAIRE NET AVANT PAS DE L'IR			
		SALAIRE NET PAYÉ	

P7

ENTRAÎNEMENT AU BTS 5 Renseignement d'un bulletin de paie

★★☆

L'entreprise LCI Micros, une start-up spécialisée en conseil en systèmes informatiques, compte 12 salariés en CDI à temps complet.

- **À l'aide d'un tableur, automatisez le bulletin de paie (annexe 4) afin de déterminer les salaires à payer en mars à Mme Hamon et à M. Laval.**

ANNEXE 1 Les éléments du salaire de Mme Anaïs Hamon

- Salaire de base : 1 971,71 €
- 8 heures supplémentaires à 25 % et 3 heures supplémentaires à 50 %
- Prime d'ancienneté de 5 % du salaire de base
- Prime d'assiduité (30 €)
- Remboursement de son abonnement mensuel de train (40 €) à hauteur de 75 %
- Taux de PAS : 0 %

ANNEXE 2 Les éléments du salaire de M. Sylvain Laval

- Salaire de base : 4 550,10 €
- Prime d'ancienneté : 2 % du salaire de base
- Prime d'assiduité : 70 €
- Non cadre
- Taux de PAS : 13,80 %

ANNEXE 3 Les données communes à tous les salariés

Le plafond annuel de la Sécurité sociale s'élève à 3 925 €.
- Mutuelle santé : 39 €, partagés moitié-moitié entre employeur et salarié
- Taux d'accident de travail : 1,80 %
- Versement mobilité : 2,00 %
- Formation professionnelle : 1 %

ANNEXE 4 Bulletin de paie à compléter

Bulletin de paie à télécharger
liennathan.fr/4tr2u7

SYNTHÈSE

Synthèse audio
liennathan.fr/o5hlv0

L'élaboration des bulletins de paie : la détermination du salaire net à payer

1 Le calcul des cotisations sociales salariales et patronales

Les cotisations sociales

- Permettent de protéger le salarié contre les risques de maladie, chômage, vieillesse…
- Une part est due par le salarié, une part est due par l'employeur.
- Les taux varient selon le type de cotisation.

Les assiettes des cotisations

- **Base de calcul = salaire brut**
- Parfois la base est limitée au PMSS.
- Parfois les taux varient en fonction de tranches.
- La CSG et la CRDS ont des bases spécifiques.

Les exonérations et réductions

- Exonérations en faveur du salarié : sur heures supplémentaires.
- Exonérations en faveur de l'employeur :
  – sur heures supplémentaires ;
  – sur bas salaires.

2 La détermination du salaire net à payer avant prélèvement à la source de l'IR

Les éléments majorant

- Remboursements de frais (indemnités kilométriques, repas, participation aux transports publics)
- Primes exonérées de cotisations

Les éléments minorant

- Avantages en nature
- Part salariale des titres-restaurant
- Acompte
- Avance ou saisie sur salaire

Le salaire net à payer avant IR

Salaire brut
– Cotisations salariales
+ Éléments majorants
– Éléments minorants
= **Salaire net à payer avant IR**

3 La détermination du salaire net à payer après prélèvement à la source de l'IR

Le salaire net imposable

Salaire brut
– Cotisations salariales
+ CSG/CRDS non déductibles
+ Part patronale mutuelle et prévoyance
– Heures supplémentaires
= **Salaire net imposable**

L'impôt sur le revenu

- Salaire imposable × taux de prélèvement à la source
- La rémunération des stagiaires et apprentis n'est pas soumise à IR.

Le salaire net à payer après IR

Salaire net à payer avant IR
– Prélèvement à la source
= **Salaire net à payer après IR**

CHAPITRE 8

La préparation, l'établissement et le contrôle des déclarations sociales

Activité	Composante d'activité	Compétence	P7	Vers Pix
4.3. Gestion comptable de la paie et information des salariés	**4.3.3.** Préparation, établissement et contrôle des déclarations sociales	Établir et transmettre les déclarations sociales et contrôler les informations transmises aux organismes sociaux	– L'utilisation des données du module Paie d'un PGI pour établir les déclarations sociales – Les transferts de données opérés dans des conditions de sécurité requises	**1.1.** Mener une recherche et une veille d'information **1.2.** Gérer les données **1.3.** Traiter les données **3.1.** Développer des documents textuels **3.3.** Adapter les dossiers à leur finalité **5.2.** Construire un environnement numérique

SITUATION PROFESSIONNELLE

Comme toute entreprise, la SAS Esthétique&Santé doit respecter un grand nombre de réglementations concernant les déclarations et les règlements auprès des organismes compétents. M. Lange, fondateur de la société, a établi des relations de confiance avec l'administration. Il est conscient de la nécessité de faire respecter les formalités et les procédures à tous les niveaux de la hiérarchie. En tant que chef d'entreprise, il est en effet responsable civilement, pénalement et fiscalement des éventuelles erreurs, pouvant entraîner amendes et pénalités.

M. Lange s'appuie sur Mme Karine, responsable administrative, pour préparer, établir et transmettre les déclarations sociales ainsi que pour contrôler les informations transmises aux organismes sociaux et à la DGFiP.

Mme Karine suit en permanence les réglementations complexes et évolutives au moyen d'une veille informationnelle efficace. Ainsi, dans le cadre de la simplification des démarches administratives, Mme Karine utilise le dispositif de la déclaration sociale nominative (DSN) par télétransmission.

VOS MISSIONS

Mme Karine fait appel à vous pour préparer *via* le dispositif DSN les documents relatifs aux obligations sociales et fiscales mensuelles et pour veiller à les transmettre dans les délais.

- MISSION 1 **Comprendre le dispositif de la déclaration sociale nominative** ▶ Fiches ressource 1 et 2
- MISSION 2 **Établir et transmettre les déclarations sociales** ▶ Fiches ressource 1 et 2
- MISSION 3 **Contrôler les données transmises aux organismes sociaux** ▶ Fiche ressource 3

VOS MISSIONS

MISSION 1 Comprendre le dispositif de la déclaration sociale nominative

1. Sachant que l'effectif de l'entreprise est de 11 salariés, quelles sont les échéances à respecter pour les cotisations du mois d'avril N ?
   ▶ Fiches ressource 1 et 2

2. Quels signalements d'événement ont dû être réalisés sur la DSN du mois d'avril ? Quelle est leur utilité pour les salariés ?
   ▶ Annexe 1

MISSION 2 Établir et transmettre les déclarations sociales

Discutons-en !
Quels éléments d'un bulletin de paie vont se retrouver sur une DSN ?

3. À partir de l'état récapitulatif des cotisations, vérifiez les montants à payer à l'URSSAF et à l'AGIRC-ARRCO sur l'extrait de la DSN d'avril.
   ▶ Annexes 2, 3, 4 et 5

4. Sur l'extrait de la DSN d'avril, retrouvez les taux agrégés des CTP « 100 Cas général », déplafonné et plafonné.

5. Sur l'extrait de la DSN d'avril, retrouvez les différentes assiettes qui ont permis de calculer les cotisations URSSAF du mois.

Besoin d'aide ?
liennathan.fr/h0c3ef

La question de l'expert
Sur la DSN d'avril, retrouvez les taux agrégés et les assiettes qui ont permis de calculer les cotisations des caisses de retraite AGIRC-ARRCO pour le mois.

L'autocorrection en vidéo
liennathan.fr/gee8yj

MISSION 3 Contrôler les données transmises aux organismes sociaux

6. Comment Mme Karine aura-t-elle la garantie que la DSN d'avril a été correctement transmise ?
   ▶ Fiche ressource 3

7. Comment Mme Karine aura-t-elle la garantie que les différents paiements ont bien été effectués ?
   ▶ Annexe 5

DONNÉES DE LA SITUATION

ANNEXE 1 Extrait du livre de paie du mois d'avril N

	PAGET	KARINE	BLANDIN	LULLABY	[etc.] *	TOTAL (11 salariés)
	Cadre	Non-cadre	Non-cadre	Non-cadre	* Par souci de simplification, les 7 autres salariés sont regroupés dans cette colonne : ils sont tous non-cadres et aucun ne perçoit plus que le plafond.	
Salaire de base	3 800,00	2 560,00	1 760,00	1 200,00		
HS à 25 %		168,79				
HS à 50 %		50,64				
Prime d'ancienneté		153,60	105,60			
Prime d'assiduité	380,00	256,00	135,39			
Avantages en nature	195,00	13,08				
Retenues pour absence			406,14			
Indemnité de fin de contrat				576,00		
Salaires bruts	**4 375,00**	**3 202,11**	**1 594,85**	**1 776,00**	**13 329,48**	**24 277,44**

ANNEXE 2 Entretien avec Mme Karine

« **Quand dois-je vérifier la DSN mensuelle ?**

La DSN est un fichier que vous générez avec le logiciel de paie à partir des bulletins de paie. Le contrôle de la DSN s'effectue donc après l'édition des bulletins de paie et avant sa transmission sur le site net-entreprises.fr. Ce contrôle est primordial, même si d'autres contrôles peuvent être effectués a posteriori *via* le tableau de bord de la DSN.

Quels éléments de la DSN dois-je vérifier ?

Principalement les cotisations sociales calculées, notamment celles relatives à l'URSSAF, l'AGIRC-ARRCO, la mutuelle, etc. Vous ne devez pas transmettre une DSN sans contrôler les cotisations qui la composent. Vous risquez de priver le salarié de certains de ses droits et, en plus, vous pouvez être contraint de faire des DSN de remplacement, ce qui est plutôt long et fastidieux.

Quels outils me permettent de réaliser cette vérification ?

Le tableau des charges sociales issu du logiciel de paie est le meilleur outil pour les vérifications. Il compile les cotisations sociales salariales et les cotisations sociales patronales présentes sur le bulletin de paie et les ventile en fonction des différents organismes sociaux. C'est en quelque sorte un récapitulatif des cotisations et autres données issues des bulletins de paie.

En analysant attentivement le tableau des charges, vous vérifiez que les rubriques de paie sont bien ventilées en fonction des organismes sociaux. Pour ce faire, je vous ai préparé un document (annexe 3) qui explique la codification des taux de cotisations et les regroupements selon les organismes, notamment l'URSSAF (ce n'est pas toujours simple !). »

ANNEXE 3 Document explicatif des codes des cotisations de la DSN

Chaque cotisation présente sur un bulletin de paie dispose d'un code type de personnel (CTP).
Ces CTP peuvent concerner une cotisation particulière (ou nominative) ou un regroupement de cotisations, on parle de « bloc de cotisation agrégée ».
Les cotisations agrégées sont regroupées par bordereau de cotisation. Par exemple, le bloc « Cotisation agrégée – S21.G00.23 » est le bloc de référence pour déclarer chaque type de cotisation URSSAF.
Il existe plusieurs rubriques attachées à ce bloc, dont :

- S21.G00.23.001 : code de cotisation qui identifie la cotisation ou la réduction.
  Le code de cotisation correspond à la notion de code type de personnel (CTP) ;
- S21.G00.23.002 : qualifiant assiette.
  Associé obligatoirement au code de cotisation, il permet de distinguer les assiettes plafonnées (valeur « 921 » de la donnée) des assiettes déplafonnées (valeur « 920 » de la donnée) ;
- S21.G00.23.003 : taux de cotisation.
  Seuls les taux de cotisation « Accident du travail » et « Versement mobilité » doivent être déclarés car variables ;
- S21.G00.23.004 : montant de l'assiette.
  Il correspond au total des sommes assujetties à la cotisation ;
- S21.G00.23.005 : montant de cotisation.
  La donnée est renseignée du montant total de la réduction.

Exemple : cotisation « Assurance chômage »

CTP cotisation	Qualifiant assiette	Assiette en €	Taux salarial + patronal	Montant en €
S21.G00.23.001	S21.G00.23.002	S21.G00.23.004	S21.G00.23.003	S21.G00.23.005
772 Contribution assu. chômage	**921 plafonné**		**4,00 %**	

Liste non exhaustive des CTP du bloc « S21.G00.23 URSSAF » et du bloc « S21.G00.81 AGIRC-ARRCO » :

CTP cotisation	Qualifiant assiette	Taux salarial + patronal	Accident du travail
Bloc S21.G00.23 URSSAF			
027 Contribution au dialogue social	920 déplafonné	0,016 %	–
100 Cas général*	920 déplafonné	13,17 %	AT : 3,10 %
100 Cas général*	921 plafonné	15,45 %	–
260 CSG CRDS	920 déplafonné	9,70 %	–
332 FNAL	921 plafonné	0,10 %	–
671 Réduction générale	921 plafonné		–
772 Contribution assu. chômage	921 plafonné	4,00 %	–
900 Versement mobilité	920 déplafonné		VM : 2 %
937 Cotisation AGS cas général	920 déplafonné	0,25 %	–
971 Contribution à la format. pro.	920 déplafonné		CFP : 1 %
Bloc S21.G00.81 AGIRC-ARRCO			
131 Cotisation AGIRC-ARRCO**	920 plafonné	10,37 %	–
131 Cotisation AGIRC-ARRCO**	921 déplafonné	24,64 %	–
132 Cotisation APEC	921 déplafonné	0,06 %	–

* Le **CTP « 100 Cas général »** regroupe les cotisations :
– maladie-maternité-invalidité ;
– vieillesse ;
– allocations familiales ;
– accident de travail ;
– prévoyance.

** Le CTP **« 131 Cotisation AGIRC-ARRCO »** regroupe les cotisations :
– retraite complémentaire ;
– CEG ;
– CET ;
– APEC.

Attention : ces CTP doivent être répartis en fonction de l'assiette sur laquelle chaque cotisation doit s'appliquer :
– salaire total ou brut ;
– plafond ou Tr.1 ;
– Tr.2 …

ANNEXE 4 **Extrait de l'état récapitulatif des cotisations (issu du logiciel de paie)**

État récapitulatif des cotisations							
Société ESTHETIQUE&SANTE					**Période**	**01/04/N -**	**30/04/N**
Cotisations	**Nb sal.**	**Assiette**	**% salarial**	**Mt salarial**	**% patronal**	**Mt patronal**	**TOTAL**
Maladie-maternité-invalidité-décès	11	24 277,44			7,00	1 699,42	1 699,42
Maladie-maternité-invalidité-décès	0				13,00		
Vieillesse plafonnée	11	23 827,44	6,90	1 644,09	8,55	2 037,25	3 681,34
Vieillesse déplafonnée	11	24 277,44	0,40	97,11	2,02	490,40	587,51
FNAL plafonné	11	23 827,44			0,10	23,83	23,83
Solidarité autonomie	11	24 277,44			0,30	72,83	72,83
Accident du travail	11	24 277,44			3,10	752,60	752,60
Organisations syndicales	11	24 277,44			0,016	3,88	3,88
Allocations familiales	11	24 277,44			3,45	837,57	837,57
Allocations familiales	0				5,25		
Réduction générale (1)	11	24 277,44					-721,66
CSG non déductible du revenu	11	24 100,00	2,40	578,40			578,40
CRDS non déductible	11	24 100,00	0,50	120,50			120,50
CSG déductible	11	24 100,00	6,80	1 638,80			1 638,80
Sous-totaux Sécurité sociale				**4 078,90**		**5 917,79**	**9 275,03**
Assurance chômage	11	24 277,44			4,00	971,10	971,10
AGS	11	24 277,44			0,25	60,69	60,69
Sous-totaux Chômage						**1 031,79**	**1 031,79**
Mobilité	11	24 277,44			2,00	**485,55**	**485,55**
Formation professionnelle	11	24 277,44			1,00	**242,77**	**242,77**
Retraite complémentaire Tr.1 NC	10	19 902,44	4,01	798,09	6,01	1 196,14	1 994,22
Retraite complémentaire Tr.1 C	1	3 925,00	4,01	157,39	6,01	235,89	393,29
Retraite complémentaire Tr.2 C	1	450,00	9,72	43,74	14,57	65,57	109,31
APEC	1	4 375,00	0,024	1,05	0,04	1,58	2,63
CET	1	4 375,00	0,14	6,13	0,21	9,19	15,31
Sous-totaux Agirc-Arrco				**1 006,40**		**1 508,36**	**2 514,75**
Prévoyance Tr. 1 NC	10	19 902,44	0,30	59,71	0,60	119,41	179,12
Prévoyance obligatoire Tr.1 C	1	3 925,00			1,50	58,88	58,88
Sous-totaux Prévoyance				**59,71**		**177,37**	**237,08**
Mutuelle	11	-	-	**188,54**	-	**188,54**	**377,08**

* Depuis 2023, la réduction générale de cotisations patronales est en partie imputée sur l'AGIRC-ARRCO.

ANNEXE 5 Extrait du récapitulatif de la DSN avril N

Déclaration sociale nominative (DSN) mensuelle – Récapitulatif de avril N

Bordereau AGIRC-ARRCO				
Type de cotisations	**Nom de l'organisme**	**Cotisations déclarées**	**Périodicité de paiement**	**Date de paiement**
URSSAF	URSSAF Aquitaine – Bordeaux	11 035,15	Mensuelle	15/05/N
AGIRC-ARRCO	AG2R La Mondiale – Réunica	2 514,75	Mensuelle	20/05/N
Mutuelle	Generali Mutuelle	377,08	Mensuelle	15/05/N
Prélèvement à la source	DGFiP – Dir. Dép. Gironde	1 456,78	Mensuelle	17/05/N

Bordereau URSSAF					
CTP cotisations	**Qualifiant assiette**	**Assiette**	**Tx salarial + pat. en %**	**Taux A.T.**	**Montant**
027 Contribution au dialogue social	920 Déplafonné	24 277,44	0,016		3,88
100 Cas général	920 Déplafonné	24 277,44	12,87	3,1	3 877,11
100 Cas général	921 Plafonné	23 827,44	15,45		3 681,34
260 CSG CRDS	920 Déplafonné	24 100,00	9,7		2 337,70
332 FNAL Plafonné	921 Plafonné	23 827,44	0,1		23,83
671 Réduction générale		24 277,44			-721,66
772 Contribution assurance chômage	920 Déplafonné	24 277,44	4		971,10
937 Cotisation AGS Cas général	920 Déplafonné	24 277,44	0,25		60,69
900 Versement mobilité	920 Déplafonné	24 277,44	2		485,55
910 Contribution sociale autonomie	920 Déplafonné	24 277,14	0,3		72,83
971 Contribution à la formation professionnelle	920 Déplafonné	24 277,14	1		242,77
Total des cotisations URSSAF					**11 035,15**

Bordereau AGIRC-ARRCO					
CTP cotisations	**Qualifiant assiette**	**Assiette**	**Tx salarial + pat. en %**	**Taux A.T.**	**Montant**
74A4 Contribution d'équilibre général Tr.1	920 Déplafonné	4 375,00	0,35		15,31
74Q0 Retraite complémentaire et CEG T1	921 Plafonné	23 827,44	10,02		2 387,51
74Q1 Retraite complémentaire et CEG T2	920 Déplafonné	450,00	24,29		109,31
79B6 APEC	920 Déplafonné	4 375,00	0,06		2,63
Total des cotisations retraite AG2R La Mondiale Réunica					**2 514,75**

Bordereau mutuelle	
Total des cotisations Generali Mutuelle	**377,08**

Liste des règlements effectués			
BANQUE POPULAIRE AQUITAINE CENTRE ATLANTIQUE AGENCE BORDEAUX BASTIDE		Règlements effectués par nos soins FR76 SOGEPPFR	
Nom de l'organisme	**Date début de rattachement**	**Date fin de rattachement**	**Détail du règlement**
URSSAF Aquitaine	01/04/N	30/04/N	11 035,15
AG2R La Mondiale – Réunica Retraite	01/04/N	30/04/N	2 514,75
GENERALI Mutuelle	01/04/N	30/04/N	377,08
DGFiP Prélèvement à la source	01/04/N	30/04/N	1 456,78
		Total du prélèvement	**15 383,76**

FICHE RESSOURCE 1

Qu'est-ce que la déclaration sociale nominative (DSN) ?

La DSN est un dispositif déclaratif mis en place en 2019 pour simplifier les démarches des employeurs vis-à-vis des organismes sociaux et, plus généralement, de l'administration. Il faut cependant que les données demandées soient issues d'un logiciel de paie et de gestion des RH compatible DSN.

La déclaration sociale nominative remplace ainsi à ce jour plus de vingt déclarations périodiques ou événementielles et autres formalités administratives que les employeurs devaient auparavant adresser à de multiples acteurs (CPAM, URSSAF, France Travail, centre des impôts, caisses de retraite, etc.).

La DSN est considérée comme la dernière étape du traitement de la paie.

I Le principe

La DSN repose sur une **transmission unique, mensuelle et dématérialisée** de données issues de la paie et sur des signalements d'événements ponctuels.

La DSN véhicule également les informations liées à la vie du salarié dans l'entreprise :
– son contrat de travail ;
– ses rémunérations perçues ;
– ses primes reçues ;
– ses arrêts de travail ;
– son taux de prélèvement à la source de l'impôt…

Globalement, la DSN permet une meilleure maîtrise de ses données par l'entreprise avec un dispositif de contrôle clair, un tableau de bord unique et l'instauration d'une nouvelle logique des déclarations sociales : ce ne sont plus les organismes qui demandent des données à des échéances différentes et sous différents formats, c'est l'entreprise qui les transmet directement à partir de son logiciel de paie ; charge au système DSN de redistribuer les informations aux différents destinataires.

II Les avantages

Le dispositif DSN présente de multiples avantages pour les acteurs concernés.

Pour les entreprises	Pour les salariés	Pour les acteurs institutionnels
• Réduction du nombre de déclarations à effectuer. • Simplification des déclarations au rythme du cycle de paie. • Sécurisation et fiabilisation des obligations sociales avec moins de risques d'erreurs, de contentieux et de pénalités.	• Sécurisation des droits et garantie de leur portabilité grâce à une identification unique, valable auprès de tous les organismes sociaux. La DSN est nominative : elle enregistre les droits des salariés à partir des données de paie et du paiement des cotisations. Ces droits sont fiabilisés, calculés et pris en compte systématiquement au fil des mois. • Accès aux informations transmises en DSN *via* le portail mesdroitssociaux.fr. • Meilleure confidentialité des données en circulation car moins nombreuses.	• Pour les organismes de protection sociale : dématérialisation complète et fiabilisation des données grâce au rapprochement entre cotisations et prestations. • Pour la collectivité : diminution des erreurs et meilleur contrôle de la fraude. • Pour le suivi des politiques publiques : fiabilisation des données et collecte mensuelle d'informations de qualité sur les entreprises et l'emploi.

III La déclaration des données de paie

1. La procédure

La DSN représente une avancée majeure en matière de dématérialisation et de fiabilisation des données. La transmission peut être réalisée par **EDI** (échange de données informatisé) après un précontrôle des données à déclarer ou être réalisée de manière « manuelle ».

FICHE RESSOURCE 1

Si elle choisit la transmission manuelle, l'entreprise doit se connecter sur le site **net-entreprises.fr** et sélectionner « DSN » dans le menu personnalisé afin de déposer le fichier généré par le logiciel de paie.

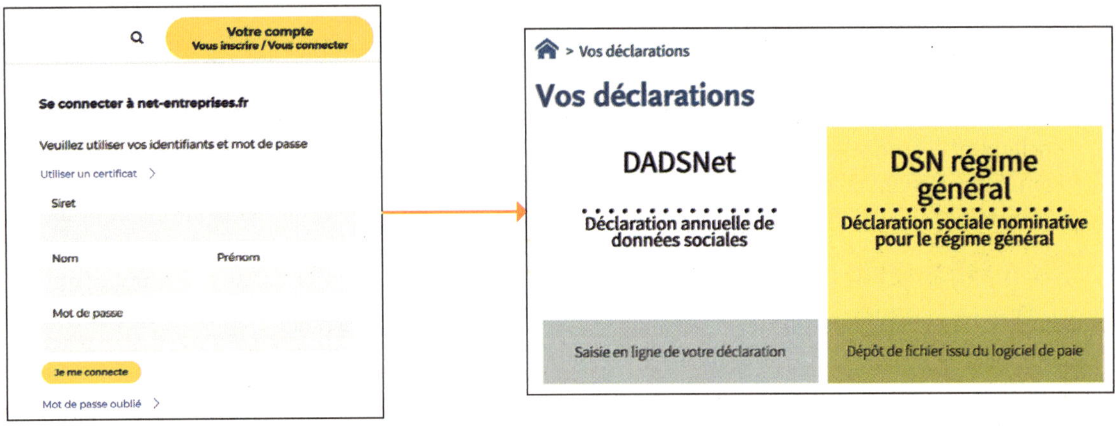

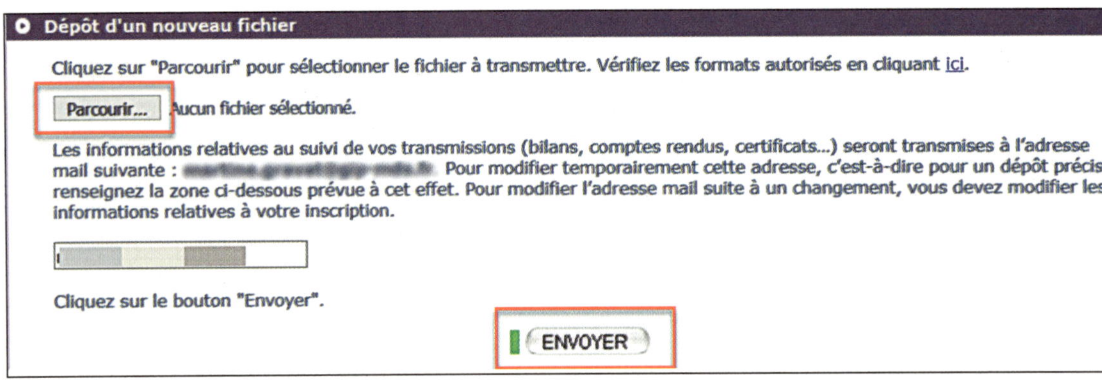

Le fichier préparé peut être provisoire (fichier TEST) et donc contrôlé avant transmission. Pour être officiellement déclaré et transmis aux organismes, le fichier doit être définitif (fichier RÉEL).

Ensuite, un mail est transmis à l'adresse indiquée lors du dépôt pour informer l'entreprise du traitement du fichier et de la mise à jour de son « tableau de bord ». À partir de ce tableau de bord, l'entreprise pourra consulter les états de transmission afin de savoir si les éléments du fichier sont bons ou non.

2. Le calendrier de déclaration et de paiement pour un mois M donné

Entreprises	Versement des salaires M	Transmission et paiement des cotisations
Effectif < 50 salariés	N'importe quelle date	Le 15 du mois M+1 à midi
Effectifs ≥ 50 salariés	Fin du mois M	Le 5 du mois M+1 à midi
	Début du mois M+1	Le 15 du mois M+1 à midi

Les dépôts sont autorisés jusqu'à un mois à l'avance. Après l'échéance, il n'est plus possible de déposer ou de corriger une déclaration initiale. Les corrections devront être apportées par l'intermédiaire de la DSN du mois suivant et seront susceptibles d'engendrer des pénalités.

IV Le paiement des montants dus issus des données transmises

Une fois la DSN vérifiée et conforme, il faut payer les sommes dues aux différents organismes.

Les télérèglements se font très fréquemment par mandat SEPA. Ce mandat, mis en place entre un organisme et son créancier (ici, l'entreprise), autorise l'organisme, lorsqu'il émet un avis de règlement, à prélever directement les sommes dues sur le compte en banque de l'entreprise.

? L'essentiel en une question

Dans le dispositif de DSN, quels sont les principaux acteurs identifiables ? Quels avantages en tirent-ils ?

Consultez le corrigé
liennathan.fr/keb318

FICHE RESSOURCE 2

Les déclarations de flux mensuels et d'événements ponctuels

La DSN devient la modalité unique de collecte des données sociales des entreprises par les organismes sociaux et les administrations. Elle concerne principalement les données mensuelles de paie, mais l'émission d'événements ponctuels *via* le processus DSN est tout aussi obligatoire.

I Les flux mensuels

La DSN repose sur la transmission unique, mensuelle et dématérialisée des données issues de la paie. Ces données sont traduites dans le dispositif DSN par des flux d'informations. Ces flux sont ensuite répartis automatiquement vers les organismes destinataires (URSSAF, caisses de retraite, France Travail…).

Exemple d'une DSN URSSAF déposée et payée

▸ Liste des déclarations ▸ Déclaration ▸ Versement URSSAF — Imprimer la page

11/N — MENSUELLE — Siret : **41970602300019** — Ref : 73834513646439 — **AZUR** — Créé le 2 décembre N 13:35 — Normale — Fraction : 1/1 — Dépôt : Général — CT : P02V01

Bordereau de cotisation due — du 01/11/N au 30/11/N — Montant : 5981,00

Versement Ops : 79448723100019 Urssaf Provenc…
Mode de paiement : 05 - Prélèvement SEPA
Montant : 5981,00
Entité d'affectation : 41970602300019
Iban : FR7613907000008162380619858
Période : du 1 novembre N au 30 novembre N
Echéance : Mensuelle

Cotisations agrégées

Code cotisation	Qualifiant Assiette	Assiette	Taux	AT	Montant	Insee commune
027 CONT. ORG. SYND.	920 Dépl.	**13000,00**	0,016		2,00	
100 CAS GENER	920 Dépl.	**13000,00**	21,540	**2,000**	2800,00	
100 CAS GENER	921 Plaf.	**12670,00**	15,450		1958,00	
260 CSG CRDS	920 Dépl.	**12861,00**	8,000		1029,00	
332 FNAL CG/SP -20 SAL	921 Plaf.	**12670,00**	0,100		13,00	
671 REDUC FILLON	921 Plaf.				**685,00**	
772 CONTRIB ASSU CHOMAGE	920 Dépl.	**13000,00**	6,400		832,00	
937 COTIS.AGS CAS GENER.	920 Dépl.	**13000,00**	0,250		33,00	

II Les flux d'événements

Les DSN événementielles ou signalements d'événement sont liées à la survenue d'un événement particulier relatif à un salarié.

Ce signalement doit être transmis dans les cinq jours ouvrés suivant la connaissance de l'événement. Il peut l'être une fois par mois en cas de subrogation.

Le signalement d'événement permet :

- la reconstitution de la DSIJ (déclaration de salaires pour les indemnités journalières) à destination de la CNAM (Caisse nationale d'Assurance maladie) et/ou de la MSA (Mutualité sociale agricole) ;
- la prise en compte de l'arrêt de travail par la CNAM et/ou la MSA dès réception du volet médical du salarié.

Les signalements d'événements sont automatiquement reportés dans la DSN mensuelle suivante. L'historique du salarié est donc conservé par le système d'information.

1. La déclaration d'un arrêt de travail

Avec ce signalement, il n'est plus nécessaire de reconstituer les salaires pour produire une attestation de salaires. Les éventuelles indemnités journalières de Sécurité sociale sont ainsi versées plus rapidement.

Sont compris dans les « arrêts de travail » ceux pour maladie (professionnelle ou non), accident de travail et de trajet, maternité-adoption-paternité…

FICHE RESSOURCE 2

L'employeur doit « créer » l'arrêt de travail dans le logiciel de paie, l'« enregistrer » et « générer un signalement DSN ».

Exemple de déclaration d'un arrêt de travail

Liste des déclarations ▶ Déclaration

12/03/N	ARRÊT DE TRAVAIL Siret : **51494409900019** Gerardin Corinne	Réf. : A000000002ACEB **ESTHÉTIQUE&SANTÉ** Créé le 19 janvier N 16:01	Normale Fraction : 1/1	Dépôt : Général	CT : P19V01

Individu
Nom : GERARDIN Prénom : Corinne NIR : 2750906320156 Matricule : 0000000002

Arrêt de travail
Motif : 01 - maladie Date du dernier jour travaillé : 11 mars N Date de fin prévisionnelle : 9 avril N

Contact(s) chez le déclarant
Nom : LANGE François Téléphone : 05 56 46 48 XX Mél : contact@ess.fr
Type : 01 - Contact chez le déclaré pour les IJ

Création - contrôle
Date : 19 janvier N-1 15:50 Par : CEG
Numéro d'ordre : 20422023269597
Version CT : P19V01 Données sources

2. Le signalement d'une reprise anticipée du travail

Lorsque le salarié reprend le travail avant le terme de son arrêt, la date de reprise doit être signalée.

Exemple de signalement de reprise anticipée

Liste des déclarations ▶ Déclaration

12/03/N	REPRISE Siret : **51494409900019** Gerardin Corinne	Réf. : R000000002ACEB **ESTHÉTIQUE&SANTÉ** Créé le 19 janvier N 16:01	Normale Fraction : 1/1	Dépôt : Général	CT : P19V01

Individu
Nom : GERARDIN Prénom : Corinne NIR : 2750906320156 Matricule : 0000000002

Reprise arrêt de travail
Motif : 01 - maladie Date du dernier jour travaillé : 11 mars N Date de fin prévisionnelle : 9 avril N
Date de reprise : 3 avril N Motif de reprise : 01 – reprise normale

Contact(s) chez le déclarant
Nom : LANGE François Téléphone : 05 56 46 48 XX Mél : contact@ess.fr
Type : 01 - Contact chez le déclaré pour les IJ

Création - contrôle
Date : 19 janvier N-1 16:01 Par : CEG
Numéro d'ordre : 20422023269597
Version CT : P19V01 Données sources

3. Le signalement de la fin du contrat de travail

Seules les données particulières liées à la fin du contrat sont déclarées dans le signalement (date et motif de rupture, indemnités de fin de contrat versées…). Il est donc nécessaire de disposer de 12 mois d'historique en DSN mensuelle pour pouvoir envoyer une DSN de fin de contrat de travail.

L'attestation employeur peut alors, sous certaines conditions, être établie et accessible *via* le tableau de bord DSN. ***Rappel :*** cette attestation doit être remise au salarié ainsi qu'à France Travail.

4. La DSN et le prélèvement à la source (PAS)

L'administration fiscale (DGFiP), chargée de la collecte de l'impôt sur le revenu, calcule le taux de prélèvement applicable à chaque salarié. Elle transmet ce taux aux entreprises par la DSN *via* son compte rendu métier (CRM DGFiP). Le taux est valide pour calculer le prélèvement à la source jusqu'à la fin du deuxième mois qui suit le mois de sa transmission par l'administration fiscale.

L'essentiel en une question

**Quels flux doivent être déclarés via le dispositif DSN ?
À quelles périodes ?**

Consultez le corrigé
liennathan.fr/qmqh72

FICHE RESSOURCE 3

Les vérifications et contrôles liés à la DSN

Avant tout dépôt ou envoi de fichier, il est important de bien contrôler en interne les montants des différents éléments à déclarer. Le risque d'un rejet de déclaration peut pénaliser l'entreprise elle-même, mais également les salariés.

I Les statuts de dépôt de la DSN

Lors d'un dépôt, l'entreprise est immédiatement informée du statut de celui-ci :
- le dépôt est enregistré : un accusé d'enregistrement électronique (AEE) est transmis par mail ;
- le dépôt ne remplit pas les conditions techniques d'acceptation : un accusé de rejet électronique (ARE) est transmis. Il faut alors aller sur la DSN pour en connaître la raison, corriger et déposer une DSN rectificative.

Récapitulatif — + Afficher tout ou sélectionner

◉ DSN mensuelles ○ Signalements d'événements — pour l'échéance au 15 Janvier

Déclarations non transmises	65
Déclarations rejetées	0

Récapitulatif — + Afficher tout ou sélectionner

○ DSN mensuelles ◉ Signalements d'événements — du 15/01/ au 31/01/

Signalements d'événements rejetés	11
Signalements d'événements conformes	54

Après son dépôt, la DSN est soumise à différents contrôles. En fonction des résultats, des messages remontent au déclarant *via* son tableau de bord DSN.

Historique des échanges — + Afficher tout ou sélectionner

10 derniers échanges effectués pour les 30 derniers jours

Date et heure de dépôt	Type d'envoi	Nom du fichier	Etat de prise en compte
11/03/ à 16:03	Réel	WSasKrSkH-RsZJNRXh5a0m	Fichier contrôlé avec anomalie(s)
08/03/ à 18:45	Réel	WSq61IHcarBirlGxDSUQsS	Fichier contrôlé avec anomalie(s)
04/03/ à 12:32	Réel	WSdod19OekciLBA5UCrXDU	Fichier contrôlé conforme

II Le tableau de bord

Le tableau de bord DSN de l'entreprise permet d'accéder à une vue d'ensemble des DSN mensuelles et des signalements d'événements qu'elle a transmis. À partir de celui-ci, l'entreprise peut consulter l'ensemble des retours d'informations des organismes et administrations concernés.

1. Le certificat de conformité (CCO)

Il atteste que l'entreprise s'est correctement acquittée de l'obligation de transmettre la DSN.

Déclaration sociale nominative pour l'échéance du 5 Novembre 2015

Le 03/11/ à 17:53 N°150000062200001 Déclaration n°1
N° réf :
Identifiant métier :
Déclaration conforme

Afficher le certificat de conformité

Distribution

- Régime Général

Contrôle de l'identité des salariés — Compte-rendu disponible avec notifications — le 03/11/ à 18:22
Accéder au bilan de traitement

Les déclarations conformes font ensuite l'objet d'un contrôle de cohérence entre elles.

- Les incohérences sont notifiées au déclarant sans toutefois appeler une action corrective de sa part sur la DSN. Le cas échéant, si cela a un impact en paie, la régularisation sera effectuée sur la paie d'un mois suivant et sera donc transmise dans une DSN ultérieure. Une incohérence entre déclarations (par exemple : un arrêt de travail signalé mais non retracé dans la DSN mensuelle suivante) peut entraîner l'impossibilité de reconstituer une attestation sociale (DSIJ ou attestation employeur). Dans ce cas, l'entreprise devra utiliser les anciennes procédures.
- Les déclarations cohérentes sont transmises aux organismes de protection sociale, dans la limite des informations qui les concernent. Ces informations sont également stockées pour pouvoir reconstituer les éventuelles attestations sociales nécessaires. Chaque organisme de protection sociale opère son propre contrôle et met à disposition un « compte-rendu métier » (CRM) qui doit impérativement être consulté.

2. Le bilan d'anomalie (BAN)

En cas de rejet de la DSN ou de déclaration certifiée conforme mais présentant une voire plusieurs anomalies « non bloquantes », le **bilan d'anomalie** informe le déclarant des problèmes de validité ou de cohérence détectés lors des contrôles sur sa déclaration. Il est disponible sur son tableau de bord DSN.

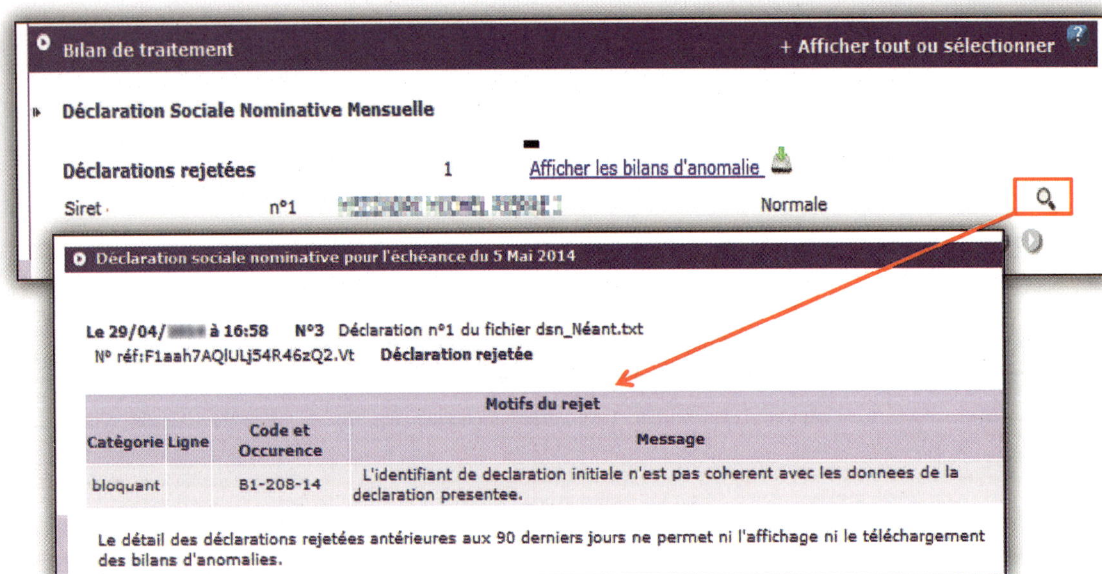

Afin de corriger les anomalies, un cahier technique précise pour chaque rubrique ce qui est « attendu ». Les anomalies doivent être corrigées directement dans le logiciel de paie. Un nouveau dépôt pourra ensuite être effectué, soit dans le même mois si la date limite n'est pas dépassée, soit avec la DSN du mois suivant. Une fois les corrections validées, les organismes et administrations destinataires de la DSN retournent à l'entreprise leurs comptes-rendus métiers.

III Les comptes-rendus métiers (CRM)

Ils sont accessibles *via* le tableau de bord DSN ou retournés par télétransmission *via* le logiciel de paie. Ces CRM peuvent porter sur le bilan d'identification des salariés (BIS), les différentes cotisations (URSSAF, AGIRC-ARRCO…), le contrôle inter-déclarations, le bulletin de paiement des indemnités journalières… S'ils indiquent que des actions correctives sont requises, elles doivent obligatoirement être réalisées.

L'essentiel en une question

Quels contrôles doivent être réalisés lors de la DSN ?

Consultez le corrigé
liennathan.fr/20xjfn

APPLICATIONS

ATELIER PGI — Établir les déclarations sociales

EBP SOLUTIONS DE GESTION

Chapitre concerné

Chapitre 8 : La préparation, l'établissement et le contrôle des déclarations sociales

Fiche de travail à télécharger
liennathan.fr/u7j58v
PDF

EXOS FLASH

EXO 1 Quiz interactif

Testez vos connaissances sur ce chapitre avec le quiz en ligne.

liennathan.fr/9oraaz

Votre score ....

EXO 2 Contrôler la DSN

L'entreprise CupCake Party emploie Raoul, qui perçoit 2 400 € bruts par mois, et Amandine, qui perçoit 4 000 € bruts par mois. Tous deux sont non-cadres et ne disposent pas de la mutuelle entreprise.

- **Complétez la DSN URSSAF :**

CTP cotisations	Qualifiant assiette	Assiette	Tx salarial + pat. en %	Taux variables	Montant en euros
027 Contribution au dialogue social	920 Déplafonné				
100 Cas général	920 Déplafonné			1,80 %	
100 Cas général	921 Plafonné				
260 CSG CRDS	920 Déplafonné				
332 FNAL Plafonné	921 Plafonné				
772 Contribution assurance chômage	920 Déplafonné				
937 Cotisation AGS Cas général	920 Déplafonné				
910 Contribution sociale autonomie	920 Déplafonné				
				Total des cotisations URSSAF	

ANNEXE **Taux des cotisations**

Cotisations, assiettes et taux à télécharger
liennathan.fr/fk9ivp
PDF

ENTRAÎNEMENT AU BTS 1 Le signalement d'événement ★☆☆

La société Teranga est spécialisée dans la production de bois résineux. Elle est située dans la région du Doubs et emploie 12 salariés en CDI à temps plein.

Vous travaillez en tant qu'assistant(e) comptable et vous assistez le directeur administratif et financier de la société. Celui-ci vous sollicite pour déclarer un flux événementiel : il s'agit d'un arrêt de travail pour maladie.

1 **À partir des informations du PGI (annexe), indiquez ce que vous devez déclarer *via* la DSN.**

2 **Quel est le délai maximum pour transmettre le signalement d'événement à partir du moment où l'on prend connaissance de l'événement ?**

3 **Le salarié Paul Martin reprend son travail le 15 janvier, devez-vous déclarer cette reprise dans la DSN ?**

4 **Le signalement d'événement sera-t-il intégré dans la DSN mensuelle de janvier ?**

5 **Listez tous les signalements d'événements que la société Teranga peut déclarer.**

ANNEXE **Gestion de l'absence du salarié**

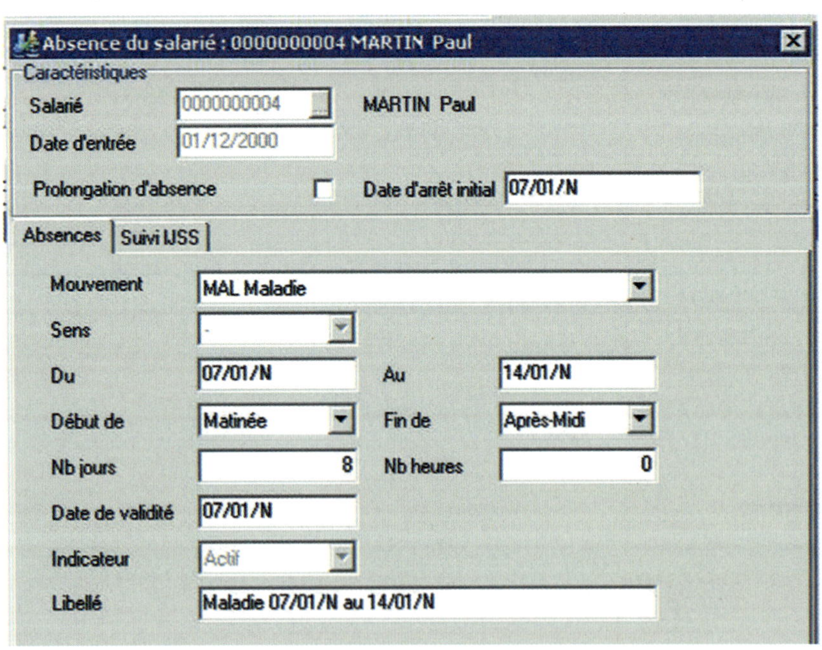

Absence du salarié : 0000000004 MARTIN Paul

Caractéristiques

Salarié 0000000004 MARTIN Paul
Date d'entrée 01/12/2000
Prolongation d'absence ☐ Date d'arrêt initial 07/01/N

Absences | Suivi IJSS

Mouvement MAL Maladie
Sens -
Du 07/01/N Au 14/01/N
Début de Matinée Fin de Après-Midi
Nb jours 8 Nb heures 0
Date de validité 07/01/N
Indicateur Actif
Libellé Maladie 07/01/N au 14/01/N

ENTRAÎNEMENT AU BTS 2 La déclaration DSN

★★★

La SARL DVM (Delta voiles Maquettes) est une PME dont l'activité principale est la fabrication de maquettes de voiliers à assembler. Cette entreprise a été créée il y a quelques années, par Mme Karen Gozzi, une amoureuse de la mer et passionnée de voile.

La société emploie deux salariés non cadres.

Vous effectuez actuellement votre stage de deuxième année au sein de cette société. Mme Gozzi vous demande de tester la DSN avec le bulletin de paie des deux salariés non-cadres.

1. **Pour vous aider à préparer la DSN mensuelle « test », complétez l'annexe 1 à partir des annexes 2 et 3.**
2. **Quel est le montant de la DSN « test » pour l'organisme URSSAF ? pour la caisse de retraite AGIRC-ARRCO ?**
3. **Quel sera le mode de paiement utilisé par la société pour transmettre la DSN *via* le site www.net-entreprises.fr ?**

ANNEXE 1 **Tableau préparatoire pour la DSN mensuelle de mars N**

Code cotisation	Qualifiant assiette	Assiette	Taux (en %)	Accident du travail	Montant (en euros)
027 CONTRIBUTION AU DIALOGUE SOCIAL	920 Déplafonné				
100 CAS GÉNÉRAL	920 Déplafonné				
100 CAS GÉNÉRAL	921 Plafonné				
260 CSG CRDS	920 Déplafonné				
332 FNAL PLAFONNÉ	921 Plafonné				
671 RÉDUCTION GÉNÉRALE	921 Plafonné				
772 CONTRIBUTION ASSURANCE CHÔMAGE	920 Déplafonné				
937 COTISATION AGS CAS GÉNÉRAL	920 Déplafonné				
900 VERSEMENT MOBILITÉ	920 Déplafonné		1,70 %		

ANNEXE 2 **Bulletin de salaire de Robert Rossi**

DELTA VOILES MAQUETTES

BULLETIN DE PAIE

SARL au capital de 15 000 €
SIRET 48366914900009 NAF : 869F

10 rue de la Mer 17000 La Rochelle
Tél. : Fax :

Convention collective : 1607 Industrie du jeu

NOM :	ROSSI Robert
Adresse :	2, rue saint Roch 17000 La Rochelle
N° de SS :	1700617381040
Emploi :	Maquettiste
Entrée :	01/04/N-3
Statut :	Non cadre

ÉLÉMENTS DE SALAIRE	Bases	Taux horaire	Montant brut
Salaire de base mensuel	151,67	12,4243	1 884,39
Heures supplémentaires à 125 %		15,5304	-
Heures supplémentaires à 150 %		18,6365	-
SALAIRE BRUT			1 884,39

Plafond SS 3 925,00

Intitulés des cotisations sociales	Base et taux des cotisations salariales		Cotisations salariales	Cotisations patronales
SANTÉ				
Sécurité sociale - Maladie-maternité-invalidité - Décès				131,91 €
Assurance décès obligatoire des cadres				- €
Complémentaire Incapacité Invalidité - Décès Tranche			- €	- €
Complémentaire Incapacité Invalidité - Décès Tranche			- €	- €
Complémentaire Santé (Mutuelle)			17,14 €	17,14 €
ACCIDENTS DU TRAVAIL - MALADIES			- €	58,42 €
RETRAITE				
Sécurité sociale plafonnée	1 884,39	6,90%	130,02 €	161,12 €
Sécurité sociale déplafonnée	1 884,39	0,40%	7,54 €	38,06 €
Complémentaire AGIRC-ARRCO et CEG Tranche 1	1 884,39	4,01%	75,56 €	113,25 €
Complémentaire AGIRC-ARRCO et CEG Tranche 2	-	9,72%	- €	- €
CET	-	0,14%	- €	- €
FAMILLE			- €	65,01 €
ASSURANCE CHÔMAGE				
Chômage et AGS-FNGS				80,09 €
APEC (Assurance Pour l'Emploi des Cadres)	-	-	- €	- €
AUTRES CONTRIBUTIONS DUES PAR L'EMPLOYEUR				71,53 €
CSG déductible de l'impôt sur le revenu	1 868,56	6,80%	127,06 €	- €
CSG et CRDS imposables à l'impôt sur le revenu	1 868,56	2,90%	54,19 €	- €
CSG et CRDS non déductibles / heures sup exonérées	-	2,90%	- €	- €
Exonérations et allègements de cotisations			- €	- 531,39 €
Exonérations des cotisations sur heures sup.	-	11,31%	- €	
	TOTAL DES COTISATIONS		**411,51 €**	**205,13 €**

SALAIRE NET	**1 472,88 €**	**TOTAL VERSÉ PAR L'EMPLOYEUR**	**2 089,52 €**
		SALAIRE IMPOSABLE	**1 544,21 €**
		CUMUL IMPOSABLE	6 176,83 €
NET SOCIAL	1 490,02 €		

SALAIRE NET AVANT PAS DE L'IR* **1 472,88 €**

				Cumul PAS
- IMPÔT SUR LE REVENU PRÉLEVÉ À LA SOURCE	1 544,21 €	0,00%	- €	0,00

Payé par virement le 31/03/N **SALAIRE NET À PAYER APRÈS PAS de l'IR** **1 472,88 €**

Congés payés	Acquis	Posés	Solde	**Posés ce mois**
Période du 1er juin N-2 au 31 mai N-1	30,00	30,00	0,00	Aucun
Période du 1er juin N-1 au 31 mai N	25,00	0,00	25,00	

Ce bulletin de paie est à conserver sans limitation de durée.

Pour davantage d'informations voir la rubrique dédiée au bulletin de paie sur www.service-public.fr

ANNEXE 3 **Bulletin de salaire de Danielle Deflandre**

DELTA VOILES MAQUETTES

BULLETIN DE PAIE

SARL au capital de 15 000 €
SIRET 48366914900009 NAF : 869F

10 rue de la Mer 17000 La Rochelle
Tél. : Fax :

Convention collective : 1607 Industrie du jeu

NOM :	**DEFLANDRE Danielle**
Adresse :	75, avenue Mayol 17000 La Rochelle
N° de SS :	2661283137128
Emploi :	Maquettiste
Entrée :	01/09/N-5
Statut :	Non cadre

ÉLÉMENTS DE SALAIRE	**Bases**	**Taux horaire**	**Montant brut**
Salaire de base mensuel	151,67	26,0000	3 943,42
Heures supplémentaires à 125 %		32,5000	-
Heures supplémentaires à 150 %		39,0000	-
SALAIRE BRUT			**3 943,42**

Plafond SS
3 925,00

Intitulés des cotisations sociales	**Base et taux des cotisations salariales**		**Cotisations salariales**	**Cotisations patronales**
SANTÉ				
Sécurité sociale - Maladie-maternité-invalidité - Décès				276,04 €
Assurance décès obligatoire des cadres				- €
Complémentaire Incapacité Invalidité - Décès Tranche			- €	- €
Complémentaire Incapacité Invalidité - Décès Tranche			- €	- €
Complémentaire Santé (Mutuelle)			17,14 €	17,14 €
ACCIDENTS DU TRAVAIL - MALADIES			- €	122,25 €
RETRAITE				
Sécurité sociale plafonnée	3 925,00	6,90%	270,83 €	335,59 €
Sécurité sociale déplafonnée	3 943,42	0,40%	15,77 €	79,66 €
Complémentaire AGIRC-ARRCO et CEG Tranche 1	3 925,00	4,01%	157,39 €	235,89 €
Complémentaire AGIRC-ARRCO et CEG Tranche 2	18,42	9,72%	1,79 €	2,68 €
CET	3 943,42	0,14%	5,52 €	8,28 €
FAMILLE			- €	136,05 €
ASSURANCE CHÔMAGE				
Chômage et AGS-FNGS				167,60 €
APEC (Assurance Pour l'Emploi des Cadres)	-	-	- €	- €
AUTRES CONTRIBUTIONS DUES PAR L'EMPLOYEUR				149,69 €
CSG déductible de l'impôt sur le revenu	3 891,55	6,80%	264,63 €	- €
CSG et CRDS imposables à l'impôt sur le revenu	3 891,55	2,90%	112,85 €	- €
CSG et CRDS non déductibles / heures sup exonérées	-	2,90%	- €	- €
Exonérations et allègements de cotisations			- €	- €
Exonérations des cotisations sur heures sup.	-	11,31%	- €	
	TOTAL DES COTISATIONS		**845,92 €**	**1 530,86 €**

SALAIRE NET	**3 097,50 €**	**TOTAL VERSÉ PAR L'EMPLOYEUR**	**5 474,28 €**
		SALAIRE IMPOSABLE	**3 227,49 €**
		CUMUL IMPOSABLE	12 909,97 €
NET SOCIAL	3 114,64 €		

SALAIRE NET AVANT PAS DE L'IR* **3 097,50 €**

				Cumul PAS
- IMPÔT SUR LE REVENU PRÉLEVÉ À LA SOURCE	3 227,49 €	4,10%	132,33 €	529,31

Payé par virement le 31/03/N — **SALAIRE NET À PAYER APRÈS PAS de l'IR** **2 965,17 €**

Congés payés	Acquis	Posés	Solde	**Posés ce mois**
Période du 1er juin N-2 au 31 mai N-1	30,00	30,00	0,00	Aucun
Période du 1er juin N-1 au 31 mai N	25,00	0,00	25,00	

Ce bulletin de paie est à conserver sans limitation de durée.
Pour davantage d'informations voir la rubrique dédiée au bulletin de paie sur www.service-public.fr

SYNTHÈSE

Synthèse audio
liennathan.fr/wwaw57

La préparation, l'établissement et le contrôle des déclarations sociales

1 Le dispositif de la déclaration sociale nominative (DSN)

Le principe

- Inscription sur un site dédié : net-entreprises.fr
- Nécessité d'un logiciel de paie compatible
- Saisie de flux dans des fichiers à télétransmettre sur le site

Les avantages

Simplification et fiabilisation :
- pour les entreprises
- pour les salariés
- pour les acteurs institutionnels

Le calendrier

- Dépend de la taille de l'entreprise et, si effectif> 49 salariés, du moment auquel sont versés les salaires
- Identique pour la déclaration et le paiement

2 Les déclarations sociales : établissement et transmission

1 Les déclarations

- Tous les mois : déclaration des données de paie
- Ponctuellement : déclaration des flux ou signalement d'événements
  Ex. : arrêt de travail

2 Le pré-contrôle

- Vérification préalable des éléments déclarés avec l'état récapitulatif des cotisations
  → **fortement conseillée**
- Possibilité de travailler sur un fichier TEST

3 La transmission

- *Via* le logiciel de paie (par EDI) ou en déposant un fichier sur le site net-entreprises.fr
- Vérification de la DSN puis transmission aux administrations et organismes concernés

3 Le contrôle des données transmises aux organismes sociaux

Les statuts de dépôt

- Vérification de la conformité des dépôts
- Si conformes : certificat de conformité (CCO)
- Puis contrôle de cohérence et édition éventuelle de bilans d'anomalies (BAN)

Le tableau de bord

- Accessible par le logiciel de paie ou sur net-entreprises.fr
- Permet de visualiser l'historique, les statuts de dépôt (CCO, BAN), les comptes-rendus métiers (CRM)…

Les comptes-rendus métiers

- Établis par les organismes destinataires (URSSAF, France Travail…)
  Ex. : le CRM URSSAF détaille la déclaration URSSAF
- Le CRM DGFiP transmet les taux de PAS

CHAPITRE 9 La comptabilisation de la paie

Activité	Composante d'activité	Compétence	P7	Vers Pix
4.3. Gestion comptable de la paie et information des salariés	4.3.4. Enregistrements dans le journal de paie	Réaliser les enregistrements relatifs à la paie et contrôler la correspondance des écritures avec les documents sociaux	L'utilisation du PGI pour effectuer les enregistrements des écritures, les contrôler et mettre à jour les données	1.1. Mener une recherche et une veille d'information 1.2. Gérer les données 1.3. Traiter les données 3.1. Développer des documents textuels 3.3. Adapter les dossiers à leur finalité 5.2. Construire un environnement numérique

SITUATION PROFESSIONNELLE

Lors de la dernière réunion de direction, M. Lange a tenu à remercier personnellement Mme Karine des efforts déployés pour la mise en place du PGI au sein de la SAS Esthétique&Santé. En effet, l'installation du PGI est une étape essentielle dans la vie de l'entreprise car cette nouvelle organisation réduit les erreurs, accélère les mises à jour et permet, grâce aux droits d'accès attribués, de garantir la confidentialité des informations sur les salariés.

M. Lange demande à Mme Karine de finaliser la gestion sociale de la paie sur le PGI le plus rapidement possible tout en contrôlant les phases nécessaires à la comptabilisation de la paie.
Pour cela, Mme Karine doit s'appuyer sur les bulletins de paie qui contiennent des informations récapitulatives notées dans le livre de paie et sur les DSN mensuelles envoyées aux organismes sociaux selon l'échéancier social.

VOS MISSIONS

Mme Karine vous demande de l'assister pour réaliser les enregistrements relatifs à la paie et pour contrôler la correspondance des écritures avec les documents sociaux.

MISSION 1 **Réaliser les enregistrements relatifs à la paie**

▶ Fiches ressource 1 et 2

MISSION 2 **Contrôler la correspondance des écritures avec les documents sociaux**

VOS MISSIONS

MISSION 1 Réaliser les enregistrements relatifs à la paie

1. Comment est organisée la comptabilisation de la paie au sein de l'entreprise Esthétique&Santé ?
   ▶ Annexe 1 ▶ Fiche ressource 1
2. Pour avril N, procédez à la précomptabilisation de l'avance sur salaire (chèque n° 275 BPCA) et de l'acompte (chèque n° 279 BPCA). Pour ce faire, vous renseignerez l'annexe 4.
   ▶ Annexes 1 à 4
3. Procédez à la précomptabilisation des salaires et de leur règlement (complétez l'annexe 4).
   ▶ Annexes 4 et 5
4. Procédez à la précomptabilisation des charges sociales patronales, des règlements et des prélèvements à la source (PAS) (complétez l'annexe 4).
   ▶ Annexes 4 et 5 ▶ Fiche ressource 2

La question de l'expert
Calculez le coût employeur des salariés de la société Esthétique&Santé pour le mois d'avril N.

Discutons-en !
Sur le bulletin, quels sont les montants enregistrés en comptabilité ?

Besoin d'aide ?
liennathan.fr/q0ok8d

Besoin d'aide ?
liennathan.fr/m77d1k

Besoin d'aide ?
liennathan.fr/eir9rp

L'autocorrection en vidéo
liennathan.fr/mul1dq

MISSION 2 Contrôler la correspondance des écritures avec les documents sociaux

5. Le montant des cotisations sociales de la DSN URSSAF (chapitre 8) correspond-il au total de l'état de cotisations sociales URSSAF ?
   ▶ Annexe 6
6. Le montant des cotisations sociales de la DSN AGIRC-ARRCO (chapitre 8) correspond-il au total de l'état de cotisations sociales AGIRC-ARRCO ?
   ▶ Annexe 7
7. Justifiez les montants des prélèvements à la source d'impôt sur le revenu transmis à la DGFiP pour le mois d'avril N.
   ▶ Annexe 8

DONNÉES DE LA SITUATION

ANNEXE 1 Consignes de Mme Karine pour réaliser les enregistrements relatifs à la paie d'avril N

• Procédure 1 : Précomptabiliser les écritures de paie et leur règlement à partir du bordereau

E&S utilise les journaux de Salaires (SA) et de Banque (BQ) pour comptabiliser la paie.

• Procédure 2 : Enregistrements aux journaux de banque et de paie

– Étape 1 : Enregistrer les avances et acomptes et les saisies-arrêts sur salaire
– Étape 2 : Enregistrer la charge correspondant au salaire brut, puis sa ventilation en dettes vis-à-vis du salarié et des organismes sociaux pour les cotisations salariales
– Étape 3 : Enregistrer les charges patronales qui font naître des dettes à l'égard des organismes sociaux
– Étape 4 : Enregistrer le paiement du net payé au salarié
– Étape 5 : Enregistrer le règlement des dettes envers les organismes sociaux et à la DGFiP

• Procédure 3 : Contrôler la saisie des écritures de paie

– Étape 1 : Vérifier que les comptes d'organismes sociaux (comptes 431) et que le compte 421 « Personnel » sont à zéro après chaque règlement
– Étape 2 : Rapprocher les comptes des salaires (compte 641) avec le livre de paie issu du PGI et, si besoin, justifier les écarts

ANNEXE 2 Informations sur le personnel (extrait)

Mme Blandin, salariée sur le site de Nice, vous fait part le 20 avril d'une demande d'acompte sur sa rémunération du mois d'avril N pour un montant de 430 €.

Mme Bueno sollicite le 20 avril une avance sur salaire (à rembourser sur 19 mois) de 3 000 € pour remplacer sa chaudière. M. Lange lui accorde.
Le remboursement de l'avance est de 157,89 € par mois.
La saisie sur rémunération de Mme Bueno s'élève à 237,97 € par mois.

ANNEXE 3 Extrait du plan comptable personnalisé de l'entreprise

Comptes	Intitulés	Comptes	Intitulés
42100	Personnel – Rémunérations dues	64110	Salaires, appointements
42500	Personnel – Avances et acomptes	64130	Primes, gratifications
42700	Personnel – Oppositions	64170	Avantages en nature
43100	URSSAF – Sécurité sociale	64510	Cotisations URSSAF
43720	Caisse de retraite AGIRC-ARRCO	64530	Cotisations retraite AGIRC-ARRCO
43740	Caisse de prévoyance	64540	Cotisations France Travail
63310	Transport	64900	Remboursements de charges de personnel
44210	Prélèvement à la source (PAS)	65800	Autres charges de gestion courante
51200	Banque	75800	Autres produits de gestion courante

ANNEXE 4 Bordereau de précomptabilisation comptable

BORDEREAU DE PRÉCOMPTABILISATION
(laisser une ligne entre chaque opération)

Mois de ____________________

Jour	Journal	N° compte	Libellé	Débit	Crédit

Bordereau à télécharger
liennathan.fr/dywwj2

DONNÉES DE LA SITUATION

ANNEXE 5 Extrait du livre de paie du mois d'avril N (établissement de Bordeaux)

Éléments	Montants	Éléments	Montants
Salaires	8 753,29 €	Primes	1 239,79 €
Avantages en nature	208,08 €	Acomptes	430,00 €
Remboursement avance	157,89 €	Avance	3 000,00 €
Opposition	237,97 €	PAS	442,91 €
Cotisations salariales Sécurité sociale URSSAF	1 702,13 €	Cotisations patronales Sécurité sociale URSSAF	2 635,98 €
Cotisations salariales retraite AGIRC-ARRCO	409,79 €	Cotisations patronale France Travail	428,35 €
Mutuelle salarié	77,13 €	Cotisations patronales retraite AGIRC-ARRCO	614,32 €
Mutuelle employeur	147,82 €		
Transport	17,60 €	Banque	6 552,88 €

ANNEXE 6 Extrait de la DSN URSSAF d'avril N

Code cotisation	Qualifiant assiette	Assiette	Taux (en %)	Accident du travail	Montant (en €)
003 Réduction HS part salariale	921 Plafonné	219,00	– 11,31		– 25,00
004 Déduction HS part patronale	921 Plafonné				– 15,00
027 Contribution au dialogue social	920 Déplafonné	10 201,00	0,016		2,00
100 Cas général	920 Déplafonné	10 201,00	16,15	3,10	1 647,00
100 Cas général	921 Plafonné	10 201,00	15,40		1 576,00
260 CSG CRDS	920 Déplafonné	10 126,00	9,70		982,00
332 FNAL plafonné	921 Plafonné	10 201,00	0,10		10,00
900 Autres contributions	920 Déplafonné	10 201,00	4,00		410,00
671 Réduction générale	921 Plafonné				– 248,00
772 Contribution assurance chômage	920 Déplafonné	10 201,00	4,00		408,00
937 Cotisation AGS cas général	920 Déplafonné	10 201,00	0,25		26,00
TOTAL COTISATIONS					**4 773,00**

ANNEXE 7 Extrait de la DSN caisse de retraite AGIRC-ARRCO d'avril N

Code cotisation	Qualifiant assiette	Assiette	Taux (en %)	Montant (en €)
105 Montant de cotisation régime unifié AGIRC-ARCCO	74A0 Contribution d'équilibre général T1	7 256,00	2,15	156,00
	74A4 Contribution d'équilibre général T1	2 945,00	2,15	63,00
	74N0 Retraite complémentaire unifiée T1	7 256,00	7,87	571,00
	74Q0 Retraite complémentaire unifiée T1	2 945,00	7,87	232,00
	79B6 APEC	2 945,00	0,060	2,00
TOTAL COTISATIONS				**1 024,00**

ANNEXE 8 Extrait des prélèvements à la source d'avril N

Salarié	Assiette fiscale	Taux	Montant
BLANDIN Isabelle	1 289,62	0 %	0,00 €
BUENO Michelle	1 998,47	4,1 %	81,94 €
KARINE Jeanne	2 427,75	7,5 %	182,08 €
PAGET Joachim	2 385,17	7,5 %	178,89 €
Total à verser à la DGFiP			**442,91 €**

FICHE RESSOURCE 1

La comptabilisation des éléments de paie en lien avec le salarié

La comptabilisation de la paie est réalisée chaque mois à partir du livre de paie ou des modules Paie et Comptabilité d'un progiciel. La comptabilisation de la paie est générée automatiquement dans les entreprises qui utilisent un PGI.

I Le principe

- Certaines opérations en rapport avec la paie peuvent être enregistrées dans le courant du mois : ce sont les avances et les acomptes, les oppositions sur salaire, les charges correspondant à des avantages en nature, les achats de titres-restaurant.
- En comptabilité, la paie s'analyse en charges (compte de résultat) et en dettes (bilan).
- Tous les éléments de la paie sont regroupés et enregistrés dans des comptes de charges (subdivisions des comptes 641 « Rémunération du personnel » et 645 « Charges de Sécurité sociale et de prévoyance » et dans des comptes de tiers (subdivisions des comptes 42 « Personnel et comptes rattachés » et 43 « Sécurité sociale et autres organismes sociaux »).
- Le paiement du net à payer est enregistré en soldant le compte 421 « Personnel – Rémunérations dues ».
- À l'échéance normale, le paiement des cotisations sociales est effectué en soldant les comptes 43.

II La comptabilisation des salaires

Les salaires sont généralement comptabilisés pour l'ensemble des salariés et non salarié, par salarié. Si l'entreprise utilise un logiciel de paie, elle a la possibilité de générer automatiquement les écritures comptables dans un journal auxiliaire appelé « journal de paie ». Dans le cas contraire, elle procède à un enregistrement manuel des informations. On utilise pour cela des comptes généraux spécifiques prévus par le plan comptable général. Néanmoins, chaque entreprise est libre d'ouvrir plusieurs sous-comptes de façon à tenir compte des particularités de sa paie.

1. Le versement des retenues sur salaire

Il faut comptabiliser le versement des retenues sur salaires (avances, acomptes ou saisie sur rémunération). Deux comptes sont utilisés :

- le **compte 425 « Personnel – Avances et acomptes »** pour la comptabilisation des acomptes et avances versés ;

> Exemple
>
> Mme Charlotte Alluis, salariée de l'entreprise Tissus Price, demande le 15 mars N le versement d'un acompte d'un montant de 400 € à la comptable de l'entreprise. Le virement est réalisé le jour même sur le compte bancaire de Charlotte Alluis.
>
> L'enregistrement en comptabilité est le suivant :

Date	Journal	Compte	Libellé opération	Débit	Crédit
15/03/N	BQ	42500	Personnel - Avances et acomptes	400,00	
15/03/N	BQ	51200	Banque		400,00
			Versement acompte		

- le **compte 427 « Personnel – Oppositions »** pour les montants faisant l'objet d'oppositions présentées par les tiers (Trésor public, créanciers du salarié…).

> Exemple
>
> Le juge du tribunal d'instance de Nantes a notifié à la société La biscuiterie normande la saisie sur salaire à l'encontre du salarié Pierre Beaugendre pour non-paiement de pension alimentaire. Les sommes saisies sont versées chaque mois au greffe du tribunal d'instance. La quotité saisissable mensuelle est de 309,53 € au titre du mois de mars N.

L'enregistrement comptable est le suivant :

Date	Journal	Compte	Libellé opération	Débit	Crédit
31/03/N	BQ	42700	Personnel - Oppositions	309,53	
31/03/N	BQ	51200	Banque		309,53
			Règlement de la saisie au tribunal		

2. La comptabilisation du salaire brut et des remboursements de frais

Selon le PCG (Plan comptable général), le salaire brut doit être comptabilisé au débit du compte 641 « Rémunération du personnel » (sous-compte 6411 « Salaires, appointements ») et la dette envers le personnel doit être enregistrée dans le compte 421 « Personnel – Rémunérations dues ».

Date	Journal	Compte	Libellé opération	Débit	Crédit
31/03/N	SA ou OD	64110	Salaires, appointements	Salaires bruts	
31/03/N	SA ou OD	64130	Primes	Total primes	
31/03/N	SA ou OD	64140	Indemnités, avantages divers	Total indemnités	
31/03/N	SA ou OD	64170	Avantages en nature	Total avantages	
31/03/N	SA ou OD	42100	Personnel - Rémunérations dues		Total dû
31/03/N	SA ou OD	64900	Remboursement de charges de personnel		Total avantages
			Salaires bruts du mois de mars N		

Le compte 64900 « Remboursement de charges du personnel » est crédité du même montant que les avantages en nature pour éviter une double imputation des charges.

3. La comptabilisation des cotisations salariales et des retenues

Les retenues salariales sont prélevées par l'employeur sur les rémunérations brutes pour être versées aux organismes sociaux pour le compte des salariés. En conséquence, le compte 421 « Personnel – Rémunérations dues » est débité du montant des retenues salariales (y compris CGS et CRDS) précomptées par l'entreprise par le crédit du compte 43 « Sécurité sociale et organismes sociaux ».

Date	Journal	Compte	Libellé opération	Débit	Crédit
31/03/N	SA ou OD	42100	Personnel - Rémunérations dues	Total retenues	
31/03/N	SA ou OD	42500	Personnel - Avances et acomptes		Total acomptes
31/03/N	SA ou OD	42700	Personnel - Oppositions		Total oppositions
31/03/N	SA ou OD	43100	URSSAF		Total URSSAF
31/03/N	SA ou OD	43712	Caisse de retraite AGIRC-ARRCO		Total AGIRC- ARRCO
31/03/N	SA ou OD	44210	PAS crédit		Total PAS
			Cotisations salariales et retenues du mois de mars N		

4. La comptabilisation du règlement du salaire net

Les salaires sont versés en fin de mois ou au début du mois suivant.

Date	Journal	Compte	Libellé opération	Débit	Crédit
31/03/N	BQ	42100	Personnel - Rémunérations dues	Solde dû	
31/03/N	BQ	51200	Banque		Solde dû
			Versement des salaires nets		

L'essentiel en une question

Pour quelles raisons le compte 421 « Personnel – Rémunérations dues » apparaît-il aux trois dernières étapes d'enregistrement ?

Consultez le corrigé
liennathan.fr/yiyuyu

FICHE RESSOURCE 2

La comptabilisation des éléments de paie à la charge de l'employeur

I La comptabilisation des charges sociales patronales

Selon le PCG (Plan comptable général), les charges sociales patronales sur salaire brut doivent être comptabilisées au débit du compte 645 « Charges de Sécurité sociale et de prévoyance », et la dette envers les organismes sociaux doit être enregistrée dans les comptes 431 et 437.

Date	Journal	Compte	Libellé opération	Débit	Crédit
31/03/N	SA ou OD	63310	Versement transport	Total transport	
31/03/N	SA ou OD	63320	FNAL	Total FNAL	
31/03/N	SA ou OD	64510	Cotisations URSSAF	Total URSSAF	
31/03/N	SA ou OD	64530	Cotisations AGIRC-ARRCO	Total AGIRC-ARRCO	
31/03/N	SA ou OD	64540	Cotisations France Travail	Total France Travail	
31/03/N	SA ou OD	64580	Cotisations autres organismes sociaux	Total autres	
31/03/N	SA ou OD	43100	URSSAF		Total URSSAF
31/03/N	SA ou OD	43720	Caisse de retraite AGIRC-ARRCO		Total AGIRC-ARRCO
31/03/N	SA ou OD	43730	Mutuelle		Total Mutuelle
31/03/N	SA ou OD	43740	Caisse de prévoyance		Total prévoyance
			Charges patronales du mois de mars N		

Le compte 43100 tient compte de la réduction des charges patronales dite sur bas salaire.

II Le paiement des charges sociales

Les charges patronales et salariales sont payées mensuellement aux divers organismes, au plus tard le 15 du mois suivant.

Le montant des cotisations est arrondi à l'euro le plus proche. Les écarts d'arrondi sont alors comptabilisés dans le **compte 658 « Charges diverses de gestion courante » ou 758 « Produits divers de gestion courante »**.

Date	Journal	Compte	Libellé opération	Débit	Crédit
15/04/N	SA ou OD	43100	URSSAF	Total URSSAF	
15/04/N	BQ	51200	Banque		Total URSSAF
15/04/N	BQ	658/758	Charges/Produits divers de gestion courante	Écarts d'arrondis	
			Paiement URSSAF		
15/04/N	BQ	43720	Caisse de retraite AGIRC-ARRCO	Total AGIRC-ARRCO	
15/04/N	BQ	51200	Banque		Total AGIRC-ARRCO
15/04/N	BQ	658/758	Charges/Produits divers de gestion courante	Écarts d'arrondis	
			Paiement AGIRC-ARRCO		
15/04/N	BQ	43740	Caisse de prévoyance	Total prévoyance	
15/04/N	BQ	51200	Banque		Total prévoyance
15/04/N	BQ	658/758	Charges/Produits divers de gestion courante	Écarts d'arrondis	
			Paiement Prévoyance		

III La comptabilisation des cas particuliers de la paie

1. Les titres-restaurant

À l'achat, les titres-restaurant sont portés au débit du compte 437 « Autres organismes sociaux » par le crédit d'un compte de trésorerie.

Lors de la remise aux salariés des titres-restaurant, le compte 437 « Autres organismes sociaux » est soldé par le débit du compte 421 « Personnel – Rémunérations dues » (pour la part payée par les salariés) et par le débit du compte 647 « Autres charges sociales » (pour la part à la charge de l'employeur).

Exemple

La société Énergie Clim emploie 8 salariés qui travaillent 5 jours par semaine (22 jours durant le mois d'avril N). L'entreprise a instauré des titres-restaurant d'une valeur nominale de 7 € ; la part financée par le salarié est de 40 % et la part financée par l'employeur est de 60 %.

Nombre de titres-restaurant achetés pour le mois d'avril N : 8 salariés × 22 jours = 176 titres

Le coût de la part employeur est de : 7 € × 176 × 60 % = 739,20 €

Le coût de la part salariée (des 8 salariés) est de : 7 € × 176 × 40 % = 492,80 €

L'enregistrement est le suivant :

Date	Journal	Compte	Libellé opération	Débit	Crédit
30/04/N	SA ou OD	64700	Autres charges sociales	739,20	
30/04/N	SA ou OD	42100	Personnel – Rémunérations dues	492,80	
30/04/N	SA ou OD	43700	Autres organismes sociaux		1 232,00
			Enregistrement titres-restaurant		

2. Les congés payés

Le compte 6412 « Congés payés » est débité au moment de la prise de congés payés calculés sur le bulletin de paie par le crédit du compte 421 « Personnel – Rémunérations dues ».

En fin d'année, les droits acquis par les salariés au titre des congés payés constituent une charge à payer à enregistrer.

Le compte 6412 « Congés payés » est débité par le crédit du compte 4282 « Dettes provisionnées pour congés à payer » pour le montant correspondant à la période du 1er juin au 31 décembre.

Les charges sociales correspondantes sont enregistrées au débit du compte 645 « Charges de Sécurité sociale et de prévoyance » par le crédit du compte 4382 « Charges sociales sur congés à payer ».

Les charges fiscales sur congés payés sont enregistrées au débit du compte 631 ou 633 « Impôts, taxes et versements assimilés sur rémunérations » par le crédit du compte 4482 « Charges fiscales sur congés payés ».

Exemple

L'entreprise Infogérance emploie actuellement 6 salariés. Il n'y a pas eu de départ de salarié pendant la période de référence (01/06/N au 31/12/N). Le total des rémunérations brutes versées pendant cette période s'élève à 124 987,80 €.

Le service comptable a calculé que les charges sociales patronales représentent 40 % des rémunérations brutes. L'entreprise pratique la règle du 1/10e pour le calcul de l'indemnité de congés payés.

La dette provisionnée pour congés à payer sera calculée de la manière suivante :

124 987,80 € × 1/10 = 12 498,78 €

Le montant des charges sociales patronales sera de : 12 498,78 × 40 % = 4 999,51 €

Date	Journal	Compte	Libellé opération	Débit	Crédit
31/12/N	SA ou OD	64120	Congés payés	12 498,78	
31/12/N	SA ou OD	42820	Dettes provisionnées pour congés payés		12,498,78
			Charges de Sécurité sociale et de prévoyance		
31/12/N	SA ou OD	64500	Charges sociales sur congés payés	4 999,51	
31/12/N	SA ou OD	43820	Charges sociales sur congés payés		4,999,51
			Régularisation congés payés		

L'essentiel en une question

Pourquoi les montants des règlements des cotisations ne correspondent-ils pas aux dettes définies dans l'enregistrement précédent ?

Consultez le corrigé liennathan.fr/28hnar

APPLICATIONS

ATELIER PGI

Enregistrer les écritures de paie

Chapitre concerné

Chapitre 9 : La comptabilisation de la paie

Fiche de travail à télécharger
liennathan.fr/gu2hzu

PDF

EXOS FLASH

EXO 1 Quiz interactif

Testez vos connaissances sur ce chapitre avec le quiz en ligne.

liennathan.fr/ygnzbc

Votre score ....

EXO 2 Enregistrer les opérations relatives à la paie

- **Enregistrez au journal les opérations constatant les salaires bruts ainsi que les charges sociales au 30 septembre N.**

ANNEXE **Extrait du livre de paie de septembre N**

Salaires	42 000 €		
Acomptes et oppositions	Acomptes : 2 250 € versés le 18/09		
	Saisies sur rémunérations : 1 500 €		
Cotisations sociales	**Cotisations**	**Salariales**	**Patronales**
	URSSAF	6 615 €	12 495 €
	France Travail	1 005 €	1 800 €
	AGIRC-ARRCO	1 650 €	2 625 €
	Complémentaire santé	525 €	525 €

ENTRAÎNEMENT AU BTS 1 Comptabilisation à partir du livre de paie

★☆☆

Vous effectuez votre stage de seconde année au sein de l'entreprise Baratie. Cette animalerie élève et commercialise différents animaux domestiques ainsi que des articles destinés à leur entretien et leur bien-être (aliments, cages, jouets...). Elle emploie sept salariés.

Le comptable de l'entreprise vous communique les informations nécessaires à la comptabilisation de la paie du mois de mars N. Il vous précise que les acomptes sont versés le 12 du mois et que les salaires comme les oppositions sont virés automatiquement le 30 du mois courant.

1. **En prenant appui sur les annexes 1 et 2, enregistrez au journal de paie l'écriture de versement des acomptes.**
2. **Comptabilisez en date du 30 mars N les salaires du mois de mars N, les retenues sur salaire et le règlement des salaires nets payés.**
3. **Comptabilisez les charges patronales du mois de mars N.**
4. **Sachant que l'entreprise paie les charges sociales le 15 du mois suivant par télérèglement, enregistrez les écritures correspondantes.**

ANNEXE 1 Livre de paie du mois de mars N

Salariés	Rémunération brute	Cotisations salariales				Cotisations patronales				Acomptes	Oppositions	Net à payer
		URSSAF	Retraite AGIRC-ARCCO	Prévoyance Mutuelle	PAS	URSSAF	Chômage	Retraite AGIRC-ARCCO	Prévoyance Mutuelle			
RENDU	1 966,08	333,06	78,84	38,05	0,00	228,42	82,58	118,16	30,78	320,00		1 196,13
CARMIN	2 620,00	469,53	105,69	19,65	89,98	678,51	110,04	158,40	92,09			1 935,15
REGIBUS	859,61	145,00	34,47	6,62	23,04	168,81	36,10	51,66	3,44			650,48
NORMAN	2 265,43	384,38	90,84	40,35	75,37	504,05	95,15	136,15	31,98		256,00	1 418,49

ANNEXE 2 Modèle de journal

425		Personnel - Avances et acomptes	D	
	512	Banque		C
		Versement acompte		
641		Rémunérations du personnel	D	
	421	Personnel - Rémunérations dues		C
		Salaires bruts		

ENTRAÎNEMENT AU BTS 2 Enregistrement et vérification de la paie ★★☆

La SAS PGI (Pause gourmande d'Isabelle) est une société basée à Flers dans l'Orne. C'est une PME spécialisée dans la fabrication de biscuits frais et la commercialisation de produits régionaux de Normandie. La biscuiterie a également développé une gamme gourmets (Chocoladises, Petits trésors...). Elle compte actuellement quatre pâtissiers, un commercial et un comptable.

Vous remplacez le comptable en arrêt maladie.

La dirigeante, Isabelle Jaubert, a décidé d'attribuer des titres-restaurant d'une valeur nominale de 10 €, financés à parts égales par l'employeur et les salariés. Chaque salarié a travaillé 22 jours ouvrés pour le mois de mars N.

P7 **1 À l'aide de l'annexe 1, complétez le tableau récapitulatif des salaires bruts de mars (annexe 2).**

2 Procédez à la précomptabilisation des salaires et de leur règlement (au 30 mars). Modèle de bordereau : liennathan.fr/dywwj2.

3 À partir de l'annexe 3, comptabilisez les charges sociales patronales pour mars N ainsi que leur règlement (au 15 du mois suivant).

ANNEXE 1 Informations pour détermination des salaires bruts de mars N

Salariés	Salaires de base	Primes et avantages en nature	Acomptes et oppositions	PAS
BLANCHARD Fred	1 678,00	Ancienneté : 5 % du salaire brut	300,00 (acompte)	0 %
SICARDI Odile	2 083,07	Ancienneté : 3 % du salaire brut	221,85 (saisie)	3,50 %
GIRAUD Philippe	1 906,74		280,00 (acompte)	2,10 %
DIETRE Jeremy	1 630,00	Ancienneté : 5 % du salaire brut		0 %
POIRIER Jonathan	2 517,00	Ancienneté : 10 % du salaire brut		7,50 %
GALETTA Pierre	2 720,00	Avantage en nature voiture : 350,00 €		7,50 %

ANNEXE 2 Tableau récapitulatif des salaires bruts de mars N

Salariés	Salaires de base	Primes d'ancienneté	Avantages en nature	Salaires bruts
BLANCHARD				
SICARDI				
GIRAUD				
DIETRE				
POIRIER				
GALETTA				
Totaux	**12 534,81**	**479,59**	**350,00**	**13 364,40**

Tableau à télécharger
liennathan.fr/1t2uzo

ANNEXE 3 Taux des cotisations en mars N

Sécurité sociale URSSAF				Chômage				Retraite AGIRC-ARRCO			
CSS	17 %	CSP	28,05 %	CSS	–	CSP	4,25 %	CSS	4,01 %	CSP	6,01 %

Depuis plusieurs mois, certains dysfonctionnements sont apparus au niveau de la gestion de la paie. Isabelle Jaubert pense investir dans un PGI afin de réduire tous les problèmes. Avant de basculer définitivement vers cette solution, elle vous confie plusieurs missions.

4. **Rédigez à son intention une note argumentée sur les avantages et les inconvénients de la mise en place d'un PGI.**
5. **Complétez le livre de paie (annexe 4) qu'elle transmettra au comptable.**
6. P7 **Vérifiez la correspondance des écritures avec la DSN mensuelle de mars N (annexe 5).**
7. **Quel montant de PAS l'entreprise doit-elle payer par télérèglement à la DGFiP ?**

Livre de paie à télécharger liennathan.fr/6vrekj

ANNEXE 4 Livre de paie pour le mois de mars N

Éléments	Montants en euros	Éléments	Montants en euros
Salaires de base		Primes	
Avantages en nature		Indemnités de transport	
Avances		Acomptes	
Oppositions		Titres-restaurant	
Cotisations salariales Sécurité sociale sauf CSG ET CRDS		Cotisations patronales Sécurité sociale	
Cotisations salariales caisse de retraite AGIRC-ARRCO		Cotisations patronales caisse de retraite AGIRC-ARRCO	

ANNEXE 5 Extrait de la DSN mensuelle de mars N

Code cotisation	Qualifiant assiette	Assiette	Taux (en %)	Accident du travail	Montant (en euros)
027 Contribution au dialogue social	920 Déplafonné	13 364,00	0,016		2,00
100 Cas général	920 Déplafonné	13 364,00	16,27	1,50	2 375,00
100 Cas général	921 Plafonné	13 364,00	15,45		2 064,00
260 CSG CRDS	920 Déplafonné	13 130,00	9,70		1 274,00
332 FNAL Plafonné	921 Plafonné	13 364,00	0,10		13,00
772 Contribution assurance chômage	920 Déplafonné	13 364,00	4,00		535,00
937 Cotisation AGS Cas général	920 Déplafonné	13 364,00	0,25		33,33
900 Autres contributions	920 Déplafonné	13 364,00	3,70		494,00
105 Montant de cotisation régime unifié AGIRC-ARRCO	74A0 Contribution d'équilibre général T1	13 364,00	2,15		287,00
105 Montant de cotisation régime unifié AGIRC-ARRCO	74N0 Retraite complémentaire unifiée T1	13 364,00	7,87		1 052,00
TOTAL COTISATIONS					**8 131,00**

ENTRAÎNEMENT AU BTS 3 Comptabilisation des opérations relatives à la paie ★★★

La SARL Lancelot est une petite société familiale dont le siège social est situé à Poitiers. Elle est spécialisée dans la conception, la fabrication et la distribution de jeux de société : jeux de cartes, jeux de plateau, puzzles.

La comptabilité et la paie sont réalisées en interne depuis des années. Vous effectuez un stage au sein de cette société et vous préparez la comptabilisation de la paie du mois de décembre.
Le comptable vous précise que les salaires sont toujours versés le dernier jour du mois et les cotisations sociales le 5 du mois suivant. Les opérations financières sont réalisées avec la BNP.

- **À l'aide des annexes 1 et 2, comptabilisez les opérations relatives à la paie du mois de décembre N de la société Lancelot.**

ANNEXE 1 Renseignements relatifs aux salaires du mois de décembre N

Salaires bruts	80 000 €
Congés payés	10 000 €
Retenues pour congés payés	9 500 €
Avantages en nature	800 €
Cotisations salariales :	
Sécurité sociale – URSSAF	10 875 €
Retraite AGIRC-ARRCO	3 380 €
Prévoyance – Assurance	500 €
Acomptes versés le 15/12/N	800 €
Oppositions	1 000 €
Retenues pour achats de titres-restaurant	500 €
Les charges sociales totales (employeur et salariés) s'élèvent à :	
Sécurité sociale – URSSAF	28 200 €
Chômage	3 400 €
Retraite AGIRC-ARRCO	9 040 €
Prévoyance – Assurance	1 060 €

ANNEXE 2 Extrait du plan comptable de l'entreprise

421000	Personnel, rémunérations dues	641200	Congés payés
431000	URSSAF	641300	Primes et gratifications
437200	Caisse AGIRC-ARRCO	645100	Cotisations de Sécurité sociale à l'URSSAF
437400	Titres-restaurant	645200	Cotisations aux mutuelles
437500	Mutuelle assurances sociales	645330	Cotisations aux caisses AGIRC-ARRCO
512000	BNP	645400	Cotisations d'assurance chômage
641100	Salaires et appointements	649000	Remboursement de charges de personnel

SYNTHÈSE

Synthèse audio
liennathan.fr/l769wu

La comptabilisation de la paie

1 Les enregistrements relatifs à la paie

Les éléments relatifs au salarié

- Les avances
- Les acomptes
- Les oppositions

425	Avances & acomptes	D	
427	Oppositions	D	
512	Banque		C

- Les éléments du salaire brut
- Les avantages en nature

641x	Éléments du salaire brut	D	
421	Rémunérations dues		C
649	Remboursement de charges de personnel		C

Les charges sociales salariales

Transfert des charges sociales salariales des salaires bruts vers les organismes sociaux

421	Rémunérations dues	D	
425	Avances & acomptes		C
427	Oppositions		C
431	URSSAF		C
4371	AGIRC-ARRCO		C
4374	Prévoyance		C
4221	PAS		C

Le paiement des salaires

- Paiement des salaires nets
- Paiement de la prime transport

421	Rémunérations dues	D	
6331	Transport		C
512	Banque		C

Les charges sociales patronales

Enregistrement des charges sociales patronales aux organismes sociaux

6451	Cotisations URSSAF	D	
6453	Cotisations AGIRC-ARRCO	D	
6454	Cotisations France Travail	D	
6458	Cotisations autres OS	D	
431	URSSAF		C
4371	AGIRC-ARRCO		C
4374	Prévoyance		C

Le paiement des cotisations

Paiement des cotisations sociales salariales et patronales

43x	Organismes sociaux	D	
512	Banque		C

Le paiement des PAS

Paiement des PAS

4221	Prélèvement à la source	D	
512	Banque		C

2 La concordance entre les écritures et les documents sociaux

Contrôle avec la DSN

Contrôle des états de cotisations dans la comptabilité (livre de paie) et sur la DSN récapitulative

Exemples de montants à contrôler

- Les cotisations URSSAF, AGIRC-ARRCO, France Travail, autres caisses ou OS
- Les versements des avances, acomptes, oppositions, avantages en nature, etc.

CHAPITRE 10 La participation, l'intéressement et l'épargne salariale

Activité	Composantes d'activité	Compétences	P7	Vers Pix
4.3. Gestion comptable de la paie et information des salariés	**4.3.5.** Contrôle et comptabilisation de l'épargne salariale	Effectuer les traitements relatifs à l'épargne salariale, puis procéder à la comptabilisation	La communication des salariés sur les dispositifs d'épargne salariale	**1.1.** Mener une recherche et une veille d'information **1.2.** Gérer des données

SITUATION PROFESSIONNELLE

La société Esthétique&Santé a connu un développement important de son activité et de ses effectifs au cours des derniers semestres. À la fin de l'année N, cela fait 5 ans qu'elle emploie 55 salariés.

M. Lange, le fondateur de la société, est persuadé que la rémunération est l'une des variables sur lesquelles l'entreprise peut agir pour motiver ses salariés.

En s'appuyant sur le cadre légal et dans l'optique de redistribuer à ses salariés une partie des bénéfices réalisés, il a commencé à mettre en place des dispositifs permettant d'associer les salariés des différents sites aux résultats et aux performances de la société. Fin N+1 ont ainsi été conclus un accord sur l'épargne salariale et un accord sur la participation des salariés aux résultats.

Pour accompagner la société dans la mise en œuvre du nouveau dispositif de participation, M. Lange a mandaté le cabinet d'experts-comptables Auditor.

VOS MISSIONS

En N+2, M. Lange reçoit les recommandations du cabinet Auditor concernant la participation et souhaite les vérifier. Il cherche à mettre en place un accord d'intéressement. Il s'intéresse également aux autres dispositifs d'épargne salariale. Mme Karine est débordée, vous vous plongez dans les dossiers.

MISSION 1 Effectuer les traitements relatifs à la participation des salariés aux résultats de l'entreprise ▶ Fiches ressource 1 et 2

MISSION 2 Effectuer les contrôles et les traitements relatifs à l'intéressement des salariés ▶ Fiche ressource 3

MISSION 3 Étudier les autres dispositifs d'épargne salariale ▶ Fiche ressource 4

VOS MISSIONS

MISSION 1 Effectuer les traitements relatifs à la participation des salariés aux résultats

1. **Vérifiez si la société E&S était soumise à la participation. Vérifiez si la procédure de signature et si le contenu de l'accord étaient conformes à la réglementation.**
▶ Annexe 1 ▶ Fiche ressource 1

2. **Contrôlez les calculs du cabinet Auditor : formule, paramètres, résultat.**
▶ Annexes 2 et 3

3. **Calculez le montant de la prime de participation attribuée à M. Best. Complétez la fiche d'information transmise par la société E&S.**
▶ Annexes 4 et 5

4. **Présentez les écritures comptables relatives à la participation.**
▶ Annexes 6 et 7 ▶ Fiche ressource 2

5. **En utilisant les résultats précédents, indiquez les avantages fiscaux et sociaux liés à la participation pour la société E&S et pour M. Best. Quels retraitements fiscaux la société doit-elle réaliser ?**

La question de l'expert
Si vous deviez calculer le montant de la RSP pour une autre entreprise, dans quels documents trouveriez-vous les informations nécessaires à ce calcul ?

Discutons-en !
La prime de participation est-elle mentionnée sur le bulletin de salaire ?

Besoin d'aide ? liennathan.fr/to4pxa

Besoin d'aide ? liennathan.fr/sb046v

L'autocorrection en vidéo liennathan.fr/odvkf3

MISSION 2 Effectuer les contrôles et les traitements relatifs à l'intéressement des salariés

6. **Le projet d'accord d'intéressement élaboré par M. Lange et Mme Karine vous semble-t-il conforme à la réglementation ? Justifiez.**
▶ Annexe 8 ▶ Fiche ressource 3

7. **En réalisant une simulation, quel serait le montant global de la prime d'intéressement ? Quel serait le montant perçu par Mme Le Bihan ?**
▶ Annexes 8, 9 et 10

8. **Présentez les écritures comptables qui seraient passées au journal.**

9. **Quels seraient les avantages fiscaux et sociaux liés à l'intéressement pour la société E&S et pour les salariés ?**

MISSION 3 Étudier les autres dispositifs d'épargne salariale

10. **Concernant la société FitBio, quels dispositifs d'épargne salariale devrait-on mettre en place à partir de 2025 ?**
▶ Annexe 11 ▶ Fiche ressource 4

11. **Compte tenu de l'évolution de l'effectif de FitBio, à quelle date l'accord de participation deviendrait obligatoire ? Et que se passerait-il si l'effectif redescendait à 45 salariés en 2029 ?**

La question de l'expert
Pourquoi l'accord de participation peut-il paraître plus difficile à mettre en place que l'accord d'intéressement ?

L'autocorrection en vidéo liennathan.fr/f0nrbi

DONNÉES DE LA SITUATION

ANNEXE 1 **Accord de participation (extraits)**

Accord de participation

Entre les soussignés :
La société ESTHÉTIQUE&SANTÉ
Dont le siège social est à 158, cours de la Guadeloupe 33000 BORDEAUX
Immatriculée au RCS de Bordeaux sous le numéro RCS Bordeaux 236548950
Représentée par Monsieur François LANGE en sa qualité de Président,
d'une part,

Et
Le comité social et économique (CSE) ayant pris sa décision à la majorité des membres présents lors de la réunion du 15 octobre N+1, représenté par sa secrétaire, Madame Corinne GÉRARDIN, en application du mandat qu'elle a reçu au cours de cette réunion,
d'autre part,

Est conclu un accord en application des articles L. 3322-1 et suivants du Code du travail relatifs à la participation des salariés aux résultats de l'entreprise.

Article 1 – Objet

L'accord a pour objet de définir les modalités de calcul, de répartition et de gestion de la réserve spéciale de participation. […]

Article 3 – Détermination de la réserve de participation

Le montant de la réserve spéciale de participation (R) est déterminé pour chaque exercice conformément aux dispositions de l'article L. 3324-1 du Code du travail.

La formule est la suivante : $R = ½ (B – 5\ \% \text{ de } C) \times S/Va$

Formule dans laquelle :

B : représente le bénéfice imposé au taux de droit commun diminué de l'impôt correspondant.

C : représente les capitaux propres comprenant le capital social, les primes liées au capital social, les réserves, le report à nouveau, les provisions ayant supporté l'impôt, les provisions réglementées ayant supporté l'impôt. Les montants retenus sont ceux figurant au bilan de clôture de l'exercice au titre duquel la participation est calculée. […]

S : représente les rémunérations annuelles prises en compte pour le calcul des cotisations de Sécurité sociale.

Va : représente la valeur ajoutée telle qu'elle est définie dans l'article D. 3324-2 du Code du travail.

Le montant obtenu est arrondi à la centaine d'euros supérieure. Il est plafonné à une valeur égale à la moitié du bénéfice net comptable.

Pour le calcul de la RSP, il ne sera pas tenu compte du forfait social.

Article 4 – Définition des bénéficiaires et montant des droits individuels

Les bénéficiaires du présent accord sont tous les salariés comptant 2 mois d'ancienneté dans l'entreprise. […]

La répartition de la réserve entre les bénéficiaires est effectuée proportionnellement aux salaires perçus au cours de l'exercice considéré.

Le montant des droits susceptibles d'être attribués à un bénéficiaire ne peut excéder, pour un exercice donné, une somme égale aux trois quarts du plafond annuel de la Sécurité sociale. […]

Les sommes sont bloquées pendant 5 ans. Toutefois, les salariés peuvent demander le versement immédiat de leurs droits dans les 15 jours suivant la communication du montant qui leur est attribué au titre d'un exercice. […]

Article 6 – Modalités de gestion des fonds

Les sommes constituant la réserve de participation seront affectées à un compte ouvert au nom du bénéficiaire sous forme de plan d'épargne salariale tenu par la Banque populaire du Sud-Ouest (BPSO) sous forme du FCPE INVEST-France.

Le salarié peut obtenir un déblocage anticipé dans un nombre limité de cas prévus par le Code du travail.

ANNEXE 1 **(suite)**

Article 7 – Information des salariés

Chaque année, la direction présente au CSE un document qui indique les éléments servant au calcul et à l'affectation de la réserve spéciale.

Par ailleurs, chaque salarié bénéficiaire reçoit, lors de chaque répartition, une fiche récapitulative de l'ensemble des sommes et valeurs mobilières qui lui sont attribuées.

Article 8 – Délai d'indisponibilité des droits

Les droits à participation affectés à l'acquisition de parts de FCPE ne sont disponibles qu'après l'expiration d'un délai de cinq ans à compter du premier jour du cinquième mois de l'exercice au cours duquel les parts ont été acquises. […]

Fait à Bordeaux, le 25 novembre N+1

Pour la SAS Esthétique&Santé
Monsieur François LANGE

Pour le Comité social et économique
Madame Corinne GÉRARDIN

ANNEXE 2 **Données comptables et fiscales pour l'exercice N+1**

Effectif depuis le 01/01/N+1	60 salariés au minimum
Résultat de l'exercice N+1 (bénéfice)	274 747 €
Valeur ajoutée de l'exercice (Va)	3 452 350 €
Rémunérations annuelles prises en compte pour les cotisations de Sécurité sociale (S)	1 321 640 €
Capitaux propres au 31/12/N+1	190 000 €
Résultat fiscal imposable au taux normal (25 %)	450 063 €

ANNEXE 3 **Extrait du courrier du cabinet Auditor en date du 30 mars N+2**

Pour l'exercice clos le 31/12/N+1, les calculs que nous avons réalisés pour déterminer le montant global de la participation des salariés aux résultats de l'entreprise dont vous êtes redevables à l'égard de vos salariés s'élève à 62 800 €, conformément à l'accord de participation conclu dans votre société.
Il faudra prélever 6 092 € au titre de la CSG et de la CRDS.
La société supportera un prélèvement au titre du forfait social d'un montant de 12 560 €.
Le nombre de salariés bénéficiant de la participation est de 78, compte tenu des entrées et sorties du personnel au cours de l'exercice N+1.

ANNEXE 4 **Situation de M. Frédéric Best**

M. Frédéric Best a été embauché par l'établissement de Lille le 01/03/N+1. Il occupe le poste de masseur.
Salaires perçus au cours de l'exercice N+1 (montant brut) : 24 510 €.
M. Best a choisi de porter la totalité du montant de sa prime de participation sur le PEE.

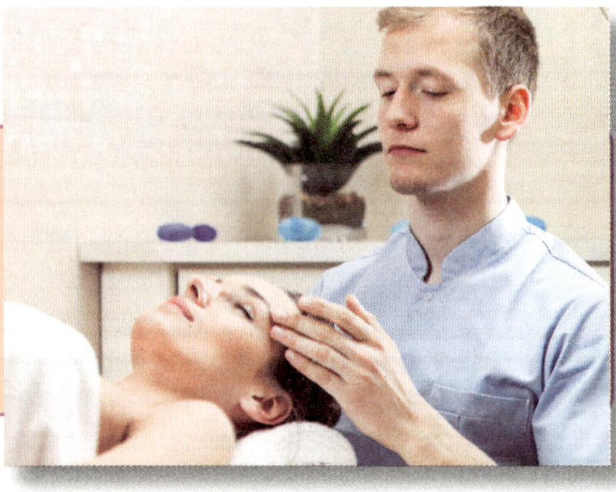

ANNEXE 5 Modèle de fiche d'information sur la participation avec formulaire d'options

[Société]
[Salarié]
Objet : Affectation de la prime de participation de l'exercice [Année]

Modèle de fiche à télécharger
liennathan.fr/hf4yo6

Madame/Monsieur,
Je vous informe que, conformément à l'accord de participation aux résultats de l'entreprise en vigueur dans notre entreprise, vous bénéficiez d'une prime de participation au titre de l'exercice clos le 31/12/[Année].
Le montant de la prime de participation qui vous est attribué s'élève à : [____]
Veuillez nous faire connaître l'affectation que vous choisissez de donner à cette prime en nous faisant parvenir le coupon ci-joint.

Cordialement,

[Signature]

....

AFFECTATION DE LA PRIME DE PARTICIPATION [Année]

[Société]
[Salarié]
Je vous demande de (rayer les mentions inutiles) :
– verser immédiatement le montant de la prime de participation à hauteur de : ____________ €
– verser le montant de la prime de participation sur le PEE BPSO pour : ____________ €

Le .../.../....
[Signature]

ANNEXE 6 Choix d'affectation de la réserve spéciale de participation

Au terme du délai de consultation des salariés quant à leur choix d'affectation des sommes issues de la participation, Mme Karine a constaté les décisions suivantes :
– affecter à un plan d'épargne géré par un organisme extérieur : 20 000 €
– percevoir immédiatement les sommes : 36 708 €

ANNEXE 7 Plan des comptes de la société E&S (extrait)

Numéro	Intitulé du compte	Numéro	Intitulé du compte
1622000	Fonds de participation	4386000	Organismes sociaux – Forfait social
4284000	Dettes provisionnées pour participation des salariés aux résultats	6451000	Cotisations à l'Urssaf
4384000	Charges sociales sur participation des salariés	6451600	Forfait social
4246000	Réserve spéciale de participation	6476000	Abondement des PEE
4310000	Sécurité sociale – Urssaf	6910000	Participation des salariés aux résultats

ANNEXE 8 **Projet d'accord d'intéressement de la société E&S**

L'accord d'intéressement serait conclu avant l'été N+2.
De façon à valoriser la contribution des salariés à la création de richesse de l'entreprise, M. Lange et Mme Karine pensent attribuer aux salariés une prime d'intéressement globale de 2 % sur le montant de la valeur ajoutée de l'exercice.
Le montant total serait réparti uniformément entre les salariés présents à la clôture de l'exercice ayant plus de 6 mois d'ancienneté dans l'entreprise.
Au cours d'un bref entretien avec un responsable du cabinet Auditor, il leur a été indiqué que les restrictions contenues dans ce projet d'accord n'étaient pas conformes aux dispositions légales.
M. Lange et Mme Karine ont donc décidé que les bénéficiaires seraient tous les salariés ayant 3 mois d'ancienneté dans l'entreprise dans le courant de l'exercice.
La prime d'intéressement fera l'objet d'une répartition uniforme entre les salariés bénéficiaires. On appliquera pour chaque salarié un *prorata temporis* en fonction du temps de présence dans l'entreprise.

ANNEXE 9 **Données comptables et fiscales de l'exercice N+1 pour simulation de l'intéressement**

Les éléments comptables et fiscaux à prendre en compte pour effectuer une simulation du calcul et de l'attribution de la prime d'intéressement sont les suivants :
- Valeur ajoutée de l'exercice N+1 : 3 452 350,00 €
- Nombre de salariés ayant travaillé pendant au moins 3 mois dans la société : 75
- Versement des primes : en numéraire

ANNEXE 10 **Situation de Mme Nolwen Le Bihan**

Mme Nolwen Le Bihan a été embauchée à Rennes, en CDI, au poste d'esthéticienne, le 1er septembre N+1. Son salaire d'embauche, inchangé au 31/12/N+1, est de 1 900 € bruts.

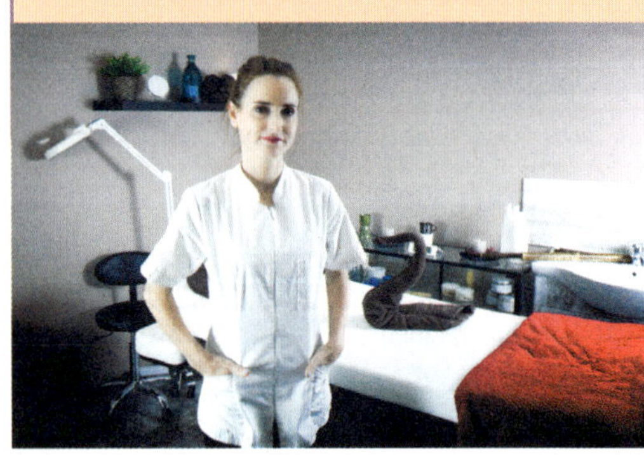

ANNEXE 11 **Projet d'investissement**

M. Lange envisage d'acheter en 2025 la société FitBio, une petite chaîne de magasins de vente de produits bio. L'entreprise emploie alors 45 salariés. Il n'y a aucun accord concernant l'épargne salariale. Son effectif devrait dépasser régulièrement 50 salariés à partir de 2027. M. Lange envisage de conclure un accord de participation pour FitBio dès que cela deviendra obligatoire.

FICHE RESSOURCE 1

La participation des salariés aux résultats de l'entreprise

La participation est le mécanisme le plus ancien de redistribution des bénéfices de l'entreprise aux salariés et d'épargne salariale, il évolue régulièrement. La loi PACTE du 22 mai 2019, applicable au 1er janvier 2020, en a profondément modifié les conditions d'application. Toutefois, les accords conclus avant le 01/01/2020 continuent à s'appliquer, ce qui est le cas de dans de nombreuses entreprises.

Dans ce chapitre, nous étudierons le régime applicable à compter du 01/01/2020.

I La mise en place dans l'entreprise

1. Les parties intéressées

a. Les entreprises concernées

La conclusion d'un accord de participation est obligatoire en fonction de l'effectif de l'entreprise. Dans le cas où l'effectif salarié dépasse 50 ETP au titre de l'année N, le seuil est franchi pour l'année N+1 et l'obligation de conclure un accord ne s'appliquera qu'à l'ouverture de N+5. L'entreprise aura jusqu'au 31/12/N+6 pour conclure cet accord. La participation sera alors calculée sur les résultats de N+5.

b. Le calcul des effectifs

La méthode est celle de l'article L. 130-1 du Code de la Sécurité sociale. L'effectif salarié de l'entreprise est égal à la moyenne du nombre de personnes employées au cours de chacun des mois de l'année civile précédente. L'effectif mensuel figure dans la DSN établie mensuellement par l'employeur. Ne sont pas considérés, par exemple, les contrats en alternance. La loi prévoit qu'un seuil d'effectif n'est franchi qu'au début de l'exercice suivant. Par ailleurs, le franchissement d'un seuil ne produit ses effets qu'à partir de l'ouverture du 5e exercice qui suit. La période intermédiaire de 5 ans est ainsi « gelée ». Si le seuil est franchi à la baisse, l'obligation disparait pour l'année suivante. En outre, si le seuil est de nouveau franchi à la hausse, il faut repartir pour une durée de cinq années civiles.

c. Les salariés

Tous les salariés, y compris les apprentis, qu'ils soient en CDI ou en CDD, à temps plein ou à temps partiel, sont concernés par l'accord de participation. En sont exclus les salariés intérimaires, les stagiaires, les dirigeants de société (sauf s'ils cumulent mandat social et contrat de travail).

2. L'accord de participation

a. La signature de l'accord

L'accord instituant la participation a pu résulter d'une négociation collective ou de la ratification, à la majorité des 2/3 du personnel, d'un projet proposé par l'employeur.

b. Le contenu de l'accord

Les clauses doivent préciser les dates de conclusion de l'accord, sa durée, la formule de calcul de la réserve de participation, la durée de blocage des fonds, les modalités de répartition de la réserve entre les salariés, les plafonds d'attribution, le mode d'information des salariés ainsi que la gestion de leurs droits. L'accord peut indiquer la durée d'ancienneté requise des bénéficiaires.

L'accord a dû être déposé auprès de l'administration en utilisant le site TéléAccords.

Aller plus loin

Site TéléAccords
liennathan.fr/i1vm3m

II La détermination de la participation

La participation prend la forme de l'attribution d'une somme globale, à partager entre tous les salariés soit en une répartition uniforme, soit en fonction des salaires ou du temps de présence. Il s'agit de la réserve spéciale de participation (RSP). Son calcul résulte d'une formule légale. Toute autre formule plus avantageuse aux salariés peut toutefois être envisagée.

Quelle que soit la formule choisie, le montant de la prime ne peut dépasser 75 % du plafond annuel de la Sécurité sociale (PASS). En 2025, ce plafond est de 35 325 € par salarié.

1. Le calcul de la RSP

a. La formule légale

RSP = ½ (B – 5 % × C) × S/Va

B = bénéfice net fiscal (bénéfice fiscal imposable au taux normal – impôt sur les sociétés correspondant)
C = capitaux propres de l'entreprise
S = salaires bruts
Va = valeur ajoutée

> Exemple
>
> La SARL Durandal, qui fabrique des imprimantes 3D, a conclu un accord de participation fin 2020. Une prime de participation sur le résultat de l'exercice 2025 sera donc attribuée aux salariés dans le courant de l'exercice 2026.
>
> Pour la société Durandal, les paramètres au 31/12/2025 sont les suivants :
> B = 345 688 €
> S = 1 563 222 €
> C = 220 000 €
> Va = 3 957 369 €
> RSP = ½ (345 688 – 5 % × 220 000) × 1 563 222 / 3 957 369 = **66 103 €**

b. Les autres formules

Il est possible de négocier un mode de calcul différent à condition que le résultat obtenu soit :

- au moins équivalent à celui de la formule légale (principe d'équivalence) ;
- au plus égal à l'un des plafonds suivants, choisi par les parties signataires :

– la moitié du bénéfice net comptable ;
– le bénéfice net comptable diminué de 5 % des capitaux propres ;
– le bénéfice net fiscal diminué de 5 % des capitaux propres ;
– la moitié du bénéfice net fiscal.

Toutefois, pour les entreprises qui ne sont pas tenues de mettre en place un tel régime (par exemple les entreprises de moins de 50 salariés), la loi du 29 novembre 2023 autorise, à titre expérimental pour une durée de 5 ans, à utiliser une formule moins favorable.

2. L'affectation de la participation

En principe, la mise à disposition des droits des salariés est fixée par l'accord de participation. Il existe deux possibilités :

- soit le salarié demande le versement immédiat de la prime, en totalité ou partiellement. Il doit alors le faire dans un délai de 15 jours après avoir été informé du montant de la prime ;
- soit la prime est bloquée pendant 5 ans (8 ans en cas d'absence d'accord). Il opte alors pour un placement sur un plan d'épargne ou pour un placement sur un compte courant (accords conclus avant 2020).

Si la prime est bloquée, le salarié peut obtenir un déblocage anticipé uniquement dans des cas prévus par la loi, dont les plus fréquents sont : mariage, Pacs, naissance d'un troisième enfant, invalidité, décès, rupture du contrat de travail, surendettement, violences conjugales.

? L'essentiel en une question

À quelles conditions une entreprise peut-elle redistribuer une partie des bénéfices à ses salariés *via* une prime de participation ?

Consultez le corrigé
liennathan.fr/ij6vab

FICHE RESSOURCE 2

L'enregistrement comptable de la participation – régime social et fiscal

I L'enregistrement comptable de la participation

La comptabilisation de l'affectation de la participation dépend des modalités de gestion des fonds prévus par les accords de participation.

Les sommes versées ne sont pas considérées comme des salaires, elles sont donc exonérées de cotisations sociales. Néanmoins, l'employeur est redevable d'une contribution à l'Urssaf, le forfait social. Le taux est de 20 % sur la totalité du montant de la RSP. Depuis le 01/01/2019, le forfait social est supprimé sur les primes de participation pour les entreprises qui ne sont pas tenue de mettre en place un accord de participation (entreprise de moins de 50 salariés).

Avant l'attribution de la participation à chaque bénéficiaire, il faut également prélever la CSG et la CRDS au taux de 9,7 %.

Les différentes étapes de l'enregistrement en comptabilité : présentation générale

Exercice N	Exercice N+1			Exercice N+6 (ou plus tôt)
31/12/N	**Date AGO annuelle**	**Dans les jours suivants**	**31/12/N+1**	**Courant exercice**
Établissement des comptes sociaux N	Adoption des comptes annuels	Affectation de la RSP	Clôture de l'exercice N	Déblocage des comptes bloqués
La participation est une dette provisionnée (691/4284). Le forfait social est une charge à payer (6451/4386).	La participation devient une dette certaine. CSG/CRDS exigibles, à verser à l'Urssaf (4284/4246 et 431). Le forfait social est versé à l'Urssaf.	La RSP nette de CSG/CRDS (4246) : – attribuée aux salariés qui demandent le versement immédiat (512) ; – versée sur un compte d'épargne (512) ; – placée en comptes bloqués (1662) pour les accords conclus avant 2020.	Accords conclus avant 2020 : les sommes placées en comptes bloqués produisent des intérêts à enregistrer en charges à payer (661/1686).	Accords conclus avant 2020 : les sommes sont mises à disposition des salariés, sous déduction, éventuellement, de prélèvements sociaux (4248/442).

1. Étape 1 – À la clôture de l'exercice

- Comptabilisation de la charge liée à la participation

Exemple (suite)

Comptabilisation des 66 103 € de réserve de participation de la société Durandal.

		31/12/2025		
691		Participation des salariés aux résultats	66 103	
	4284	Dettes provisionnées pour participation des salariés		66 103

- Enregistrement de la charge à payer relative au forfait social

Exemple (suite)

Le montant du forfait social à la charge de la société est de : 66 103 × 20 % = 13 221 €

		31/12/2025		
6451		Cotisations à l'Urssaf – Forfait social	13 221	
	4386	Organismes sociaux – Autres charges à payer		13 221

2. Étape 2 – À la date de l'AGO annuelle : adoption des comptes

- Comptabilisation de la réserve spéciale de participation (RSP)

Exemple (suite)

L'assemblée générale ordinaire annuelle la société Durandal a lieu le 14/04/2026.

La RSP devient une dette certaine. On déduit de la RSP le montant de CSG/CRDS, soit : 66 103 × 9,7 % = 6 412 €. On y ajoute le forfait social de 13 221 €.

		14/04/2026		
4284		Dettes provisionnées pour participation des salariés	66 103	
	4246	Réserve spéciale de participation		59 691
	431	Sécurité sociale – Urssaf		6 412
4386		Organismes sociaux – Autres charges à payer	13 221	
	431	Sécurité sociale – Urssaf		13 221

3. Étape 3 – Affectation de la RSP

Il y a plusieurs schémas d'écritures, chacun correspondant aux différentes possibilités d'affectation de la RSP.

- 1re hypothèse : les salariés demandent le versement immédiat de leur participation

La société verse les fonds par virement bancaire sur les comptes courants des salariés.

Exemple (suite)

		Courant 2025		
4246		Réserve spéciale de participation	59 691	
	512	Banque		59 691

(Le montant est donné à titre d'exemple car la totalité de la RSP ne peut pas être virée sur les comptes courants.)

- 2e hypothèse : les sommes sont affectées à un plan d'épargne géré par un organisme extérieur

La société verse les fonds par virement bancaire.

Exemple (suite)

		Courant 2025		
4246		Réserve spéciale de participation	59 691	
	512	Banque		59 691

- 3e hypothèse : uniquement pour les accords conclus avant 2020, les sommes sont affectées à un fonds d'investissement géré par l'entreprise

Exemple (suite)

		Courant 2026		
4246		Réserve spéciale de participation	59 691	
	1662	Fonds de participation		59 691

4. Étape 4 – Intérêts courus sur les sommes portées en fonds de participation (accords conclus avant 2020)

Si les salariés ont choisi d'affecter leurs droits à des comptes bloqués, on doit leur attribuer chaque année une rémunération sur les montants placés. Ces intérêts ne seront versés qu'au moment du déblocage du principal.

5. Étape 5 – Déblocage de la participation au terme des 5 ans (accords conclus avant 2020)

Ce déblocage n'est comptabilisé que s'il concerne des sommes gérées en direct par la société, comme, par exemple, le fonds de participation. À cette occasion, des prélèvements sociaux peuvent être opérés, tels la CSG/CRDS sur les intérêts.

Exemple

Le 15/06/2031, une société débloque des droits à participation dus aux salariés pour 50 803 € enregistrés en compte 1662, augmentés d'intérêts de 7 652 € enregistrés en compte 16886.

Les sommes sont portées dans des comptes courants individuels ouverts au nom des salariés concernés.

		15/06/2031		
1662		Fonds de participation	50 803	
16886		Intérêts courus sur participation des salariés	7 652	
	4248	Participation des salariés – Comptes courants		58 455

II Le régime social et fiscal de la participation

1. Le régime social

	Entreprise	Salarié
Cotisations sociales	–	–
CSG et CRDS	–	CSG et CRDS sur 100 % de la participation

2. Le régime fiscal

	Entreprise	Salarié
Charges déductibles du résultat fiscal de l'exercice N	Participation due au titre de l'exercice N : non déductible Forfait social : déductible	–
Charges déductibles du résultat fiscal N+1	Participation due au titre de l'exercice N : déductible	–
Impôt sur le revenu	–	Pas d'imposition sur le revenu si la participation est bloquée pendant 5 ans ou débloquée dans les cas autorisés par la loi. Imposable si déblocage immédiat.

Exemple (suite)

Pour la société Durandal, pour le calcul du résultat fiscal de l'exercice 2025, il faut réintégrer le montant enregistré au compte 691, soit 66 103 €.

Pour le calcul du résultat fiscal de l'exercice 2026, exercice suivant au cours duquel on enregistre la participation au compte 4246 – Réserve spéciale de participation, il faut déduire la somme de 66 103 €.

L'essentiel en une question

Pourquoi utiliser des comptes de charges à payer pour comptabiliser les opérations liées à la participation ?

Consultez le corrigé
liennathan.fr/bx92ws

FICHE RESSOURCE 3

L'intéressement des salariés

L'intéressement est un dispositif facultatif permettant d'attribuer aux salariés des primes conditionnées par les performances de l'entreprise.

I La mise en place de l'intéressement

La mise en place d'un dispositif d'intéressement est possible dans toute entreprise, quels que soient son effectif, la nature de son activité ou sa forme juridique. L'accord, déposé sur TeleAccord, peut être conclu dans les mêmes formes et les mêmes conditions qu'un accord de participation.

Aller plus loin

Mon intéressement clé en main – URSSAF

liennathan.fr/bf7yyy

1. Les bénéficiaires individuels

Les bénéficiaires sont les salariés, avec une condition d'ancienneté (au maximum 3 mois). Les dirigeants peuvent aussi en bénéficier, même s'ils n'ont pas de contrat de travail.

2. Le calcul de la prime d'intéressement

Le contenu de l'accord est laissé à l'initiative des parties, mais les critères doivent être aléatoires et la prime ne doit se substituer à aucun des éléments du salaire en vigueur dans l'entreprise. Le montant global ne peut pas dépasser 20 % de la masse salariale.

> Exemple
>
> Dans la société Odéon, un premier accord d'intéressement a été signé fin 2018 avec les délégués syndicaux. L'accord prévoit que les salariés se partageront une prime globale d'intéressement dont le montant sera négocié chaque année. La prime est versée en totalité si deux objectifs sont atteints :
> – un ratio Excédent brut d'exploitation (EBE) / Chiffre d'affaires au moins égal à 40 % ;
> – aucun accident grave du travail.
>
> Le montant de la prime est dégressif en fonction de l'atteinte partielle des objectifs.
>
> Au titre de l'exercice 2025, l'intéressement s'élève à 48 673 €. L'AGO qui adopte les comptes se réunit le 25 avril 2026.

3. La répartition de l'intéressement

Le seuil de déclenchement et les modalités de répartition entre les salariés sont déterminés dans l'accord d'intéressement. On peut utiliser l'un des critères suivants ou les combiner :

- uniforme entre bénéficiaires, éventuellement sous condition d'ancienneté ;
- proportionnelle au temps de présence dans l'entreprise ;
- proportionnelle au salaire brut perçu.

Le montant individuel perçu ne peut pas dépasser 75 % du plafond annuel de la Sécurité sociale (PASS), soit 35 325 € pour 2025. L'entreprise peut décider de verser un supplément d'intéressement, qui ne peut dépasser la moitié du PASS.

Le licenciement d'un salarié, sa démission ou son départ à la retraite ne remettent pas en cause le droit à percevoir la prime d'intéressement.

4. L'affectation de l'intéressement

Le salarié doit exercer un choix pour le versement de sa prime d'intéressement :

- soit le versement immédiat, auquel cas les sommes sont imposables à l'impôt sur le revenu ;
- soit le placement dans un plan d'épargne, PEE, PEI, Perco ou PERE-CO, qui proposent des fonds communs de placement d'entreprise (FCPE).

L'accord d'intéressement énumère les produits d'épargne qui sont proposés aux salariés. L'un d'entre eux est obligatoirement peu risqué.

Chaque salarié est libre de répartir les avoirs entre les différents fonds et d'effectuer des transferts d'un fonds vers un autre. Si le salarié n'exprime pas son choix, la totalité des sommes est placée sur un PEE. Dans ce dernier cas, c'est le PEE le moins risqué qui est retenu.

II L'enregistrement comptable de l'intéressement

1. Étape 1 – À la clôture de l'exercice

L'intéressement est comptabilisé en charges. Par ailleurs, la société Odéon employant moins de 250 salariés, elle bénéficie, depuis le 01/01/2019, de la suppression du forfait social.

Exemple (suite)

		31/12/2025		
6487		Autres charges de personnel – Intéressement	48 673	
	4286	Autres charges de personnel à payer – Intéressement		48 673

2. Étape 2 – À la date de l'AGO annuelle : adoption des comptes

L'intéressement n'est pas une répartition du résultat, à l'inverse de la participation. Il s'agit d'un complément de salaire, avec l'avantage d'une exonération de cotisations sociales.

Exemple (suite)

		25/04/2026		
4286		Autres charges de personnel à payer – Intéressement	48 673	
	421	Personnel, rémunérations dues – Intéressement		48 673

3. Étape 3 – Affectation des sommes issues de l'intéressement

L'entreprise informe chaque salarié de la prime d'intéressement qui lui est attribuée. Le salarié dispose alors de 15 jours pour se décider. À défaut, tout est placé sur un PEE peu risqué.

Exemple (suite)

Pour la société Odéon, le montant à retenir au titre de la CSG/CRDS est de :
48 673 × 9,7 % = 4 721 €. Le solde disponible est donc de : 48 673 – 4 721 = 43 952 €.

Les salariés ont exprimé leur choix dans les 15 jours suivant le courrier d'information, expédié le 27 avril 2026. Le service comptable établit le 12 mai 2026 un document récapitulatif.
Le montant à verser immédiatement, en fonction des choix exprimés par les salariés, s'élève à 35 687 €.
Le complément, soit 8 265 €, est placé sur des plans d'épargne tenus par un organisme financier extérieur.
La société Odéon verse également à l'Urssaf la CSG/CRDS.

		18/05/2026		
421		Personnel, rémunérations dues – Intéressement	4 721	
	431	Urssaf		4 721
421		Personnel, rémunérations dues – Intéressement	35 687	
	512	Banque		35 687
421		Personnel, rémunérations dues – Intéressement	8 265	
	512	Banque		8 265
431		Urssaf	4 721	
	512	Banque		4 721

III Le régime social et fiscal de l'intéressement

Comme pour la participation des salariés aux résultats, la prime d'intéressement est exonérée de cotisations sociales, patronales et salariales. Toutefois, le montant perçu par le salarié est amputé du montant de la CSG/CDRS, calculé au taux de 9,7 % sur 100 % de la base.

Concernant les impôts directs, le montant de l'intéressement est déductible du résultat fiscal de l'exercice au titre duquel il est calculé. De plus, l'employeur supporte un forfait social calculé au taux de 20 %. Toutefois depuis le 01/01/2019, le forfait social est supprimé sur l'intéressement pour les entreprises de moins de 250 salariés.

Pour le salarié, la somme perçue est imposable à l'impôt sur le revenu, sauf si les sommes sont placées sur un plan d'épargne d'entreprise.

? L'essentiel en une question

Quelles différences entre le versement de primes d'intéressement et le paiement d'une augmentation collective des salaires ?

Consultez le corrigé
liennathan.fr/190zfs

FICHE RESSOURCE 4

Les autres dispositifs de l'épargne salariale

À côté des dispositifs classiques comme la participation, l'intéressement ou le plan d'épargne salariale, s'ajoutent la prime de partage de la valeur mais aussi les primes versées dans le cadre du plan de partage de la valorisation de l'entreprise.

I Les plans d'épargne salariale

L'entreprise peut proposer de placer les sommes distribuées au titre de la participation, de l'intéressement ou de la prime de partage de la valeur dans des plans d'épargne salariale.

- Avec le **plan d'épargne d'entreprise** (PEE), les sommes sont placées sur des valeurs mobilières et bloquées pendant 5 ans au minimum, avec quelques cas de déblocage anticipé ;
- Avec le **plan d'épargne retraite d'entreprise collectif** (PERE-CO), les sommes bloquées jusqu'à la retraite (sauf cas particuliers) constitueront une source de revenus complémentaires.

Les plans peuvent également être alimentés, entre autres, par des versements volontaires, un abondement de l'employeur, les droits attachés au compte épargne-temps. La gestion des valeurs mobilières est réalisée par le salarié (gestion libre) ou par l'organisme financier de placement (gestion pilotée) en fonction du risque accepté par le salarié.

L'entreprise remet au salarié un livret d'épargne et, chaque année, elle lui envoie un relevé de son compte d'épargne salariale.

II La prime de partage de la valeur (PPV)

La mise en place de la PPV est facultative pour l'entreprise. Elle peut être mise en place par un accord collectif ou par décision unilatérale de l'employeur après consultation du CSE s'il existe dans l'entreprise.

La PPV peut concerner soit l'ensemble des salariés, soit uniquement ceux dont la rémunération n'excède pas un certain plafond. Si l'entreprise emploie moins de 50 salariés, la prime est totalement exonérée jusqu'à 3000 € (6000 € dans les entreprises ayant un dispositif d'intéressement ou de participation) par salarié touchant moins de trois fois le SMIC. Elle n'est pas soumise à l'impôt sur le revenu dans ces mêmes limites. Si l'entreprise emploie 250 salariés, la prime est exonérée de forfait social. On peut verser jusqu'à deux PPV par année civile.

III Le partage de la valeur dans les petites entreprises

Dès 2025, les employeurs de 11 à 49 salariés doivent mettre en place un dispositif de partage de la valeur s'ils ont réalisé un bénéfice net d'au moins 1 % du chiffre d'affaires pendant 3 années consécutives.

L'employeur choisit de mettre en place l'un des dispositifs suivants : un accord d'intéressement ou de participation, un abondement d'un plan d'épargne salariale (PEE, PEI, Perco ou Pereco) ou versement d'une prime de partage de la valeur (PPV).

IV Plan de partage de la valorisation de l'entreprise

C'est un dispositif qui permet aux salariés de recevoir une prime lorsque la **valeur de leur entreprise a augmenté sur 3 ans**. Le montant perçu par le salarié correspond à un montant de référence auquel on applique le taux de variation de l'entreprise, lorsque celui-ci est positif.

Aller plus loin

Le plan d'épargne de la valorisation
liennathan.fr/53jlui

L'essentiel en une question

Sur quels critères peut-on s'appuyer pour choisir un dispositif d'épargne salariale ?

Consultez le corrigé
liennathan.fr/btisao

APPLICATIONS

EXOS FLASH

EXO 1 Quiz interactif

Testez vos connaissances sur ce chapitre avec le quiz en ligne.

liennathan.fr/n9cgrh

Votre score ....

EXO 2 Calculer le montant d'une prime de participation

Le service comptable de la société Ginette a reçu un message de Mme Turmeau, salariée.
Elle a reçu par virement une prime de participation de 2 709 € et demande des explications sur le calcul de ce montant.

- **Préparez les éléments de réponse pour Mme Turmeau grâce à l'annexe.**

ANNEXE Éléments collectés

La formule de calcul prévue par l'accord est : RSP = (B – 5 % × C) × S/Va.
La répartition entre les salariés s'effectue en proportion de leur salaire annuel brut.
Les paramètres : B = 450 000 ; C = 1 000 000 ; S = 2 000 000 ; Va = 4 000 000.
Mme Turmeau a perçu en N un salaire brut de 30 000 €.
Le taux de la CSG/CRDS est de 9,7 %.

EXO 3 Calculer le montant des primes d'intéressement

La société Lemalouin a conclu avec ses salariés un accord d'intéressement.
Il s'applique pour la première fois sur les comptes de l'exercice N.

- **Calculez le montant total de l'intéressement sur les résultats de l'exercice N.**
- **Présentez les écritures à passer au journal en N et N+1.**
- **Calculez le montant de la prime d'intéressement pour chacun des salariés.**

ANNEXE Données de la société Lemalouin

L'accord collectif prévoit de calculer l'intéressement par rapport à l'augmentation de l'EBE.
Le montant de l'intéressement est de 20 % de l'augmentation. Pour l'exercice N, l'EBE a augmenté de 78 000 €.
Le montant de l'intéressement est placé sur un PEE tenu par la BNP. Il est réparti de façon égalitaire entre les salariés. La société compte 20 salariés.
L'AGO annuelle qui s'est tenue le 10/05/N+1 a adopté les comptes de l'exercice N.
Les fonds ont été versés à la BNP le 18/05/N+1.

ENTRAÎNEMENT AU BTS 1 La participation des salariés

★☆☆

La société anonyme Pikasso travaille pour de grands groupes de distribution. Elle est chargée de repeindre les bâtiments des hypermarchés. Elle emploie en moyenne 80 salariés depuis plus de 10 ans. La société est soumise à la participation des salariés aux résultats de l'entreprise. Il vous est demandé de préparer l'ensemble des traitements comptables et fiscaux pour l'exercice N (annexe 1) et N+1 (annexe 2).

1. **Pourquoi la société Pikasso est-elle soumise à la participation des salariés ? Où allez-vous trouver la formule de calcul de la réserve de participation ?**
2. **Sachant que la formule applicable est la formule légale, calculez puis comptabilisez la participation due au titre de N.** ***Arrondissez le montant à la centaine d'euros supérieure.***
3. **Contrôlez la valeur du terme B.**
4. **Calculez le résultat net comptable de l'exercice N.**
5. **Présentez toutes les écritures relatives à la participation qui doivent être passées en comptabilité au cours de l'année N+1.**
6. **Quel est le traitement fiscal de la participation due au titre de l'exercice N ? Quel sera-t-il au cours de l'exercice N+1 ?**

ANNEXE 1 Informations comptables et fiscales sur l'exercice N

Au 31/12/N, les services comptables ont déterminé les montants suivants pour calculer la participation au titre de l'exercice N :

- B = 212 000 €
- S = 3 669 810 €
- VA = 7 222 564 €
- C = 489 700 €

Le résultat comptable avant impôt et participation est de 241 667 €.

Le résultat fiscal imposable à 25 %, compte tenu de réintégrations pour 41 000 €, s'élève à 282 667 €.

Le taux du forfait social est de 20 %.

Il n'est pas tenu compte du forfait social pour le calcul de la prime de participation.

ANNEXE 2 Informations relatives à l'exercice N+1

L'assemblée générale ordinaire annuelle des actionnaires s'est tenue le 23 mars N+1.
Conformément aux décisions prises par les salariés, la totalité de la réserve de participation est versée sur un PERE-CO géré par un organisme financier extérieur.
Le versement a eu lieu le 30 mars N+1.

ENTRAÎNEMENT AU BTS 2 L'intéressement des salariés ★★☆

La société VéloPassions fabrique et commercialise des vélos. Son siège social se situe à Bordeaux. Les clients sont essentiellement des collectivités locales qui veulent proposer aux habitants un mode de déplacement écologique. Afin de fidéliser et de motiver les salariés de l'entreprise, le PDG de la société, M. Labroille, a signé le 31 mars N avec les représentants du personnel de la société un accord d'intéressement pour une durée de 3 ans.

En N+1, on vous demande de participer aux travaux de mise en œuvre de cet accord. Vous disposez d'un extrait des soldes intermédiaires de gestion de l'entreprise (annexe 1) et de l'accord d'intéressement (annexe 2).

1 Calculez le montant total de l'intéressement brut au titre de l'exercice N.

Conformément aux dispositions réglementaires, les salariés doivent être informés du montant de leur prime d'intéressement. Un publipostage est envisagé.

2 À l'aide des annexes 2 et 3, calculez pour la salariée Pascale Corey : la prime d'intéressement brute ; la CSG/CRDS retenue ; la prime nette.

P7 **3 Préparez la lettre type de publipostage, en date du 1er mars N+1, destinée à informer chaque salarié de ses droits en matière d'intéressement conformément aux précisions de M. Labroille et de Mme Konta (annexe 4).**

P7 **4 En utilisant un tableur, élaborez le document permettant de calculer le montant de la prime d'intéressement attribuée à chaque salarié.**

ANNEXE 1 Extrait du tableau des soldes intermédiaires de gestion établi au 31/12/N

Chiffre d'affaires (CA)	5 212 500,00 €	**Excédent brut d'exploitation (EBE)**	158 630,00 €
Production	96 670,00 €	**Résultat d'exploitation**	131 120,00 €
Valeur ajoutée (VA)	1 341 440,00 €	**Résultat courant avant impôts (RCAI)**	133 360,00 €

ANNEXE 2 Extraits de l'accord d'intéressement signé le 31 mars N

Article 4 - Modalités et calcul de l'intéressement
Le système d'intéressement, dans sa forme collective, dépend des résultats de la société.
Il est calculé selon les modalités suivantes :

Conditions	Montant de l'intéressement
Si VA/CA ≤ 20 %	0
Si 20 % < VA/CA ≤ 25 %	10 % du RCAI
Si VA/CA > 25%	15 % du RCAI

L'intéressement brut est soumis à la contribution sociale généralisée (CSG) et à la contribution au remboursement de la dette sociale (CRDS).

Article 5 – Répartition de l'intéressement
Le montant global de la prime d'intéressement nette sera réparti de la manière suivante :
– 60 % proportionnellement aux salaires bruts perçus au cours de l'exercice considéré. Ces salaires sont éventuellement reconstitués en cas d'absence pour maternité ou accident du travail ;
– 40 % à parts égales entre chaque salarié.

Article 6 – Versement de l'intéressement
[…] Les membres du personnel qui le souhaiteront pourront verser tout ou partie de leur prime d'intéressement sur le plan d'épargne interentreprises InterPlan dans les conditions et selon les modalités définis par le règlement de ce plan.

ANNEXE 3 Données sociales de VéloPassions pour N (extraits)

Civilité	Nom	Prénom	Rue	CP	Ville	Salaire brut
[...]						
Monsieur	Karbonyé	Laurent	6, av. de l'Étoile	33000	Bordeaux	17 824,60 €
Madame	Corey	Pascale	17, place Martin	33170	Gradignan	19 821,43 €
[...]						
					Total des salaires bruts N :	482 709,73 €
Nombre de salariés ayant l'ancienneté requise pour bénéficier de l'intéressement : 22						

ANNEXE 4 Courrier de M. Labroille à Mme Konta, responsable comptable

VéloPassions
4, rue du Général de Gaulle
33000 Bordeaux

NOTE INTERNE

De : M. LABROILLE	À : Mme KONTA
	Date : 1er mars N+1

Objet : Précisions sur l'intéressement N

Notre expert-comptable m'a confirmé qu'une lettre d'information doit être remise à chaque salarié. Ce courrier personnalisé doit indiquer :
- le montant total de l'intéressement pour N, soit 20 004,00 € ;
- le montant de la prime brute, de la retenue au titre de la CSG et de la CRDS, et du montant net versé à chaque salarié.

Cette lettre doit aussi informer le salarié sur le choix du versement de sa prime nette :
- soit directement en numéraire le 31 mars N+1 ;
- soit par affectation sur le plan d'épargne interentreprise InterPlan.

Vous lui rappellerez les délais à respecter et l'incidence de son choix sur l'impôt sur le revenu.

Cordialement
M. Labroille

Je vous laisse le soin de préparer la lettre-type pour notre publipostage.
Les noms des champs de la lettre-type seront présentés entre crochets.
Exemples :
– pour le nom du salarié : [Nom]
– pour la prime d'intéressement brute : [Prime brute]
– pour la CSG/CRDS, [CSG/CRDS]
– pour la prime nette [Prime nette]
Il faudrait par ailleurs indiquer aux salariés que le choix de l'affectation de leur prime doit nous parvenir avant le 25 mars N+1.
Merci,
Mme Konta

ENTRAÎNEMENT AU BTS 3 Application de la loi PACTE ★★☆

La société Pierre d'Or a pour activité la rénovation des bâtiments anciens. Le gérant, M. Pierre Daure, a conclu avec ses salariés un accord de participation depuis de nombreuses années (annexe 1). Cet accord arrive à échéance en 2025 et il ne sera pas reconduit car l'effectif de l'entreprise est devenu inférieur à 50 salariés en 2025. Cette diminution de l'effectif est néanmoins temporaire car M. Daure a obtenu un très gros marché pour un bâtiment historique qui va nécessiter l'embauche de salariés pour près de 10 ans à partir de 2026. Un planning d'emploi salarié prévisionnel a été établi (annexe 2).

1. **Quel sera le montant de la réserve spéciale de participation pour 2025 ?**
2. **La société doit-elle verser le forfait social ? De quel montant ? Est-ce une charge déductible de 2025 ?**
3. **Quelles sont les écritures à comptabiliser au 31/12/2025 ?**
4. **La société relève-t-elle de l'application de la loi PACTE à partir de 2026 ?**
5. **Calculer l'effectif moyen pour 2026. Est-il légal de ne pas tenir compte du nombre d'apprentis ? La société doit-elle verser une participation au titre de 2026 ?**
6. **Si les prévisions d'emploi se réalisent, au titre de quel exercice faudrait-il attribuer aux salariés une prime de participation ? À quelle date limite l'accord devrait-il être conclu ?**
7. **Que se passerait-il si l'effectif moyen de l'année 2031 était inférieur à 50 ETP ?**
8. **M. Daure pourrait-il conclure un accord d'intéressement de projet ? Pour quelle durée maximum ?**
9. **Compte tenu des réponses précédentes, en quoi l'accord d'intéressement pourrait-il être satisfaisant pour les salariés et pour l'entreprise ?**

ANNEXE 1 La réserve spéciale de participation

La formule de calcul actuelle de la réserve spéciale de participation est la formule légale, sans tenir compte du forfait social. Les informations comptables relatives à l'exercice 2025 sont les suivantes :

B = 456 200 € **S** = 1 986 378 € **VA** = 2 998 455 € **C** = 211 658 €

ANNEXE 2 Planning d'emploi prévisionnel (emploi à temps plein – ETP)

Prévisions d'emploi pour 2026 (sans tenir compte des apprentis)

Mois	01	02	03	04	05	06	07	08	09	10	11	12
ETP	42	40	43	43	45	50	50	40	52	58	60	60

Prévisions d'emploi pour les années 2026-2033 (sans tenir compte des apprentis)

Année	2027	2028	2029	2030	2031	2032	2033	2034
ETP	57	70	72	66	53	58	60	53

SYNTHÈSE

Synthèse audio
liennathan.fr/3bvrwi

La participation, l'intéressement et l'épargne salariale

1 La participation des salariés aux résultats de l'entreprise

Obligatoire si effectif > 50

- Accord collectif nécessaire
- Formule de calcul légale : **RSP = ½ (B – 5 % × C) × S/Va**
- Ou : autre formule plus favorable aux salariés
- Selon choix des salariés : versement immédiat ou placement sur plan d'épargne

Six étapes

1. Calcul de la réserve spéciale de participation (RSP) pour N
2. Constatation d'une charge et d'une dette provisionnée
3. Adoption des comptes de N par l'AGOA en N+1
4. Constatation d'une dette certaine pour l'entreprise en N+1
5. Affectation entre salariés et versement immédiat ou blocage sur plan d'épargne
6. Paiements à l'URSSAF

Cotisations sociales

- Pas de cotisations sociales
- Pour l'entreprise : forfait social (FS) dû en N+1, sauf exonération (FS = charge de N)
- Quand la participation est affectée au salarié, prélèvement de la CSG/CRDS
- Versement par l'entreprise à l'URSSAF du FS et de la CSG/CRDS

2 La participation : comptabilité et fiscalité

Comptabilisation

- 31/12/N : charges et dettes provisionnées
  691 à 4284 (RSP), 6451 à 4386 (FS)
- Après AGOA de N+1 : dettes certaines
  4286 à 424 (RSP), 4386 à 431 (FS)
- Attribution aux salariés et CSG/CRDS
  424 à 421, 431 (CSG/CRDS)
- Versement aux salariés ou sur plan d'épargne : 421 à 512
- Versement à l'URSSAF (FS + CSG/CRDS) : 431 à 512

Fiscalité de l'entreprise (impôt sur les sociétés)

- Calcul du résultat fiscal de N (retraitements extracomptables)
  - Réintégration du 691 (RSP de N)
  - Réintégration du 6451 (FS de N)
- Calcul du résultat de N+1 (retraitements extracomptables)
  - Déduction de la RSP de N
  - Déduction du FS de N

Fiscalité du salarié (impôt sur le revenu)

- Si prime bloquée 5 ans : pas d'IR
- Si prime débloquée avant 5 ans : IR, sauf cas prévus par la loi
- Si prime versée en N+1 : IR en N+1, sauf cas prévus par la loi

3 L'intéressement aux résultats de l'entreprise

Facultatif

Accord collectif libre sur formule, durée, règle de répartition entre salariés

Comptabilisation

- Inventaire N : 6487 à 4286
- AGOA de N+1 : 4286 à 421
- Prélèvement CSG/CRDS : 421 à 431
- Versement aux salariés ou sur plan d'épargne : 421 à 512

Social et fiscalité

- Pas de cotisation sociale
- Pour l'entreprise : FS, sauf exonération
- Pour le salarié : IR en N+1, sauf si blocage 5 ans sur plan d'épargne

4 Les autres formes de l'épargne salariale

Plans d'épargne salariale

- Plan d'épargne d'entreprise
- Plan d'épargne retraite

Prime de partage de la valeur

Facultative
Possibilité exonération cotisations SS

Partage valorisation entreprise

Versement de prime si augmentation de valeur sur 3 ans

CHAPITRE 11

Le tableau de bord social

Activité
4.3. Gestion comptable de la paie et information des salariés

Composante d'activité
4.3.6. Mise à jour des indicateurs d'un tableau de bord social

Compétence
Traiter et analyser les données collectées dans un tableau de bord social

P7
– L'identification des besoins d'information des acteurs
– Une utilisation du tableur adaptée aux besoins de l'utilisateur

Vers Pix
1.3. Traiter des données

SITUATION PROFESSIONNELLE

La croissance de la SAS Esthétique&Santé justifie la mise en œuvre d'outils de mesure de la performance, non seulement sur le plan financier, mais aussi sur le plan des ressources humaines.
Dans cette optique, M. Lange a décidé de mettre en place des tableaux de bord. Ils préciseront les objectifs des manageurs et leur permettront de suivre l'atteinte de leurs objectifs de performance. Il souhaite commencer par un tableau de bord RH. Avant de lancer ce projet, il vous propose de participer à une formation sur les tableaux de bord sociaux afin de collecter des informations précises sur ce sujet.

VOS MISSIONS

M. Lange n'ayant pas participé à cette formation, il vous demande de restituer et commenter les principaux éléments que vous avez collectés.

MISSION 1 **Comprendre le rôle d'un tableau de bord** ▶ Fiches ressource 1 à 3

MISSION 2 **Faire évoluer un tableau de bord** ▶ Fiches ressource 4 et 5

VOS MISSIONS

MISSION 1 Comprendre le rôle d'un tableau de bord

1. À l'aide des indicateurs présentés dans le tableau de bord de Bureau+ pour janvier, démontrez que ce tableau de bord a pour objectif de mesurer la performance sociale.
   ▶ Annexe 1 ▶ Fiche ressource 1
2. Analysez les données présentées dans le tableau de bord de la société Bureau+.
3. Pourquoi ce tableau de bord ne peut-il pas jouer son rôle correctement ?
   ▶ Fiche ressource 2
4. Quelle a été la réaction des manageurs opérationnels lorsque la direction a présenté ces données en réunion ? Que pouvez-vous en conclure sur le choix des indicateurs de performance ?
   ▶ Annexe 2 ▶ Fiche ressource 3

Discutons-en !
Un compte de résultat est-il un tableau de bord ?

MISSION 2 Faire évoluer un tableau de bord

5. Proposez d'autres indicateurs pour mesurer la performance sociale de cette entreprise. Calculez leur valeur en janvier. Justifiez leur pertinence.
   ▶ Annexes 3 et 4
6. À l'aide d'un tableur, proposez une amélioration de la présentation de ce tableau de bord.
   ▶ Fiches ressource 4 et 5

La question de l'expert
À l'aide des fonctionnalités de votre tableur, proposez une mise en forme conditionnelle d'indicateurs que vous jugez pertinents.

Besoin d'aide ?
liennathan.fr/7k1usn

L'autocorrection en vidéo
liennathan.fr/2h2dxj

DONNÉES DE LA SITUATION

ANNEXE 1 Support de formation : tableau de bord RH de Bureau+ (janvier)

Bureau+
Tableau de bord ressources humaines

	Janvier N	Janvier N-1	% Évol.
Effectifs salariés	75	68	10,3%
Nombre de CDI	68	62	9,7%
Nombre de CDD	7	6	16,7%
Nombre de commandes traitées	5 490	5 050	8,7%
Masse salariale	232 500	207 400	12,1%

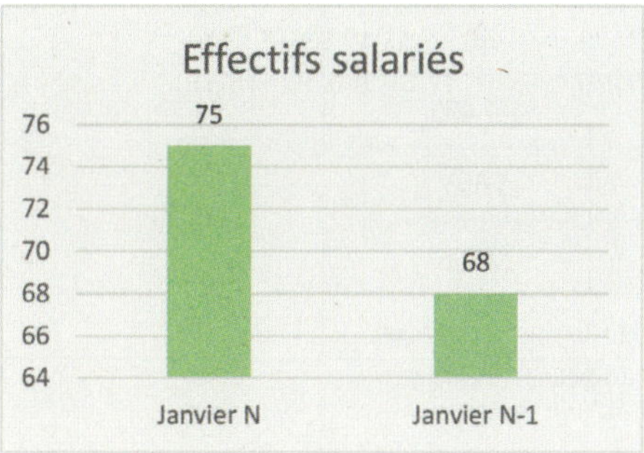

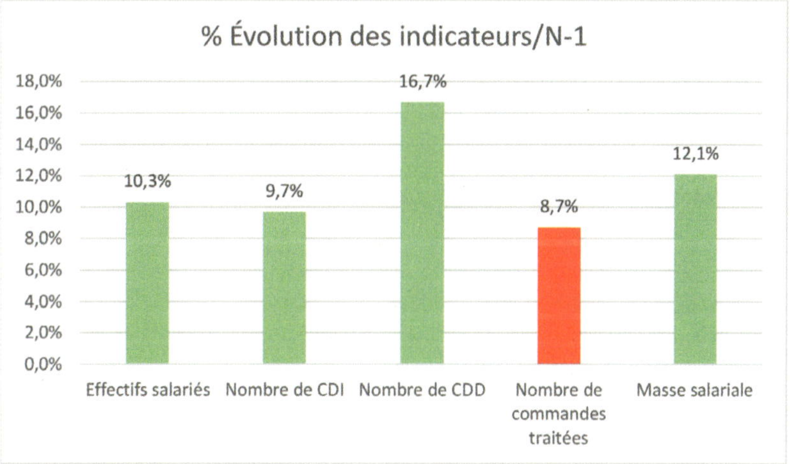

Tableau de bord à télécharger
liennathan.fr/hwv0k9

ANNEXE 2 Support de formation : témoignage du dirigeant de Bureau+

« Effectivement, ces données montrent clairement que les effectifs et la masse salariale globale augmentent plus vite que le nombre de commandes traitées et, donc, que notre rentabilité diminue.

Pourtant, les différents managers de l'entreprise ont été surpris par ces données, présentées à l'occasion de notre réunion mensuelle. Selon eux, les salariés travaillent beaucoup, ils ne comptent pas leurs heures et s'entraident. Nos responsables opérationnels ont affirmé que ces données ne reflètent pas du tout leur ressenti sur le terrain ; ils ne se sentent pas concernés. »

ANNEXE 3 Support de formation : données Bureau+ complémentaires pour janvier

	Janvier N	Janvier N-1
Effectif	75	68
CDI	68	62
CDD	7	6
Mi-temps	8	2
Intérimaires à temps plein	2	6
Arrêts de travail, équivalent homme*	2	1
HS du mois	86	10
Masse salariale du mois	232 500	207 400
Nombre de commandes traitées	5 490	5 050
Objectif de commandes annuelles	77 000	72 000

* Le total des journées non travaillées pour cause d'arrêt de travail a été converti en nombre de personnes absentes au cours du mois. Par exemple, si quatre personnes ont été absentes chacune une semaine, on peut considérer que cela représente une personne absente durant tout le mois.

ANNEXE 4 Les notions de salarié équivalent temps plein et salarié équivalent temps plein actif

La notion de salarié « **équivalent temps plein** » (ETP) est différente de la notion d'effectif.

Le décompte intègre non seulement les salariés de l'entreprise, mais aussi les intérimaires, par exemple. En revanche, certains contrats sont exclus, comme les contrats d'apprentissage.

Par ailleurs, cette notion tient compte du temps de travail prévu au contrat : un salarié recruté à temps plein correspond à un ETP alors qu'un salarié recruté à mi-temps correspond à 0,5 ETP.

Pour obtenir la moyenne de la capacité de travail de l'entreprise, tous les ETP sont additionnés.

Cette unité est essentielle en entreprise. Elle permet d'effectuer une mesure comparable et homogène de l'activité de travail, et ce, malgré les différences de type de contrat ou de nombre d'heures travaillées par les collaborateurs.

Certaines entreprises choisissent de calculer un indicateur encore plus précis : les salariés **équivalent temps plein actifs** (ETPA). Elles déduisent pour cela du nombre de salariés ETP le nombre de salariés absents dans le mois. Par exemple, si cinq salariés ont été absents pendant 15 jours chacun, on peut considérer que cela représente le travail manquant de 2,5 salariés sur le mois.

FICHE RESSOURCE 1

La mesure de la performance sociale

La performance sociale se distingue des performances commerciale ou financière car elle ne relève pas directement de l'activité économique : une organisation performante socialement agit en cohérence avec des valeurs sociales auxquelles elle adhère (en général des valeurs humaines).

Depuis quelques années, l'intégration d'informations autres que financières dans la mesure de la performance de l'organisation est reconnue comme une nécessité.

I La collecte de données sociales

1. Les indicateurs de la performance sociale

Pour mesurer la performance sociale de l'organisation, quelques chiffres, appelés **indicateurs**, sont à connaître :

- pourcentages d'hommes et de femmes, de personnes débutantes et de personnes ayant beaucoup d'ancienneté (analyse de la pyramide des âges) ;
- nombre de CDD, de CDI, d'intérimaires ;
- nombre de recrutements par an, durée du processus de recrutement ;
- nombre moyen d'années de présence dans l'entreprise, turnover ;
- taux de démission annuel, taux d'absentéisme ;
- budget consacré à la formation, nombre moyen de jours de formation par salarié ;
- rémunération moyenne du personnel (à comparer avec les moyennes du même secteur d'activité) ;
- sentiment des salariés sur leurs conditions de travail (à partir d'enquêtes de satisfaction) ;
- …

2. Les sources d'information

Les sources d'information sont variées :

- données issues des documents comptables et administratifs de l'entreprise ;
- enquête auprès du personnel ;
- audit social interne ou externe (confié à un cabinet extérieur) ;
- …

II La mise en forme des indicateurs de performance sociale

1. Le bilan social

Le **bilan social** est imposé par la loi aux entreprises de plus de 300 personnes. Celles-ci doivent recenser, chaque année, les changements intervenus en matière sociale sur les trois années précédentes.

Ce bilan social comporte des indicateurs strictement énumérés par la loi : chiffres sur l'emploi, les rémunérations, les conditions d'hygiène et de sécurité, la formation…

Il est établi par le chef d'entreprise et soumis aux salariés et à l'inspecteur du travail.

2. Les tableaux de bord

Les tableaux de bord sont facultatifs, libres sur le fond, sur la forme et quant aux personnes destinataires. Ils présentent l'intérêt de ne retenir que les indicateurs sur lesquels l'entreprise doit agir en priorité, de préciser des objectifs à atteindre et de mesurer l'atteinte de ces objectifs.

? L'essentiel en une question

Imaginez trois indicateurs qui permettent de mesurer le climat social dans l'entreprise.

Consultez le corrigé
liennathan.fr/ovklrl

FICHE RESSOURCE 2

Les rôles d'un tableau de bord

Le tableau de bord (TB) est un instrument de communication et de décision qui permet de fournir au responsable des informations utiles au pilotage de l'entreprise.

I Les différents types de tableaux de bord

Un tableau de bord est un tableau composé **d'indicateurs chiffrés ou graphiques** qui permettent le suivi régulier de sujets, choisis en amont, pour lesquels l'entreprise se sera fixé des objectifs à atteindre. On distingue de nombreux types de tableaux de bord, variables selon les besoins de l'entreprise.

1. Le tableau de bord stratégique

Le **tableau de bord stratégique** est utilisé par la direction générale. Son horizon est relativement à long terme. Il peut comprendre des indicateurs tels que la part de marché, les coûts et les prix, les investissements, la recherche et développement, la vie moyenne des produits…

2. Le tableau de bord de pilotage (ou opérationnel)

Le tableau de bord de pilotage, ou opérationnel, est établi au niveau de chaque centre de responsabilité selon une **périodicité assez courte (mois, semaine, jour…)** et comporte des indicateurs de performance appropriés à chaque centre. Il permet de suivre les plans d'action mis en œuvre par centre et, cumulativement, de suivre l'atteinte des objectifs stratégiques de l'entreprise.

II Les spécificités d'un tableau de bord

1. La nature des données

Dans un tableau de bord, les données sont de natures diverses : monétaire, physique, qualitative…, alors qu'elles sont exclusivement monétaires dans d'autres outils de gestion (par exemple, en comptabilité).

2. La réactivité

Les tableaux de bord sont conçus pour permettre une action rapide. Ceci implique :

Des délais de diffusion réduits	Un tableau de bord mensuel, par exemple, doit être mis en forme dans les 7 jours de la fin du mois.
Une consultation facilitée	Afin de pouvoir être consulté d'un seul coup d'œil, un tableau de bord ne doit présenter que l'information strictement nécessaire. Il y a donc peu d'informations mais celles-ci sont pertinentes. Par ailleurs, les méthodes de présentation choisies (couleurs, graphiques) doivent en faciliter la lecture.
Un tremplin vers l'action	Les indicateurs de performance retenus donnent des informations en lien avec les actions possibles car ils portent directement sur des variables physiques et non sur des résultats financiers. Ceci permet éventuellement de réagir rapidement et concrètement.

3. La délégation de pouvoir

Les tableaux de bord sont conçus **en fonction des missions confiées aux responsables** de centre et **en collaboration** avec eux. En participant au choix des indicateurs, chaque responsable acceptera d'évaluer une situation et d'être évalué par rapport à ces critères. Une fois ces indicateurs correctement mis en place, chaque responsable pouvant agir rapidement et efficacement, le tableau de bord devient un outil de délégation de pouvoir.

? L'essentiel en une question

Pourquoi les indicateurs d'un tableau de bord doivent-ils être choisis en collaboration avec les manageurs ? Faites le lien avec le rôle d'un tableau de bord.

Consultez le corrigé
liennathan.fr/tlbs4b

FICHE RESSOURCE 3

Mettre en forme un tableau de bord

La forme d'un tableau de bord varie selon le type et les choix de l'entreprise.

I Le choix des indicateurs de performance

1. Étape 1 : connaître les objectifs visés

La construction d'un tableau de bord commence par **une réflexion sur les objectifs** à fixer : ils peuvent être quantitatifs (réduire les erreurs de paie, réduire les DSN non conformes, réduire les délais d'établissement des paies…) ou qualitatifs (améliorer l'esthétique des fiches de paie, améliorer le classement des documents). Ils peuvent être récurrents dans l'activité de l'entreprise ou plus ponctuels.

2. Étape 2 : sélectionner des indicateurs pertinents

Il faut garder à l'esprit que l'indicateur de performance doit avoir les qualités d'un instrument de mesure : il doit être fidèle et simple. L'analyse du tableau de bord doit être facilitée grâce à des indicateurs qui ont du sens pour les collaborateurs, couramment utilisés dans l'entreprise et **en lien avec les objectifs** que l'on souhaite mesurer.

Exemples

Objectif : réduire le *turn-over*.
Indicateurs : effectifs, ancienneté moyenne, *turn-over*, nombre d'embauches, de démissions, de licenciements, de départs en retraite…
Objectif : variabiliser les salaires.
Indicateurs : masse salariale, % d'heures supplémentaires, % de primes liées à l'activité, % autres primes, part des avantages en nature…

II La présentation des indicateurs

1. La forme des indicateurs

Forme des données	Il peut s'agir de **valeurs brutes** (nombre de salariés), d'**écarts** entre une réalisation et une norme, de **ratios**, de **clignotants** (valeur d'un indicateur en dessous de laquelle des actions correctives doivent être engagées)…
Forme du tableau de bord	Il peut s'agir de **tableaux** de chiffres (en évitant les tableaux trop grands ou trop touffus) et/ou de **graphiques** simples. La première des conditions de succès d'un tableau de bord est sa clarté.

2. L'articulation des indicateurs entre eux

En tant qu'outil de pilotage, le tableau de bord doit permettre de mesurer les progrès.

Les indicateurs choisis doivent être clairement positionnés entre eux pour faciliter l'analyse.

Exemple d'articulation des indicateurs afin de mesurer les progrès

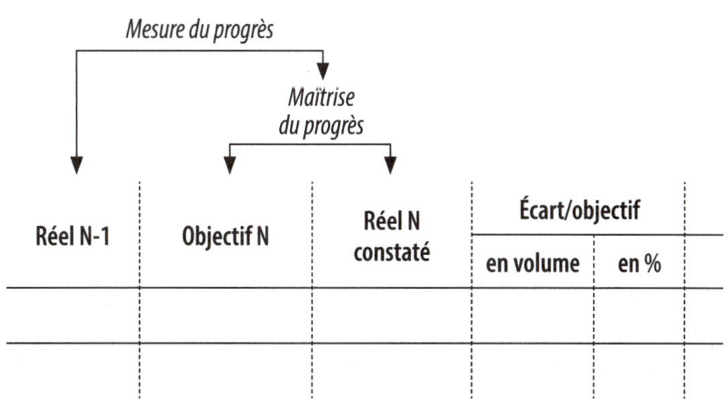

III L'aspect général du tableau de bord

Le gestionnaire doit en amont réfléchir à l'aspect général du futur tableau de bord.

Dans un premier temps, il faut essayer d'imaginer le **nombre de pages** du tableau de bord : en général, un TB journalier doit être limité à une page, une à trois pages pour un TB hebdomadaire, une à dix pages pour un TB mensuel. La norme varie selon l'objectif fixé par l'entreprise ou les usages de la profession, sachant que plus le nombre de pages est réduit, plus le tableau de bord sera consulté par les manageurs.

Une fois le nombre de pages défini, il faut, sur chaque page, décider de **l'orientation**, de la façon de positionner les valeurs, de la place réservée aux données, aux graphiques, aux couleurs et aux repères d'alerte…

Cette réflexion peut se mener sur feuille de papier, indépendamment de toute contrainte informatique. Le gestionnaire peut inviter les futurs utilisateurs à donner leur avis sur la présentation la plus lisible pour eux.

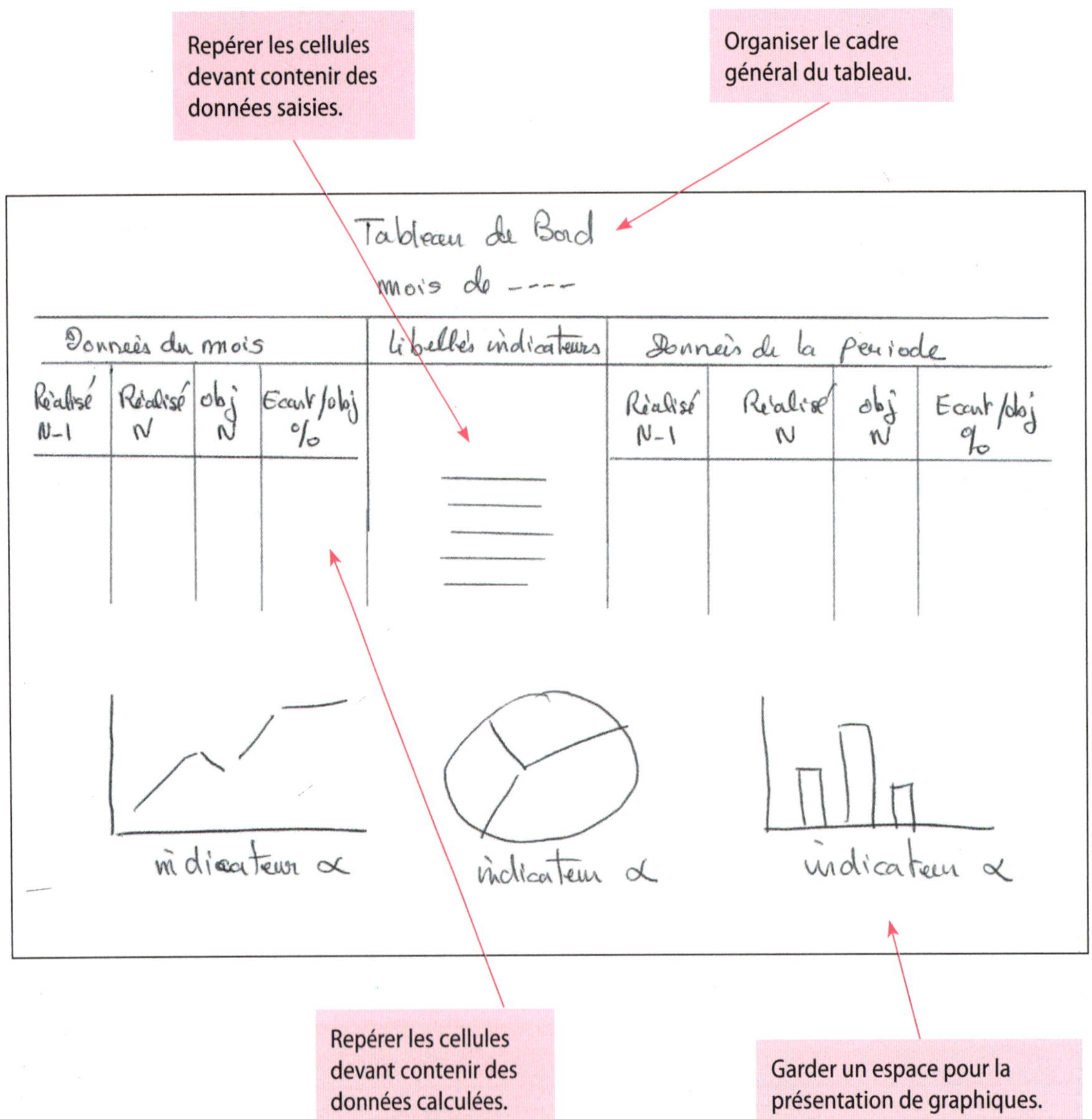

? L'essentiel en une question

Pourquoi le succès d'un tableau dépend-il de sa mise en forme ?

Consultez le corrigé
liennathan.fr/xxgetx

FICHE RESSOURCE 4

Mettre en forme un tableau avec le tableur Excel

Mettre en forme un tableau n'a pas seulement une utilité esthétique. Un tableau correctement présenté, dont les chiffres sont alignés, les titres de colonnes clairs et explicites, les chiffres clés mis en évidence… réduit les risques d'erreur d'interprétation. C'est indispensable dans le cas d'un tableau de bord.

I Soigner la présentati o n générale d'un tableau

La colonne A est ajustée à la longueur du texte.

Sélectionner la colonne A, positionner le curseur à la frontière entre A et B puis glisser vers la droite.

Le titre est centré sur la largeur du tableau.

Sélectionner les cellules A1 à H1 puis cliquer sur l'outil Fusionner et centrer.

Les titres de colonnes sont sur deux niveaux pour que la largeur de la colonne soit adaptée aux données chiffrées.

Imposer un retour à la ligne en cliquant simultanément sur les touches ALT et Entrée.

	A	B	C	D	E	F	G	H
1	**Calcul de retour sur investissement**							
2		**01/01 Année 1**	**31/12 Année 1**	**31/12 Année 2**	**31/12 Année 3**	**31/12 Année 4**	**31/12 Année 5**	**Total**
3	**Encaissements**							
4	Virement emprunt	10 000						10 000
5	CAF générée par l'activité		1 260	2 012	2 100	2 500	2 800	10 672
6	**Total encaissements**	10 000	1 260	2 012	2 100	2 500	2 800	20 672
7	**Décaissements**							
8	Investissement	12 000						12 000
9	Remboursement part emprunt		1 000	1 000	1 000	1 000	1 000	5 000
10	**- Total décaissements**	12 000	1 000	1 000	1 000	1 000	1 000	17 000
11	**= Flux nets de trésorerie**	-2 000	260	1 012	1 100	1 500	1 800	3 672
12	**Flux nets actualisés**	-2 000	260	1 012	1 100	1 500	1 800	3 672

Les données chiffrées sont très lisibles.

Sélectionner la zone de données, cliquer sur l'outil Nombre et cocher Utiliser le séparateur de milliers.

Le tableau commence en colonne A et en ligne 1. Aucune colonne ni ligne vide.

Pour travailler la mise en page et les marges, aller sur Aperçu avant impression puis Mise en page.

Les bordures extérieures noires et intérieures grises facilitent la lecture.

Sélectionner la zone concernée, utiliser l'outil Bordures.

II Construire un tableau de taille ajustable

	A	B	C	D	E	H
1	**Calcul de retour sur investissement**					
2		**01/01 Année 1**	**31/12 Année 1**	**31/12 Année 2**	**31/12 Année 3**	**Total**
6	**Total encaissements**	10 000	1 260	2 012	2 100	20 672
10	**- Total décaissements**	12 000	1 000	1 000	1 000	17 000
11	**= Flux nets de trésorerie**	-2 000	260	1 012	1 100	3 672
12	**Flux nets actualisés**	-2 000	260	1 012	1 100	3 672

Les lignes 3 à 5, 7 à 9 et les colonnes F et G sont masquées. Seul le total des encaissements et décaissements est visible. Pour retrouver le détail, il faut cliquer sur « + ».

Sélectionner les lignes ou les colonnes à masquer puis, dans le menu Données, choisir l'outil Grouper.

? L'essentiel en une question

Citez quelques exemples de mises en forme de tableau qui facilitent la lecture des données.

Consultez le corrigé
liennathan.fr/b7zuyo

FICHE RESSOURCE 5

Tracer un graphique avec le tableur Excel

De nombreux tableaux de bord comportent des graphiques. Le tableur Excel permet de les réaliser en deux clics… à condition que les données soient présentées comme il faut. Quelques clics supplémentaires permettent d'améliorer la présentation.

I La présentation des données

Les en-têtes de lignes et de colonnes seront automatiquement reportés dans le graphique.

Les données sont regroupées. Elles se suivent sans saut de ligne ou de colonne.

La cellule à l'intersection des lignes et des colonnes (ici A1) doit être vide.

	A	B	C	D	E	F
1		N-4	N-3	N-2	N-1	N
2	Chiffre d'affaires	125 600	156 876	159 000	165 098	190 654
3	Résultat d'exploitation	50 240	62 750	63 600	66 039	76 262
4						

II La présentation du graphique

1. Le graphique de base proposé par Excel

a. Sélectionner les données à faire apparaître dans le graphique. Exemple : les cellules de A1 jusqu'à F3.

b. Menu Insertion > Graphiques. Choisir le graphique le plus adapté. Exemple : une courbe est adaptée pour montrer une évolution de données dans le temps.

c. Le graphique apparaît dans la feuille.

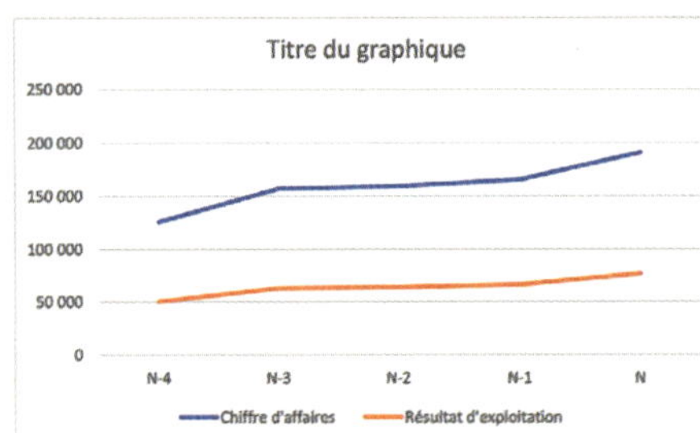

2. Les options de graphique

L'échelle est modifiée : max = 300 000.

Clic droit sur l'axe, Mise en forme de l'axe, Limites.

La forme des courbes a changé.

Clic droit sur chaque courbe, Mettre en forme une série de données : choix de la couleur, des marques.

Les valeurs apparaissent sur les courbes.

Clic droit sur chaque courbe, Ajouter des étiquettes de données.

Saisie du titre. Possibilité de choisir la couleur du texte.

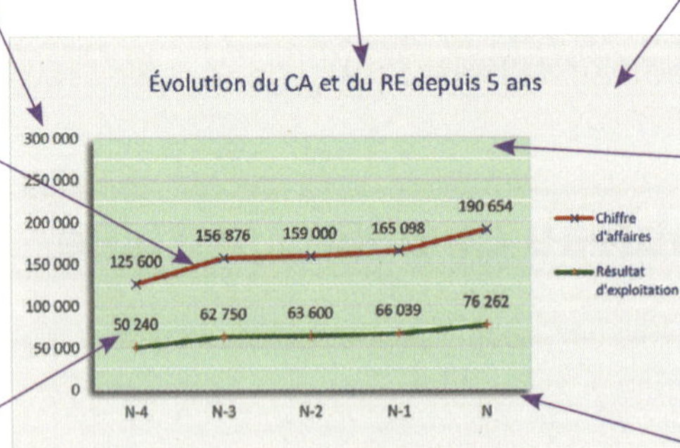

La zone de graphique apparaît en gris.

Cliquer dans la zone de graphique, clic droit, Format de la zone de graphique.

La zone de traçage apparaît en vert.

Cliquer dans la zone de traçage, clic droit, Format de la zone de traçage.

La zone de traçage apparaît ombrée.

Cliquer dans la zone de traçage, Format, effets, ombre.

? L'essentiel en une question

Avec quel type de graphique pourriez-vous présenter l'évolution de la masse salariale sur cinq ans ? le poids de la masse salariale par service ?

Consultez le corrigé
liennathan.fr/zftkyt

APPLICATIONS

EXOS FLASH

EXO 1 Quiz interactif

Testez vos connaissances sur ce chapitre avec le quiz en ligne.

liennathan.fr/6dc2z2

Votre score ....

EXO 2 Proposer des indicateurs

Vous êtes chargé(e) de la mise en place d'un tableau de bord RH dont l'objectif est de mesurer la performance de la politique de formation mise en œuvre dans votre entreprise.

- **Imaginez quelques indicateurs de mesure.**

EXO 3 Proposer des indicateurs

Vous êtes chargé(e) de la mise en place d'un tableau de bord RH dont l'objectif est de mesurer la performance de la politique salariale mise en œuvre dans l'entreprise.

- **Imaginez quelques indicateurs de mesure.**

EXO 4 Analyser un extrait de tableau de bord

Vous disposez du tableau de bord social d'une jeune entreprise spécialisée dans le conseil en gestion et en informatique dont l'effectif est de 95 salariés (annexe).

- **Proposez une analyse de la répartition des salaires annuels.**

ANNEXE **Extrait du tableau de bord annuel de l'entreprise**

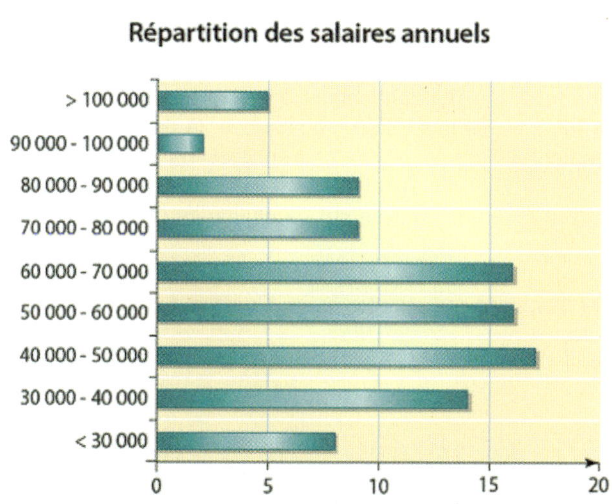

ENTRAÎNEMENT AU BTS 1 Le rôle d'un tableau de bord ★☆☆

Vous êtes assistant(e) RH dans l'entreprise Villemin, fabricant français de canapés. L'entreprise emploie 247 salariés répartis sur deux sites de production et un siège social à Nantes.

Jusqu'à présent, les responsables de l'entreprise utilisaient un tableau de bord RH direction, à parution annuelle, pour mesurer la performance sociale de l'entreprise. Mais depuis quelque temps le climat social se dégrade légèrement, les responsables de service ne sont pas très satisfaits des récents recrutements et ont le sentiment que l'absentéisme s'accentue. Vous êtes chargé(e) de proposer deux nouveaux TB à production mensuelle.

1. **Quel est l'intérêt de multiplier les tableaux de bord ?**
2. **Pourquoi devez-vous définir le rôle et les sujets d'analyse de chaque tableau de bord que vous devez construire ? Prenez l'exemple des tableaux de bord souhaités par votre direction.**
3. **Proposez un point d'analyse supplémentaire pour votre tableau de bord recrutement et un point supplémentaire pour le tableau absentéisme.**
4. **Pour chacun des deux tableaux de bord à construire et pour chaque sujet d'analyse, imaginez des indicateurs complémentaires.**

ANNEXE **Extrait mail du 01/06/N**

Nouveau message

À assistantRH@villemin.fr

Objet Projet tableaux de bord

Bonjour,

Suite à notre réunion, voici quelques éléments pour vous permettre de démarrer votre projet :
je vous confirme que ces tableaux de bord ne remplacent pas le tableau de bord direction annuel.
Ils viennent en complément pour traiter les deux points soulevés en réunion.
Il nous semble plus pertinent de proposer deux TB, pour traiter chaque sujet, plutôt qu'un seul.
Pour le TB recrutement : les points d'analyse à faire ressortir sont encore à valider ensemble. Il faudra pouvoir réaliser un suivi sur les besoins en recrutement des différents services, la performance des annonces passées par le service RH-Recrutement, voire la durée de notre processus de recrutement, qui nous est souvent reprochée.
Pour le TB absentéisme : nous aimerions pouvoir faire une analyse sur l'évolution de l'absentéisme et sur la durée des absences, par exemple.

N'hésitez pas à me proposer d'autres points d'analyse sur chaque sujet. Une fois les objectifs bien définis, nous pourrons réfléchir aux indicateurs.

Je reste à votre disposition. À plus tard,
Gislaine

ENTRAÎNEMENT AU BTS 2 L'analyse d'un tableau de bord simple

★☆☆

Vous êtes nouvellement recruté(e) en tant qu'assistant(e) gestionnaire de paie dans l'entreprise Alpha Sud Immobilier.

Vous comprenez assez vite, à votre arrivée, que la paie est un sujet tendu entre la direction qui souhaite maîtriser la masse salariale et les salariés en manque de reconnaissance. La lecture du dernier tableau de bord RH confirme votre ressenti…

1 Quels éléments montrent que ce document est un tableau de bord de mesure de la performance sociale ?

2 À la lecture de ce TB, comment imaginez-vous le climat social dans cette entreprise ? Justifiez.

3 Quels peuvent être les causes de ce climat social ? Justifiez.

4 Imaginez quelques objectifs que pourrait se fixer le responsable pour améliorer cette situation en N+1.

ANNEXE Tableau de bord social au 31/12/N

Alpha Sud Immobilier

TABLEAU DE BORD au 31/12/N

Analyse des rémunérations

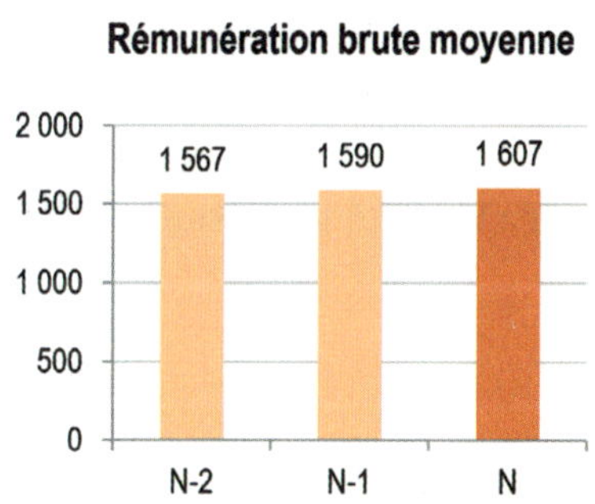

Analyse des effectifs	N-1	N	% /N-1
Nbre de salariés	17	16	-5,9%
Nbre de démissions	3	3	0,0%
Nbre de licenciements	2	3	50,0%
Taux d'absentéisme	9%	10,4%	1,4%
Taux de féminisation	67%	65%	-2,0%
Ancienneté moyenne	4,0 ans	4,1 ans	
Âge moyen	28,1	30,5	

Analyse de la formation

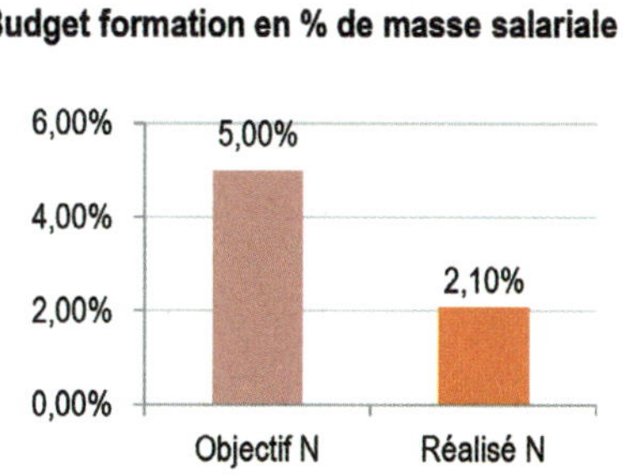

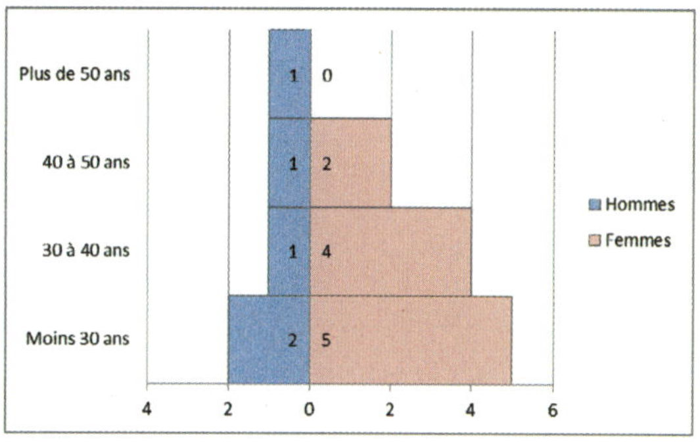

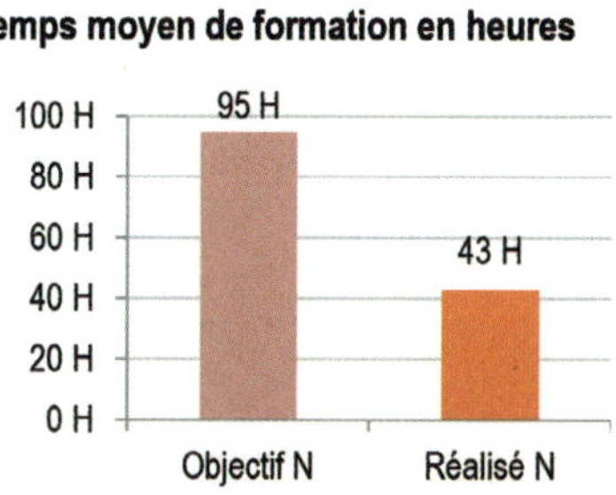

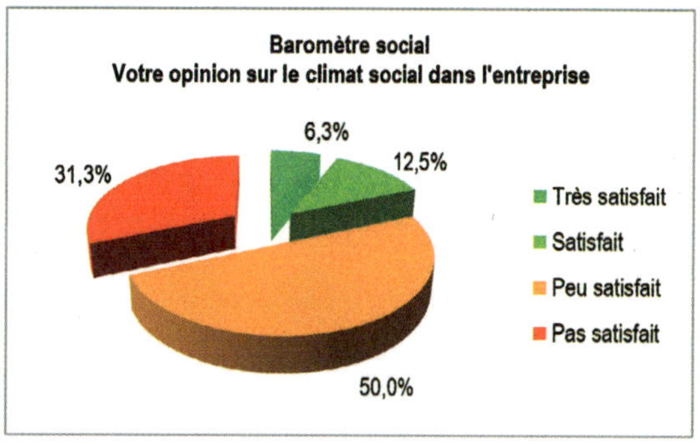

ENTRAÎNEMENT AU BTS 3 La réalisation du bilan social ★★★

L'entreprise Serfal Industries, implantée à proximité de Périgueux en Dordogne (24), fabrique des pièces et des ensembles techniques de précision pour les industries de haute technologie (aéronautique, énergie, médical et défense). Cette année et pour la première fois depuis sa création, elle a dépassé le seuil de 300 salariés. Elle est donc soumise à l'obligation de produire un bilan social.

Un groupe de projet a été créé pour élaborer ce document RH. La conception des 7 chapitres a été répartie entre différents collaborateurs et votre service a en charge la production du chapitre 1 « L'emploi ».

Le service comptable vous a transmis sa base de données sur le personnel de l'entreprise (annexe 1). Le service ressources humaines a récapitulé les mouvements du personnel pour l'exercice écoulé et a synthétisé les informations sur les absences (annexe 2).

P7 **1 À l'aide de la fonction « Tableau croisé dynamique » du tableur, élaborez les tableaux de bord qui constitueront le bilan social pour visualiser :**

a) **la répartition des effectifs permanents et temporaires selon leur statut ;**

b) **la situation de la parité hommes/femmes dans l'entreprise ;**

c) **l'âge et l'ancienneté du personnel (remplacer N par la date de votre choix).**

Vous disposez de toute latitude pour le choix et la mise en forme des informations que vous jugerez utiles mais l'analyse doit être détaillée.

2 Traitez ensuite les mouvements du personnel et les données sur l'absentéisme pour les intégrer au bilan social.

ANNEXE 1 Extrait de la base de données du personnel au 31/12/N

Matricule	NOM	PRÉNOM	Sexe	Date de naissance	Statut	Type contrat	Date d'entrée
135	MALVEC	Anna	F	20/05/1967	Employé	CDI	17/08/2002
137	FOURET	Joël	H	18/10/1988	Ouvrier	CDI	29/11/2016
140	DORENO	Aurélie	F	10/11/1994	Cadre	CDI	14/12/2021
145	COURIN	Christian	H	01/05/1967	Cadre	CDI	06/02/1991
147	NOMINET	Yvon	H	21/04/1988	Ouvrier	CDI	20/02/2016
150	CONCALVES	Martha	F	08/07/2000	Agent de maîtrise	CDI	07/01/2022
155	PERINE	John	H	30/09/1968	Cadre	CDI	20/12/1994
157	LEYMARIE	Roland	H	23/10/1987	Ouvrier	CDI	14/05/2015
160	MADOUL	Leila	F	28/05/1990	Agent de maîtrise	CDI	09/12/2012

Base personnel Serfal à télécharger
liennathan.fr/ewm8di

ANNEXE 2 Données sociales annuelles (extraits) : mouvements du personnel et absences

Données sociales annuelles à télécharger
liennathan.fr/ex57id

Appels aux travailleurs intérimaires en N

Mois	Nombre de contrats	Durée moyenne de la mission
Janvier	33	32
Février	27	25
Mars	22	24
Avril	23	28
Mai	21	25
Juin	26	45
Juillet	28	39
Août	22	44
Septembre	24	45
Octobre	28	40
Novembre	31	32
Décembre	34	30

Embauches en N

Catégorie d'emploi	CDI	CDD	Apprentissage
Cadres	4	3	
Techniciens et agents de maîtrise	1	2	
Employés		1	1
Ouvriers	44	6	9

Départs en N

Cause	Cadres	Techniciens et agents de maîtrise	Employés	Ouvriers
Démission	1	2		6
Licenciement	2	1	2	4
Fin CDD ou apprentissage	3	2	1	3
Retraite				3
Décès				1
Inaptitude		1	1	2
Transfert	1			1

Jours d'absence maladie et accidents du travail en N

Catégorie d'emploi	Nombre de jours
Cadres	83
Techniciens et agents de maîtrise	972
Employés	53
Ouvriers	3 076

SYNTHÈSE

Synthèse audio
liennathan.fr/yv7j3k

Le tableau de bord social

1 L'utilisation d'un tableau de bord social

Mesure de la performance sociale

- La performance sociale est l'un des volets de la performance globale de l'entreprise.
- L'entreprise se fixe des objectifs en cohérence avec les valeurs sociales auxquelles elle adhère.

Suivi des objectifs

- Tableau de bord stratégique : suivi par la direction des objectifs à long terme qu'elle s'est fixés.
- Tableau de bord opérationnel : suivi des plans d'action à court terme fixés aux manageurs.

Choix des indicateurs

Varient selon les objectifs à suivre.

Ex. : *pyramide des âges, nombre de CDD / CDI, d'intérimaires, évolution de la masse salariale, nombre de jours de congé formation…*

Forme des indicateurs

Les indicateurs doivent être simples, facilement analysables, de préférence sur des variables physiques et près de l'action afin de permettre aux responsables de réagir rapidement et concrètement.

2 Les éléments à prendre en compte pour faire évoluer un tableau de bord

Évolution des indicateurs

S'assurer que les indicateurs sont correctement choisis :

- en lien avec les objectifs fixés par la direction ;
- apport d'information juste et pertinente, sans doute possible.

Forme du tableau de bord

Les tableaux doivent être :

- clairs et agréables à consulter (largeur des colonnes, police de caractère, espacement des milliers…) ;
- de taille ajustable (option Grouper) ;
- faciles à analyser (mise en forme conditionnelle…).

CHAPITRE 12

Le contrôle du processus de gestion des relations sociales

Activité	Composantes d'activité	Compétences	P7	Vers Pix
4.4. Contribution à la performance du processus « Gestion des relations sociales » et à la recherche de la sécurisation des opérations	**4.4.1.** Présentation des caractéristiques de l'organisation du processus « Gestion des relations sociales » **4.4.2.** Analyse du processus « Gestion des relations sociales »	– Présenter les principales caractéristiques de l'organisation de la gestion des relations sociales – Analyser le processus « Gestion des relations sociales » et repérer les dysfonctionnements et risques inhérents	L'interprétation ou l'élaboration du schéma du processus	**1.2.** Gérer des données **1.3.** Traiter des données **2.3.** Collaborer **3.1.** Développer des documents textuels

SITUATION PROFESSIONNELLE

Mme Karine, la responsable administrative chez E&S pour l'établissement de Bordeaux, vient d'apprendre à M. Lange qu'elle est enceinte. Pour l'instant, sa grossesse se passe bien et elle peut poursuivre son travail, mais son congé maternité l'éloignera de l'entreprise pour plusieurs mois.
Cet événement inquiète M. Lange. Il souhaite remplacer Mme Karine par un CDD qui prendra en charge toute la gestion sociale dont elle s'occupe jusque-là. Toutefois, le travail de Mme Karine n'a jamais fait l'objet d'une formalisation : elle a organisé ses tâches, mais rien n'est écrit et il se demande comment transmettre tout ce savoir au remplaçant.
De plus, l'établissement de Nice ne semble pas aussi bien géré que celui de Bordeaux. En vue des prochaines ouvertures, il pense qu'il faut revoir les fonctionnements de la gestion sociale et mettre en place des procédures fiables.

VOS MISSIONS

Vous participez à la réalisation de l'audit qu'a demandé M. Lange en matière de gestion des congés payés et des départs de salariés. Une première réunion est organisée en présence de Mme Karine.

- MISSION 1 **Prendre conscience de l'importance des procédures et des risques** ▶ Fiche ressource 1
- MISSION 2 **Participer à l'audit d'une procédure de gestion sociale** ▶ Fiche ressource 2
- MISSION 3 **Mettre en œuvre une procédure de gestion sociale** ▶ Fiches ressource 2 et 3

VOS MISSIONS

MISSION 1 Prendre conscience de l'importance des procédures et des risques

1. À la lecture des questionnaires, quels constats pouvez-vous établir à propos des procédures, du contrôle interne et de l'organisation d'Esthétique&Santé en général ? Imaginez les risques associés.
▶ Annexes 1 et 2 ▶ Fiche ressource 1

2. Quels conseils pouvez-vous donner à M. Lange sur l'organisation de la gestion sociale dans l'entreprise ?

MISSION 2 Participer à l'audit d'une procédure de gestion sociale

3. À partir des éléments issus de votre entretien avec Mme Karine, complétez les feuilles de révélation et d'analyse des problèmes juridiques apparus.
▶ Annexes 3, 4 et 5 ▶ Fiche ressource 2

4. Vous relevez également un problème organisationnel lié aux plannings : quel est le risque ? Que proposez-vous pour le traiter efficacement ?

Discutons-en !
Quelle différence faites-vous entre l'audit interne et l'audit externe ?

Besoin d'aide ?
liennathan.fr/vo2mzz

MISSION 3 Mettre en œuvre une procédure de gestion sociale

5. M. Lange souhaite que vous prépariez une procédure de gestion sociale. Il a identifié un risque prioritaire qu'il vous soumet : la planification des congés. Jusqu'ici, aucune méthode n'a été formalisée. Quels sont les risques de cette absence de procédure ?
▶ Fiches ressource 2 et 3

La question de l'expert
Une fois cette procédure mise en place, quels résultats sont attendus ? Décrivez les étapes possibles de cette procédure.

L'autocorrection en vidéo
liennathan.fr/ovr7z9

DONNÉES DE LA SITUATION

ANNEXE 1 Questionnaire d'analyse du contrôle interne (processus paie)

Évaluation du risque	Oui	Non	Observations
Existe-t-il une procédure d'embauche du personnel ?		X	M. Lange se charge de cette tâche, mais il n'a pas formalisé de procédure.
Les heures de présence sont-elles correctement suivies et validées ?	X		Il existe un suivi oral des heures effectuées par les salariés. Il n'y a pas de validation.
Les paramètres du bulletin de paie sont-ils contrôlés par une personne indépendante ?		X	Mme Karine se charge de répertorier et calculer tous les éléments.
Les éléments de paie et les charges sociales sont-ils correctement comptabilisés ?	X		Les enregistrements comptables sont réalisés par Mme Karine.
Le montant de la paie versée au salarié est-il contrôlé par une personne indépendante ?		X	Aucun contrôle n'est réalisé.

D'après la Chambre régionale des commissaires aux comptes de Paris.

ANNEXE 2 Questionnaire de séparation des fonctions

QUOI ?	Instructions de paie	Établissement des bulletins	Comptabilisation	Paiement	Déclarations sociales	Attribution des primes	Contrôle annuel de la comptabilité
QUI ?	M. Lange	Mme Karine	Mme Karine	Mme Karine	Mme Karine	Mme Karine	Expert-comptable

D'après la Chambre régionale des commissaires aux comptes de Paris.

ANNEXE 3 Extrait d'un entretien avec Mme Karine

Question : Respectez-vous la période de prise de congés payés de la convention collective ? Cette période est-elle portée à la connaissance des salariés 2 mois avant son début ?

Mme Karine : Je n'ai jamais entendu parler de période de prise de congés. Les salariés font leurs vœux de congés et j'organise le planning en fonction de leurs demandes et des besoins de l'entreprise.

Question : Quand informez-vous les salariés de leurs dates de congés ?

Mme Karine : J'essaye de faire les plannings le plus à l'avance possible, mais j'admets que certaines fois, je n'ai pu les avertir que 2 ou 3 semaines à l'avance.

Question : Que se passe-t-il en cas de conflit avec un salarié sur ses dates de départ ?

Mme Karine : M. Lange m'a chargée de régler ce genre de problème.

Question : Les bulletins de paie indiquent-ils les dates de congés payés et les indemnités versées aux salariés ?

Mme Karine : Oui, je reporte le nombre de jours et j'indique le nombre de jours restant à prendre. L'indemnité de congés payés figure aussi sur le bulletin.

Question : Comment calculez-vous les droits des salariés en jours de congés ?

Mme Karine : J'applique la règle des 2,5 jours ouvrables par mois travaillé.

Question : Dans ce calcul, tenez-vous compte des périodes de congés maladie ?

Mme Karine : Non, j'ignorais qu'elles avaient de l'influence sur les droits.

ANNEXE 4 Extrait de la Convention collective de l'esthétique-cosmétique

Article 10 : Durée du travail – Organisation du temps de travail

4. Absences et congés

4.1. Congés payés

Les congés payés seront attribués comme suit, compte tenu des articles L. 3141-1 et suivants du Code du travail.

La durée de congé normal est de 2,5 jours ouvrables par mois de travail effectif accompli dans les entreprises au cours de la période de référence (1er juin au 31 mai), soit 30 jours ouvrables.

Toutefois, lorsque le début effectif du contrat de travail intervient avant le 15 du mois, il sera accordé un jour ouvrable de congé payé pour le mois concerné. [...]

Les congés payés seront attribués soit par la fermeture de l'entreprise, soit par roulement, sur décision de l'employeur prise après consultation du comité d'établissement ou, à défaut de comité, des délégués du personnel.

Les conjoints travaillant dans la même entreprise prendront à leur demande leurs congés simultanément.

Si les congés sont fractionnés, il sera attribué 2 jours de congé supplémentaire si le congé est supérieur à 6 jours et 1 jour supplémentaire si le congé est compris entre 3 et 5 jours ; ce bénéfice n'étant acquis que dans le cas où cette fraction est prise en dehors de la période légale des congés (du 1er mai au 31 octobre).

Les demandes de congés seront déposées au plus tard le 15 janvier auprès de l'employeur par écrit.

L'ordre des congés devra être porté à la connaissance du personnel au plus tard le 1er mars. Si l'entreprise ne ferme pas, il sera tenu compte de la situation familiale des intéressés, notamment des possibilités de congé du conjoint et de l'ancienneté dans l'entreprise. [...]

L'indemnité de congés payés est égale à 1/10e de la rémunération totale perçue par le salarié pendant la période de référence ; cette rémunération ne pourra toutefois être inférieure au montant de la rémunération qui aurait été perçue pendant la période du congé si le salarié avait continué à travailler.

La prise de congé principal payé est fixée du 1er mai au 31 octobre.

Lorsque le contrat de travail est résilié avant que le salarié ait pu bénéficier de la totalité du congé annuel auquel il avait droit, il doit recevoir, pour la fraction du congé dont il n'a pas bénéficié, une indemnité compensatrice de congés payés.

ANNEXE 5 Modèle de feuille de révélation et d'analyse de problème

FEUILLE DE RÉVÉLATION ET D'ANALYSE DE PROBLÈME	
Date	
Nom de l'auditeur	
Description du problème	
Évaluation des causes	
Conséquences et risques	
Recommandations	

Modèle de feuille à télécharger
liennathan.fr/qryt6h

FICHE RESSOURCE 1

L'organisation du processus

Un processus est un ensemble d'activités regroupées et hiérarchisées dans le but de réaliser un objectif commun. La gestion des relations sociales est un processus centré sur les rapports entre l'entreprise et ses salariés. Il nécessite une organisation précise et rigoureuse car les risques pour l'entreprise sont nombreux.

I Les principes d'organisation

- **La définition des responsabilités**

Chaque action du processus doit être attribuée à une personne qui en a la responsabilité. Cette répartition des tâches, décidée par le chef d'entreprise, s'accompagne des moyens de réalisation (matériels, humains, financiers).

- **La séparation des fonctions**

Pour mieux contrôler le processus et pour éviter les erreurs, il faut que les différentes fonctions mises en action dans le processus soient séparées les unes des autres. Cela signifie qu'elles doivent être confiées à des personnes différentes dans l'entreprise.

> Exemple
> L'élaboration des bulletins de paie doit être séparée de leur enregistrement. Si ce n'est pas le cas, il faut établir un contrôle de ces deux opérations par une autre personne.

II La mise en place des procédures

Les procédures sont la manière de mettre en œuvre un processus. Elles décrivent des suites d'actions qui mènent à un objectif du processus (procédures d'embauche, de gestion des HS...).

- **L'utilité des procédures**

Il s'agit en premier lieu de mieux organiser l'entreprise. Les opérations de gestion sociale sont souvent complexes et la mise en place d'une procédure adaptée permet d'être plus efficace. À partir d'une certaine taille de structure, ces procédures sont indispensables. Elles permettent aussi la transmission du savoir-faire d'un salarié à l'autre en cas de remplacement. Elles permettent enfin de limiter les risques importants liés à ce processus.

- **La formalisation**

Pour gagner en efficacité, il est nécessaire de formaliser ces procédures : on trouve des manuels de procédure, des bibles de paie… qui décrivent les différentes étapes à réaliser ainsi que les délais et échéances à respecter.

III Les risques

- **La variété des risques**

Ils sont principalement de deux ordres : la non-conformité aux règles légales ou conventionnelles et la désorganisation de l'entreprise. Dans les deux cas, les conséquences pour l'entreprise peuvent être très dommageables : coûts, réputation, dialogue social…

- **La gestion des risques**

Il faut identifier et évaluer les risques. Il est ensuite nécessaire de mettre en place une stratégie de gestion (évitement, acceptation, réduction, transfert ou partage du risque). Une fois la stratégie mise en œuvre, un contrôle est indispensable.

> Exemple
> Étant donné la complexité de la tâche, le risque d'erreur dans la réalisation des bulletins de paie est assez grand. On peut choisir d'éviter ce risque en externalisant ce travail.

? L'essentiel en une question

Pourquoi le domaine du « social » est-il plus sensible que d'autres domaines de gestion de l'entreprise ?

Consultez le corrigé
liennathan.fr/9cpji0

FICHE RESSOURCE 2

L'audit et le contrôle interne

L'audit est une procédure de contrôle de la gestion d'une organisation. Il s'agit d'une étude des conditions de fonctionnement qui peut porter sur un service, sur un objectif particulier, sur un domaine d'action (fiscal, social...). Il doit être mené par une personne indépendante pour garantir la fiabilité de l'étude. L'existence d'un contrôle interne est une condition essentielle de la fiabilité du processus. L'auditeur apprécie les procédures de contrôle et leur application par les responsables.

I L'utilité du contrôle

Sur le plan social, l'audit permet le contrôle des procédures de l'entreprise en matière de gestion des relations sociales (embauche, durée du travail, congés payés...). Il permet l'amélioration du fonctionnement de l'organisation. Il s'agit de faire le point sur l'existant, de faire apparaître les points faibles et de proposer des modifications qui permettront d'améliorer les procédures et d'éviter les risques liés au processus social.

II Les objectifs de l'audit

On peut en dégager trois principaux :

1. La fiabilité

L'**audit d'efficacité** permet d'évaluer si les résultats des procédures sont conformes aux attentes de l'entreprise. On mesure la performance des pratiques dans l'organisation. L'auditeur cherche aussi à s'assurer que les pratiques se font à moindre coût pour l'entreprise.

> Exemple
> La procédure de recrutement permet-elle d'embaucher des salariés au niveau de compétence correspondant au poste qui leur est attribué ?

2. La légalité

Il s'agit de s'assurer que les procédures mises en place sont conformes aux règles légales et conventionnelles (accords d'entreprise, conventions collectives). On parle d'**audit de conformité**. C'est une partie importante du contrôle, en particulier pour les opérations de paie.

> Exemple
> L'auditeur s'assure, par exemple, de la bonne application de la loi en matière de décompte des heures supplémentaires et des compensations auxquelles elles donnent droit. On peut aussi contrôler la bonne application d'un accord d'entreprise.

3. La logique managériale

L'**audit de stratégie** permet de s'assurer que les procédures respectent la stratégie mise en place pour l'entreprise, en particulier en matière de rémunération. Le contrôle porte ici sur la traduction dans les faits des grands objectifs de l'entreprise.

> Exemple
> L'analyse de la structure des salaires dans l'entreprise permet de s'assurer que les objectifs sociaux de l'entreprise sont bien tenus.

III Les outils

1. Les questionnaires

Ils permettent en premier lieu la détection des anomalies et des dysfonctionnements. Mais il s'agit aussi de comprendre les causes et d'envisager des corrections dans le fonctionnement du processus.

Les méthodes de questionnement sont nombreuses. On peut citer les cinq questions fondamentales : Qui ?, Quoi ?, Où ?, Quand ?, Comment ?

> Exemple
> Au sujet du traitement des heures supplémentaires, on peut demander : Qui les autorise ? Quelles heures sont décomptées ? Où sont stockées les données avant l'établissement des bulletins de paie ? Quand effectue-t-on le décompte ? Comment celui-ci est-il transmis à celui qui réalise les bulletins ?

Les méthodes de sondage aléatoire peuvent aussi être très utiles. Si l'on ne peut contrôler tous les éléments, quelques contrôles effectués au hasard donnent de bons résultats.

2. Les grilles et tableaux d'analyse

Il existe de nombreux outils d'audit sous la forme de tableau ou de grille. Ils permettent de formaliser les constats fait par le contrôleur et de formuler des recommandations.

> Exemple
> La feuille de révélation et d'analyse de problème (FRAP) est une grille de constat et de recommandation construite sur le modèle suivant :

FEUILLE DE RÉVÉLATION ET D'ANALYSE DE PROBLÈME	
Date	
Nom de l'auditeur	
Description du problème	
Évaluation des causes	
Conséquences et risques	
Recommandations	

On peut aussi utiliser les outils de gestion des risques : il existe de nombreux tableaux ou grilles qui permettent d'apprécier l'importance du risque, la probabilité qu'il survienne, les conséquences pour l'entreprise…

3. Les logiciels

Des logiciels d'aide au contrôle peuvent être utilisés pour confronter les pratiques de l'entreprise avec les règles légales et conventionnelles. Cela assure à l'entreprise la légalité de ses procédures.

L'actualisation automatique des données est aussi une force de ces programmes : cela évite au gestionnaire un suivi de l'actualité sociale. Le logiciel est à jour et cela garantit l'application des règles dans tous les documents et dans tous les calculs sociaux de l'entreprise.

> Exemples
> On peut citer le logiciel SocialExpert ou AuditPaie.

L'essentiel en une question

Quelles sont les différences entre le problème et la cause ? entre la conséquence et le risque ?

Consultez le corrigé
liennathan.fr/s1zlyu

FICHE RESSOURCE 3

Le contrôle interne du processus de gestion sociale

Opérations	Objectifs du contrôle interne	Exemples de moyen de contrôle
Embauche	Efficacité et respect des règles légales	✓ Formalisation d'une procédure de recrutement ✓ Liste des formalités d'embauche ✓ DPAE en ligne ✓ Mise à jour du registre du personnel
Planification des congés	Service minimum respecté, délais de prévenance et priorités entre salariés	✓ Formalisation d'une procédure de demande ✓ Vérification du respect des contraintes ✓ Mise en place d'un outil de planification
Congés et absences	Décompte correct et bonne gestion des retenues et indemnités	✓ Outil de gestion des repos compensateurs liés aux heures supplémentaires ✓ Tableau de suivi des congés payés ✓ Procédure de gestion d'une absence prévue ou non prévue ✓ Édition de la déclaration d'événements sur la DSN
Bulletins de paie	Régularité et conformité	✓ Contrôle du temps de travail ✓ Suivi des éléments exceptionnels (primes, heures supplémentaires) ✓ Suivi des congés et absences ✓ Contrôle du respect des minimas légaux et conventionnels ✓ Contrôle des calculs de cotisations (bases, taux) ✓ Contrôle des calculs des différents salaires ✓ Vérification de la mise en ligne avec récépissé de dépôt
Versement des rémunérations	Respect des montants et des échéances	✓ Rapprochement des bulletins et des virements ✓ Échéancier numérique ✓ Contrôle des paiements
Déclarations sociales	Respect des montants et des échéances	✓ Outil de gestion des échéances ✓ Édition de la DSN ✓ Contrôle des paiements
Enregistrement comptable des opérations de paie	Réduire les erreurs de comptabilité, respect des principes comptables (indépendance des exercices, fidélité des comptes)	✓ Vérification des liens PGI ✓ Rapprochement des comptes Salariés avec le compte Banque ✓ Rapprochement des comptes Organismes sociaux avec le compte Banque
Départ d'un salarié	Respect des procédures et formalités	✓ Liste des formalités de départ ✓ Procédure de calcul du solde de tout compte ✓ Édition de la déclaration d'événement sur la DSN ✓ Mise à jour du registre du personnel
Fichier salarié et paie	S'assurer de la confidentialité des informations	✓ Existence de code d'accès ✓ Gestion des droits d'accès du PGI ✓ Sécurisation de la conservation des données

L'essentiel en une question

Quels peuvent être les acteurs du contrôle interne de gestion sociale ?

Consultez le corrigé
liennathan.fr/g2vsih

APPLICATIONS

EXOS FLASH

EXO 1 Quiz interactif

Testez vos connaissances sur ce chapitre avec le quiz en ligne.

liennathan.fr/7slwts

Votre score ....

EXO 2 Contrôler les horaires de travail

Dans l'entreprise de logistique Richard, le service de préparation des commandes clients fonctionne de 7 heures à 21 heures (annexe).

- **Procédez à un contrôle du temps de travail. Ce contrôle a-t-il été utile ?**

ANNEXE **Planning des quatre salariés du service sur la semaine 41**

S 41	Lundi				Mardi				Mercredi				Jeudi				Vendredi			
	Yann	Marie	Loïc	Julien	Yann	Marie	Loïc	Julien	Yann	Marie	Loïc	Julien	Yann	Marie	Loïc	Julien	Yann	Marie	Loïc	Julien
7	0,5						0,5		0,5								0,5			
7,5	0,5						0,5		0,5								0,5			
8	0,5			0,5			0,5	0,5	0,5			0,5				0,5	0,5			0,5
8,5	0,5			0,5			0,5	0,5	0,5			0,5				0,5	0,5			0,5
9	0,5	0,5		0,5		0,5	0,5	0,5	0,5			0,5		0,5	0,5	0,5	0,5	0,5		0,5
9,5	0,5	0,5		0,5		0,5	0,5	0,5	0,5			0,5		0,5	0,5	0,5	0,5	0,5		0,5
10	0,5	0,5		0,5		0,5	0,5	0,5	0,5			0,5		0,5	0,5	0,5	0,5	0,5		0,5
10,5	0,5	0,5		0,5		0,5	0,5	0,5	0,5			0,5		0,5	0,5	0,5	0,5	0,5		0,5
11	0,5	0,5		0,5		0,5	0,5	0,5	0,5			0,5		0,5	0,5	0,5	0,5	0,5		0,5
11,5	0,5	0,5		0,5		0,5	0,5	0,5	0,5			0,5		0,5	0,5	0,5	0,5	0,5		0,5
12	0,5	0,5		0,5		0,5	0,5		0,5			0,5		0,5	0,5	0,5	0,5	0,5		0,5
12,5				0,5								0,5				0,5				0,5
13		0,5		0,5	0,5							0,5	0,5			0,5		0,5		0,5
13,5		0,5			0,5								0,5					0,5		
14		0,5	0,5		0,5		0,5						0,5		0,5			0,5		
14,5		0,5	0,5		0,5		0,5						0,5		0,5			0,5		
15		0,5	0,5		0,5		0,5						0,5		0,5			0,5		
15,5		0,5	0,5		0,5	0,5	0,5						0,5	0,5	0,5			0,5		
16		0,5	0,5		0,5	0,5	0,5				0,5		0,5	0,5	0,5			0,5	0,5	
16,5		0,5	0,5		0,5	0,5	0,5				0,5		0,5	0,5	0,5			0,5	0,5	
17		0,5	0,5		0,5	0,5	0,5				0,5		0,5	0,5	0,5			0,5	0,5	
17,5			0,5		0,5	0,5					0,5		0,5	0,5	0,5				0,5	
18			0,5	0,5	0,5	0,5		0,5			0,5	0,5	0,5	0,5		0,5			0,5	0,5
18,5			0,5	0,5	0,5	0,5		0,5			0,5	0,5	0,5	0,5		0,5			0,5	0,5
19			0,5	0,5	0,5	0,5		0,5			0,5	0,5	0,5	0,5		0,5			0,5	0,5
19,5			0,5	0,5		0,5		0,5			0,5	0,5	0,5	0,5		0,5			0,5	0,5
20			0,5	0,5		0,5		0,5			0,5	0,5		0,5		0,5			0,5	0,5
20,5			0,5	0,5				0,5			0,5	0,5				0,5			0,5	0,5
21			0,5	0,5				0,5			0,5	0,5				0,5			0,5	0,5
Totaux	5,5	8,0	7,5	9,0	6,5	8,5	9,0	7,5	5,5	0,0	5,5	9,0	7,0	8,5	7,5	9,0	5,5	8,0	5,5	9,0

*Yann travaille à temps partiel 30 heures par semaine.

EXO 3 Évaluer les risques en matière de durée de travail

- **À l'aide d'une recherche, évaluez les risques courus par une entreprise qui ne respecte pas la législation sur le temps de travail, l'amplitude de travail ou le repos. Résumez en quelques lignes.**

EXO 4 Établir une feuille de révélation et d'analyse de problème

Vous êtes chargé(e) de la gestion des frais professionnels et des avantages en nature de la société de transport Transvar. Vous apprenez que l'un des commerciaux de l'entreprise se déplace en clientèle avec son véhicule de fonction alors qu'il est sous le coup d'une suspension de permis.

- **Établissez la feuille de révélation et analyse du problème qui permettra la rédaction d'une procédure.**

ENTRAÎNEMENT AU BTS Analyse d'une organisation de paie

★★☆

BikeMove est une entreprise française située à Marseille et dirigée par M. Sellier. Elle propose aux collectivités locales de mettre en location des vélos en libre-service (VLS). Elle est présente dans les grandes villes françaises et s'exporte même à l'étranger. Son développement est tel que M. Sellier, n'a pas pu respecter les délais obligatoires de dématérialisation des bulletins de salaire. Le service RH l'alerte sur les risques d'amende encourus.

L'entreprise édite aujourd'hui plus de 200 bulletins, qu'elle envoie par courrier. Au niveau matériel et logiciel, l'entreprise utilise un PGI et dispose d'un serveur où elle stocke toutes ses données, qu'elle protège avec un antivirus. La gestion des notes de frais est assurée par le service RH, qui vérifie les justificatifs au moment où le salarié les amène, puis les transmet au service comptable. Les salariés amènent généralement leurs notes de frais tout au long du mois.

1 Analysez les procédures de gestion des absences, des notes de frais et des bulletins de paie (annexe 1) : décrivez chacune d'elles et évaluez les risques.

2 Pour chacune des procédures, proposez les améliorations possibles.

P7

M. Sellier souhaite dématérialiser les bulletins de paie et éventuellement externaliser la gestion de leur stockage. Il vous transmet les annexes 2 et 3 et sollicite votre avis.

3 À quelles conditions M. Sellier peut-il remettre à ses salariés des e-bulletins ?

4 Comment l'entreprise peut-elle assurer aux salariés un accès sécurisé à leur bulletin de paie ?

5 Établissez un tableau comparatif des avantages et des inconvénients d'une externalisation ou d'une internalisation de la paie.

ANNEXE 1 Processus de gestion des bulletins de paie

Étape 1 : Service RH	Étape 2 : Service comptable
• Récupérer les justificatifs d'absences et les notes de frais apportés par les salariés • Vérifier les absences justifiées • Décompter des heures de présence • Transmettre au service comptable le listing des heures de présence et notes de frais	• Vérifier les mises à jour sociales à appliquer • Contrôler les listings transmis par le service RH • Calculer les retenues sur salaire • Calculer les avantages en nature et indemnités • Réaliser et contrôler les bulletins de paie • Virer les salaires • Imprimer les bulletins et les envoyer • Envoyer par courrier les bulletins aux salariés

ANNEXE 2 Article L. 3243-2 – Dématérialisation du bulletin de paie

Lors du paiement du salaire, l'employeur remet aux salariés une pièce justificative dite bulletin de paie. Il ne peut exiger aucune formalité de signature ou d'émargement autre que celle établissant que la somme reçue correspond bien au montant net figurant sur le bulletin. Sauf opposition du salarié, l'employeur peut procéder à la remise du bulletin de paie sous forme électronique, dans des conditions de nature à garantir l'intégrité, la disponibilité pendant une durée fixée par décret et la confidentialité des données ainsi que leur accessibilité [...].

ANNEXE 3 Les enjeux de la gestion de la paie en entreprise

En apparence, cette gestion est toute simple : il suffirait de calculer les revenus et les émettre aux salariés. Mais la réalité est plus complexe que cela.

• Une mise en conformité réglementaire
La paie repose sur des aspects réglementaires qui sont propres à chaque secteur d'activité et à chaque convention collective. Il est important que la paie réponde à certaines conformités, comme les évolutions des taux de cotisation URSSAF, la fluctuation des taux et des bases de la CSG, la défiscalisation des heures supplémentaires ou encore le prélèvement à la source. Mettre en conformité la paie est une priorité pour l'entreprise : en cas de manquement, un contrôle de l'URSSAF ou une procédure prud'homale peuvent s'imposer et s'accompagner de redressements importants.

• Une sécurisation et fiabilisation des données
Tous les éléments et données de la paie sont absolument confidentiels. Ce sont des informations sensibles : de l'élaboration du bulletin à leur transmission. Lors du processus de paie, le gestionnaire de paie est amené à manipuler ces informations délicates (entre autres : les éléments relatifs à l'entreprise, des informations sur le salarié – comme son adresse ou son numéro de Sécurité sociale –, des coordonnées bancaires et des données concernant la rémunération). La gestion de paie doit impérativement se conformer au RGPD (règlement européen encadrant le traitement et la circulation des données à caractère personnel). Il faut s'y référer afin d'assurer une bonne sécurisation des données de paie.
Les outils digitaux dont nous disposons aujourd'hui permettent la dématérialisation des données, ce qui facilite la tâche aux gestionnaires de paie. Cependant, il est recommandé de ne pas communiquer d'informations relatives à la paie par mail : il vaut mieux privilégier un autre canal nécessitant une authentification Internet ou SMS pour une sécurité optimale.

Les différents modes de gestion de la paie en entreprise
Il existe deux principales méthodes pour gérer la paie : déléguer la mission à un prestataire (externaliser) ou internaliser le processus en interne.

Payjob, « Pourquoi internaliser la paie en 2022 ? », www.hr-voice.com, 28 septembre 2022.

CHAPITRE 12

SYNTHÈSE

Synthèse audio
liennathan.fr/tqfkfp

Le contrôle du processus de gestion des relations sociales

1 Prendre conscience de l'importance des procédures et des risques

Principes d'organisation
- La définition des responsabilités
- La séparation des fonctions

Mise en place de procédures
- L'utilité des procédures
- La formalisation des procédures

Risques encourus
- Les différents types de risques
- La gestion des risques

2 Participer à l'audit d'une procédure de gestion sociale

Utilité du contrôle
- La vérification des données
- La vérification des procédures
- La mise en lumière d'erreurs

Objectifs de l'audit
- La fiabilité
- Le respect de la légalité
- La logique managériale et stratégique

Outils d'audit et de contrôle
- Les questionnaires
- Les grilles et tableaux d'analyse
- Les logiciels

3 Mettre en œuvre une procédure de gestion sociale

Procédures à formaliser

Il faut définir la thématique de gestion sociale qui va faire l'objet d'une procédure selon le degré d'urgence, d'importance, etc.

Définition des étapes

Il faut définir et planifier les étapes qui vont permettre d'établir et valider la procédure.

Détermination des moyens

Il faut lister l'ensemble des moyens de suivi et vérification mis à disposition des responsables.

LES ÉPREUVES DU BTS CG

BTS CG

Les processus 1, 2, 3, 4 et 7 préparent, ensemble, à trois épreuves du BTS CG.

P1	P2	P3	P4	P7
Contrôle et traitement comptable des opérations commerciales	Contrôle et production de l'information financière	Gestion des obligations fiscales	Gestion des relations sociales	Fiabilisation de l'information et système d'information comptable (SIC)

U41 : Étude de cas. Épreuve écrite de 4 h 30. Coef. 9

U42 : Pratiques comptables fiscales et sociales. Épreuve pratique de 30 min. Coef. 4.

U6 : Parcours de professionnalisation. Épreuve pratique de 30 min. Coef. 5.

1 Préparation de l'épreuve U41 : étude de cas (coefficient 9)

L'unité 41 valide l'acquisition des compétences relevant des processus 1, 2, 3, 4 et 7 (à l'exception des activités A.1.1, A1.7, A.2.1, A.2.8, A.3.1, A.4.1, A.4.4 et des composantes d'activité A.3.2.5.et A3.3.8 qui sont évaluées à l'épreuve E6).

Le sujet ne comprend pas de question spécifique portant sur l'enseignement de CEJM appliquée. Cependant, les compétences travaillées peuvent être utiles pour réaliser les travaux demandés.

Le déroulement de l'épreuve

▶ Il s'agit d'une épreuve écrite d'une durée de 4 h 30.

Elle s'appuie sur un ou plusieurs cas concrets présentant une situation réelle ayant trait aux traitements relatifs aux obligations comptables, fiscales et sociales.

Elle peut comporter plusieurs parties qui peuvent être indépendantes.

Le sujet est structuré de la façon suivante :

I. Présentation du contexte associé à la situation
II. Présentation de la mission ou des missions à réaliser
III. Documentation comptable, financière, fiscale et sociale associée à la situation
IV. Extraits issus de la réglementation comptable, financière, fiscale et sociale en vigueur

▶ Matériel autorisé

– Liste des comptes du plan comptable général, à l'exclusion de toute autre information, et si l'autorisation figure explicitement sur le sujet.

– Éventuellement une calculatrice avec mode examen ou dépourvue de mémoire.

La règlementation comptable, fiscale et sociale applicable le jour de l'épreuve est celle en vigueur au 31 décembre de l'année précédant la session d'examen.

L'évaluation de l'épreuve

L'épreuve est évaluée par des professeurs enseignant en BTS CG en P1, P2, P3 ou P4.

▶ Critères d'évaluation :

1. Conformité et mise en œuvre des procédures de travail, de contrôle et des normes en vigueur
2. Maîtrise des techniques de traitement des informations comptables, financières, fiscales et sociales
3. Précision et rigueur de la présentation des productions réalisées et de la démarche mise en œuvre
4. Qualité et conformité des documents comptables, financiers, fiscaux et sociaux produits ou renseignés
5. Qualité de l'adaptation du candidat à la spécificité des situations rencontrées
6. Qualité et efficacité de l'argumentation et de la présentation des travaux effectués

2 Préparation de l'épreuve U42 : pratiques comptables fiscales et sociales (coefficient 4)

L'unité 42 valide l'acquisition des compétences relevant du processus 7, à partir de situations professionnelles reprenant les activités des processus 1, 2, 3 et 4 (sauf les activités A.1.1, A1.7, A.2.1, A.2.8, A.3.1, A.4.1, A.4.4 et les composantes d'activité A.3.2.5.et A3.3.8 qui sont évaluées à l'épreuve E6).

Remise préalable d'un dossier.

Le déroulement de l'épreuve

▶ L'épreuve prend appui sur des situations professionnelles vécues.

On appelle « situation professionnelle » la réalisation de plusieurs travaux complémentaires pour répondre à une mission donnée. Une situation professionnelle mobilise obligatoirement le SIC (PGI, tableur, base de données…) et les compétences relevant des activités des processus 1, 2, 3, 4 et 7.

Il faut qu'au moins 3 processus différents soient mobilisés, dont obligatoirement le processus 7.

Ces situations doivent avoir été vécues par le candidat au cours de sa formation, en ateliers ou en stage.

▶ En amont de l'épreuve, un dossier est mis à la disposition du jury.

Le candidat aura transmis un dossier qui comprend son passeport professionnel + 3 fiches de situations, couvrant l'ensemble des processus 1, 2, 3, 4 et 7.

Modèle de fiche de situation professionnelle :

liennathan.fr/7ul13y

La conformité du dossier est contrôlée par les autorités académiques. Si le dossier n'est pas conforme, le candidat se verra attribué la mention NV (non valide) pour cette épreuve ; il ne sera pas interrogé et ne pourra pas avoir son diplôme.

▶ L'épreuve se déroule sur poste informatique.

Le candidat apporte son matériel et ses documents. Il doit prendre contact avec l'établissement OU le centre d'examen afin de s'assurer de la compatibilité entre l'environnement offert et celui requis pour le déploiement de ses ressources.

Juste avant l'épreuve, le jury sélectionne une situation professionnelle qui sera utilisée comme support de l'épreuve. Le candidat dispose de 15 minutes de préparation (relecture, organisation des contenus, essais…).

L'épreuve de 30 minutes est composée d'une première partie (10 minutes) de présentation des travaux par le candidat (contexte, problème de gestion, ressources…), suivie d'un entretien, puis une seconde partie (20 minutes) de questionnement sur poste informatique au cours de laquelle le candidat explicite sa démarche et manipule les supports.

L'évaluation de l'épreuve

L'épreuve est évaluée par deux professeurs chargés des enseignements en P1, P2, P3 ou P4 et par un professionnel, à l'aide d'une grille d'évaluation.

▶ Critères d'évaluation :

Exemple de grille d'évaluation ponctuelle

1. Qualité et conformité des documents produits
2. Efficacité dans la mise en œuvre de l'environnement numérique mobilisé pour réaliser les productions
3. Pertinence des solutions numériques retenues pour effectuer les traitements
4. Précision et rigueur de la présentation des productions réalisées et de la démarche mise en œuvre
5. Pertinence et justification des démarches mises en œuvre
6. Qualité et efficacité de la communication
7. Capacité à prendre en compte les ajustements demandés
8. Couverture des processus P1 à P4

Grilles d'évaluation complètes (épreuve en CCF ou ponctuelle) :

liennathan.fr/87btqe

3 Préparation de l'épreuve E6 : parcours de professionnalisation (coefficient 5)

Cette épreuve évalue les compétences relatives à la veille et à l'analyse de l'organisation d'un processus : activités A.1.1, A1.7, A.2.1, A.2.8, A.3.1, A.4.1, A.4.4 et composantes d'activité A.3.2.5.et A3.3.8.

Elle repose sur la totalité du parcours de professionnalisation du candidat et notamment sur les situations recensées dans le passeport professionnel.

Remise préalable d'un dossier.

Le déroulement de l'épreuve

▶ L'épreuve prend appui sur un dossier comprenant :

– le passeport professionnel du candidat ;

– un écrit produit par le candidat de 12 pages maximum (sans annexes), à partir des situations professionnelles vécues ou observées. Cet écrit doit intégrer une présentation et analyse de l'organisation d'un processus et une présentation et analyse des activités de veille ;

– les attestations de stage ou certificats de travail.

▶ En amont de l'épreuve, le dossier est mis à la disposition du jury.

La conformité du dossier est contrôlée par les autorités académiques. Si le dossier n'est pas conforme (non valide), le candidat est interrogé puis informé, à la fin de l'épreuve, du doute de la commission. La note est mise sous réserve.

Les lacunes constatées seront pénalisées dans les limites prévues par la grille nationale d'aide à l'évaluation.

▶ L'épreuve se déroule sous forme d'entretien.

Avant l'entretien, le jury lit l'écrit produit par le candidat et l'évalue.

Puis l'épreuve comporte 2 phases :

– une première phase de 15 minutes maximum porte sur l'analyse d'un processus. Le candidat justifie ses choix et explicite la démarche mise en œuvre pour conduire la veille ;

– une seconde phase de 15 minutes maximum est centrée sur le parcours professionnel du candidat. Le jury conduit un entretien destiné à apprécier la capacité du candidat à évaluer l'ensemble de son parcours professionnel.

L'évaluation de l'épreuve

L'épreuve est évaluée par deux professeurs chargés des enseignements en P1, P2, P3 ou P4 et un professionnel, à l'aide d'une grille d'évaluation.

L'évaluation porte à la fois sur l'entretien et sur le dossier remis au jury.

▶ Critères d'évaluation :

1. Qualité de la présentation d'une situation organisationnelle
2. Pertinence de l'analyse des caractéristiques et des choix opérés
3. Efficacité et pertinence du travail de veille dans les activités réalisées
4. Efficacité et pertinence du contrôle interne dans les activités réalisées
5. Qualité de l'analyse réflexive sur son parcours de professionnalisation
6. Qualité de l'argumentation
7. Qualité de la communication écrite et orale

Grille d'évaluation complète :

liennathan.fr/zj9nuq

Crédits photographiques

Les images de cet ouvrage sont pour la plupart issues de la base Stock.adobe.com.

p. 11 : Andrey Popov ; **p. 20** : zuche-ro ; **p. 21** : Tyler Olson ; **p. 22** : Andrey Popov ; **p. 23** : David Pereiras ; **p. 25** : auremar ; **p. 27 h** : Robert Kneschke ; **p. 27 b** : goodluz ; **p. 36** : pkchai ; **p. 37 g** : Rui Vale de Sousa ; **p. 37 m** : Driving South ; **p. 37 d** : duckman76 ; **p. 41** : photophonie ; **p. 43** : sylv1rob1 ; **p. 44 h** : Yann Poirier ; **p. 44 b** : goodluz ; **p. 54** : contrastwerkstatt ; **p. 55** : and.one ; **p. 56** : Jacob Lund ; **p. 57** : momius ; **p. 59** : WavebreakmediaMicro ; **p. 61 h et b** : sylv1rob1 ; **p. 62** : AntonioDiaz ; **p. 70** : auremar ; **p. 71** : JJAVA ; **p. 74** : Kadmy ; **p. 75** : jcfotografo ; **p. 77** : Paul Vinten ; **p. 79 g** : Robert Kneschke ; **p. 79 mg, md et d** : sylv1rob1 ; **p. 88** : Kzenon ; **p. 89 h** : contrastwerkstatt ; **p. 89 b** : Marzky Ragsac Jr. ; **p. 90** : Wayhome Studio ; **p. 91 h** : pressmaster ; **p. 91 b** : Anatoliy Karlyuk ; **p. 93** : AntonioDiaz ; **p. 96 h** : Robert Kneschke ; **p. 96 m** : monticellllo ; **p. 96 b** : sylv1rob1 ; **p. 97 h** : theartofphoto ; **p. 97 m et b** : sylv1rob1 ; **p. 111** : lulu ; **p. 112 h** : paultarasenko ; **p. 112 b** : Marie-Thérèse Guihal ; **p. 113** : Redpixel **p. 115** : WavebreakmediaMicro ; **p. 117 h et b** : sylv1rob1 ; **p. 118 g** : Robert Kneschke ; **p. 118 mg** : monticellllo ; **p. 118 md** : sylv1rob1 ; **p. 118 d** : theartofphoto ; **p. 127** : celeste clochard ; **p. 128** : Pavel Losevsky ; **p. 129 h** : chaloemphan ; **p. 129 b** : BillionPhotos.com ; **p. 130** : Jeanette Dietl ; **p. 131 h et b** : .shock ; **p. 133** : Romolo Tavani ; **p. 135** : OceanProd ; **p. 146** : Tony Baggett ; **p. 147** : deniskarpenkov ; **p. 151 et 152** : contrastwerkstatt ; **p. 153** : sylv1rob1 ; **p. 160** : highwaystarz ; **p. 161** : Jacques Palut ; **p. 163** : Jitka Svetnickova ; **p. 165** : Pavel Timofeev ; **p. 168** : Photographee.eu ; **p. 169** : sylv1rob1 ; **p. 170 h** : sylv1rob1 ; **p. 170 b** : Photocreo Bednarek ; **p. 180** : fottoo ; **p. 181** : guitou60 ; **p. 182** : contrastwerkstatt ; **p. 183** : sylv1rob1 ; **p. 185 et 186** : industrieblick ; **p. 187** : Jacob Lund ; **p. 188** : Trueffelpix ; **p. 196** : primipil ; **p. 197** : Andrii Yalanskyi ; **p. 198** : Kzenon ; **p. 201, 202 et 203** : sylv1rob1 ; **p. 210** : Gilles Paire ; **p. 211** : Dilok ; **p. 213** : Seventyfour ; **p. 214** : NDABCREATIVITY ; **p. 215** : Photographee.eu.

IMPRIM'VERT
Votre imprimeur agit pour l'environnement

N° projet : 10306089 - Dépôt légal : juin 2025
Imprimé en juin 2025 en Italie par L.E.G.O. S.p. A., Lavis (TN)